HER ŞEY B●KTAN

UMUT HAKKINDA BiR KiTAP

MARK MANSON

W0390180

Telif Hakkı © 2019 Mark Manson
© 2019 BUTİK YAYINCILIK ve KİŞİSEL GELİŞİM HİZ. TİC. A.Ş.

Bu kitabın tüm yayın hakları Türkiye'de BUTİK YAYINCILIK'a aittir.
Tanıtım için yapılacak kısa alıntılar dışında yayıncının izni olmaksızın
hiçbir yolla çoğaltılamaz.

Eserin Orijinal İsmi
"EVERYTHING IS FUCKED"
olup, eser bire bir olarak çevrilmiştir.

Yayıncı Sertifika No: 12162

Editör: Fulya Tükel
İngilizce aslından Türkçe'ye Çeviren: Pınar Savaş
Genel Yayın Yönetmeni: Aksel Gündoğdu

Dizgi, Mizanpaj:
Mineral Görsel İletişim Hizmetleri
Tel: 0212 289 30 10
www.mineraltasarim.com

Baskı, Cilt
Pasifik Ofset
Cihangir Mah. Güvercin Cad. No: 3 / 1 Baha İş Merkezi A Blok Kat: 2
34310 Haramidere / İstanbul
Tel: 0212 412 17 77
Matbaa Sertifika No: 44451

butik

BUTİK YAYINCILIK VE KİŞİSEL GELİŞİM HİZ. TİC. A.Ş.
Davutpaşa Cad. Emintaş Kazım Dinçol San. Sit. No: 81/257
Topkapı - İstanbul Tel: 0212 612 05 00 Faks: 0212 612 05 80
www.butikyayincilik.com • info@butikyayincilik.com

Elbette Fernanda için

İçindekiler

I. KISIM
Umut

1 Bölüm

Rahatsız Edici Hakikat

Orta Avrupa'nın monoton kırsalındaki küçük bir arazi parçasında, eskiden kalma askeri barakaların depolarının arasında jeografik açıdan konsantre bir kötülüğün merkezi yükseliyordu; dünyanın o zamana kadar gördüğü her şeyden daha yoğun ve karanlıktı. Dört yıllık bir sürede, 1.3 milyondan fazla insan burada sistematik olarak ayıklandı, köle yapıldı, işkence gördü, katledildi. Ve kimse bunu durdurmak için bir şey yapmadı.

Bir kişi hariç.

Bu, peri masallarının ve çizgi romanların malzemesine benziyordu: Bir kahraman balıklama cehennemin sivri dişlerinin arasına dalarak kötülüğün bu büyük gösterisinin karşısına çıktı. Başarma ihtimali hiç yoktu. Gülünesi bir mantıktı. Ama fantastik kahramanımız asla tereddüt etmedi, asla kaçınmadı. Dimdik durdu ve ejderhayı katletti; şeytani işgalcileri ezdi geçti; gezegeni ve belki de bir-iki prensesi kurtardı.

Ve kısa bir süreliğine umut vardı.

Ama bu bir umut hikâyesi değildir. Bu, her şeyin tamamen ve son kertede boktan olmasının hikâyesidir. Boyutları ve ölçütü öyledir ki bugün bedava Wi-Fi'mizin ve büyük battaniyelerimizin konforunda siz ve ben hayal bile edemeyiz.

Witold Pilecki, Auschwitz'e sızmaya karar vermeden önce de bir savaş kahramanıydı. Genç bir erkek olarak 1918 Polonya-Sovyet Savaşı'nda madalya almış bir subaydı. Herkes daha nasıl bir komünist orospu çocuğu olduğunu bile bilmezken komünistleri yakalarından tuttuğu gibi tepelerdi. Savaştan sonra Pilecki Polonya kırsalına taşındı, bir öğretmenle evlendi ve iki çocuğu oldu. At binmeyi, değişik şapkalar takmayı ve purolar içmeyi severdi. Hayat basit ve güzeldi.

Sonra tüm o Hitler meselesi oldu ve Polonya daha düzelemeden Naziler ülkenin yarısını Yıldırım Savaşı'yla (Blitzkrie) ele geçirdiler. Polonya bir aydan biraz uzun bir sürede tüm topraklarını kaybetti. Bu adil bir savaş değildi. Naziler batıyı ele geçirirken Sovyetler doğuyu işgal ettiler. Bir kayayla sert bir şeyin arasında sıkışmak gibi bir şeydi; bu kaya megaloman bir kitle kıyıcıydı ve dünyayı ele geçirmeye çalışıyordu; sert şey de kontrolsüz ve anlamsız bir soykırımdı. Hangisinin hangisi olduğundan şimdi bile emin değilim.

Başta Sovyetler Nazilerden çok daha zalimdi. Bu haltı daha önce de yemişlerdi; bilirsiniz, o "bir hükümeti alaşağı et ve kendi berbat ideolojinle bir halkı esir et" meselesi. Naziler o sırada henüz emperyalist bakirelerdi (Hitler'in bıyığının resimlerine bakınca bunu hayal etmek zor değildir). Savaşın bu ilk aylarında Sovyetler bir milyondan fazla Polonya vatandaşını toplayıp doğuya göndermişlerdi. Bir an durup bunu düşünün. Bir milyondan fazla insan birkaç ay gibi kısa bir sürede yok olmuştu. Bazıları Sibirya'nın gulaglarına varana kadar durmadılar; bazıları da onlarca yıl sonra toplu mezarlarda bulundu. Birçoğunun akıbetinden bugüne kadar haber alınamamıştır.

Pilecki bu savaşlarda hem Almanlara hem de Sovyetlere karşı mücadele verdi. Yenilgi üstüne yenilgi geldi ve dostu Polonyalı subaylarla birlikte Varşova'da bir yeraltı direniş örgütü oluşturdular. Kendilerine Gizli Polonya Ordusu adını verdiler.

1940 baharında Gizli Polonya Ordusu Almanların ülkenin güney kısmında arka planda kalmış bir yerde devasa bir hapishane kompleksi inşa ettiklerini haber aldı. Almanlar bu yeni hapishane kompleksine Auschwitz adını verdiler. 1940 yazında binlerce subay ve önemli Polonya vatandaşı Batı Polonya'da ortadan yok oldu. Direnişçiler arasında doğuda Sovyetlerle yaşanan kitleleri hapsetme olayının bu kez Batı'nın mönüsünde olduğu korkusu ortaya çıktı. Pilecki ve arkadaşları küçük bir kasaba boyutlarındaki Auschwitz'in bu kayıplarda rolü olduğundan ve binlerce Polonyalı askeri barındırdığından kuşkulanıyorlardı.

İşte bu sırada Pilecki Auschwitz'e sızmak için gönüllü oldu. Başta bu bir kurtarma operasyonuydu; kendini tutuklatacak ve bir kez içeri girince öbür Polonyalı subaylarla organize olacak, bir isyan çıkartacak ve herkes esir kampından kaçacaktı.

O kadar intihara benzeyen bir görevdi ki komutanından bir şişe çamaşır suyu içme izni almasına benziyordu. Üstleri deli olduğunu düşündüler ve bunu ona ilettiler.

Ama haftalar geçtikçe durum kötüleşti: Binlerce seçkin Polonyalı kayıptı. Auschwitz, İttifak Devletleri'nin haber alma örgütünde dev bir kör noktaydı. Müttefikler orada neler olduğu hakkında hiçbir fikre sahip değillerdi ve bulma şansları da pek yoktu. Sonunda Pilecki'nin komutanları razı geldi. Bir gün Varşova'daki rutin bir kontrol noktasında, Pilecki sokağa çıkma yasağı kurallarını ihlal ettiği gerekçesiyle kendini SS'e tutuklattı. Kısa süre sonra bir Nazi toplama kampına gönülllü giden bilinen tek insan olarak Auschwitz yolundaydı.

Oraya girince kampın gerçeğinin herkesin kuşku duyduğundan çok daha berbat olduğunu gördü. Esirler rutin olarak sıralarda kımıldadıkları ya da dik durmadıkları gibi sudan bahanelerle öldürülüyorlardı. Esirlere yaptırılan işler çok yıpratıcı ve sonsuzdu. İnsanlar sözcüğün tam anlamıyla gereksiz ya da bir anlamı olmayan işlerde ölene kadar çalıştırılıyorlardı. Pilecki'nin orada olduğu ilk ayda barakasındaki insanların üçte birden fazlası yorgunluktan, zatürreeden ya da vurularak ölmüştü. Ama 1940 yılının sonuna doğru çizgi roman süper kahramanı Pilecki bir şekilde bir casusluk operasyonu başlattı.

Ah Pilecki –seni canavar, seni şampiyon, uçurumun üzerinde uçan kahraman–, mesajları çamaşır sepetlerine saklayarak nasıl bir haber alma ağı kurmayı başardın? Nasıl yedek parçalardan ve çalınmış pillerden *MacGyver* gibi kendi transistorlu radyonu yaptın ve Varşova'daki Gizli Polonya Ordusu'na esir kampına bir saldırının planlarını başarıyla iletebildin? Nasıl yiyecek, ilaç ve giysi tedariki için bir karaborsa oluşturarak sayısız hayat kurtardın ve insan yüreğinin en ırak çölüne umut getirdin? Bu dünya seni hak etmek için ne yaptı?

İki yıl süresince Pilecki Auschwitz'in içinde tüm bir direnişi örgütledi. Rütbeleri ve subayları olan bir emir-komuta zinciri oluşturdu; dış dünyayla temas kurabileceği bir hat yarattı. İki yıl boyunca SS gardiyanlar bundan haberdar olmadılar. Pilecki'nin nihai amacı kampta büyük ölçekli bir isyan çıkarmaktı. Dışarıdan gelen yardım ve koordinasyonla hapisten kaçabileceklerini, zalim SS gardiyanları alt edebileceklerini ve binlerce iyi eğitimli Polonyalı gerilla savaşçısını kurtarabileceğini umuyordu. Planlarını ve raporlarını Varşova'ya gönderdi. Aylarca bekledi ve hayatta kaldı.

Ama sonra Yahudiler geldiler. Önce otobüslerle, sonra tren vagonlarına doluşturulmuş olarak. Artık binlercesi geliyor, bir ölüm ve umutsuzluk okyanusunda insan dalgaları oluşuyordu. Ailelerinden, mallarından ve gururlarından koparılmışlardı; mekanik bir şekilde yeni yapılan "duş" barakalarının önünde sıraya giriyorlardı, gazla öldürülüyor ve cesetleri yakılıyordu.

Pilecki'nin dışarıya yolladığı mesajlar delirticiydi: Burada her gün binlerce insanı öldürüyorlar. Çoğunlukla Yahudiler. Ölenlerin sayısı rahatça milyonları aşabilir. Gizli Polonya Ordusu'ndan kampı hemen kurtarmasını istedi; kurtaramazsanız en azından bombalayın, dedi. Tanrı aşkına en azından gaz odalarını tahrip edin. En azından.

Gizli Polonya Ordusu bu mesajı aldı, ama onun abarttığını düşündü. Zihinlerinin en uzak köşesinde bile hiçbir şey bu kadar boktan olamazdı. Hiçbir şey.

Pilecki dünyayı Holocaust'tan haberdar eden ilk insandır. Haberleri Polonya'daki farklı direniş örgütlerine ve Birleşik Krallık'taki sürgün Polonya hükümetine gönderildi ve oradan Londra'daki Müttefik Komutanlığı'na ulaştı. Enformasyon daha sonra Eisenhower ve Churchill'e gitti.

Onlar da Pilecki'nin abarttığını düşündüler.

1943 yılında, Pilecki isyan ve hapisten kaçış planlarının hiç gerçekleşmeyeceğini fark etti: Gizli Polonya Ordusu gelmiyordu. İngiliz ve Amerikalılar gelmiyordu. Gelen Sovyetlerdi ve onlar daha da kötü olabilirlerdi. Pilecki kampta kalmanın çok riskli olduğuna karar verdi. Kaçma zamanı gelmişti.

Bunun kolay görünmesini sağladı elbette. Önce hastalanmış gibi yaparak kendini kampın revirine soktu. Orada doktorlara geri dönmesi gereken çalışma grubu hakkında yalan söyledi; kampın kıyısında ırmağın yakınındaki fırında gece nöbeti olduğunu söyledi. Taburcu olunca fırına yönlendi ve orada sabahın ikisine kadar "iş" yaptı. Son ekmekleri de pişirdikten sonra iş telefon telini kesmeye, sessizce arka kapıdan çıkmaya, SS gardiyanları fark edemeden çalıntı sivil giysileri giymeye, vurulmadan iki kilometre ötedeki ırmağa ulaşmaya ve yıldızları izleyerek medeniyete giden yolu bulmasına kalmıştı.

Bugün dünyamızdaki bir sürü şey çok boktan görünmektedir. Nazilerin Holocaust'u seviyesinde olmasa da (buna yakın bile değildir) durum epeyce boktandır.

Pilecki'ninki gibi hikâyeler bize ilham verir. Umut verir. Bize "İşler *çok daha* berbattı ve *bu* adam onu aşmayı başardı. *Ben* en son ne yaptım?" sorusunu sordurtur. Bu tweet fırtınaları ve porno çağında kendimize sormamız gereken de muhtemelen budur. Biraz geriye çekilip de perspektif kazanınca Pilecki gibi insanlar dünyayı kurtarırken sinek öldürüp, klimanın yeterince güçlü olmamasından yakınırız.

Pilecki'nin hikâyesi hayatımda rastladığım en kahramanca öyküdür. Çünkü kahramanlık sadece cesaret ya da akıllı manevralar yapmaktan ibaret değildir. Bunlar çok bulunan vasıflardır ve genellikle de hiç kahramanca olmayan şekillerde kullanılır. Kahramanlık hiç umut yokken umut duyabilmektir. Bir mum yakarak karanlığı aydınlatmaktır. Bize daha iyi bir dünyanın mümkün olduğunu göstermektir; olmasını *istediğimiz* daha iyi bir dünya değil, var olmasının mümkün *olabileceğini* düşünmediğimiz bir dünya. Her şeyin son derece boktan göründüğü bir durumdan bir şekilde harika bir şey çıkartabilmektir.

Cesaret ve dayanıklılık sıradandır. Ama kahramanlığın felsefi bir bileşeni vardır. Kahramanlar masaya büyük bir "Neden?" sorusunu getirirler. Bu nedenle bugün bir kültür olarak bir kahramana son derece ihtiyaç duyarız: işler son derece kötü olduğu için değil, bir önceki nesillerin itici gücü olan açık "Neden?" sorusunu kaybetmiş olduğumuz için.

Biz barışa, zenginliğe ya da elektrikli arabamıza yeni kaporta süsleri almaya ihtiyaç duyan bir kültür değiliz. Bunların hepsine sahibiz. Çok daha kıt bir şeye ihtiyaç duyan bir kültürüz. Biz bir kültürüz ve umuda ihtiyaç duyan insanlarız.

Yıllarca savaşa, işkenceye, ölüme ve soykırıma tanıklık eden Pilecki umudunu hiç yitirmemişti. Ülkesini, ailesini, arkadaşlarını ve neredeyse kendi hayatını kaybetti, ama umudunu hiç kaybetmedi. Savaştan sonra Sovyet baskısı altında bile özgür ve bağımsız bir Polonya umudunu yitirmedi. Çocukları için sakin ve mutlu bir yaşam umudunu yitirmedi. Biraz daha fazla hayat kurtarma, biraz daha fazla insana yardım etme umudunu hiç kaybetmedi.

Savaştan sonra Pilecki Varşova'ya döndü ve bu kez Komünist Parti hakkında casusluk yapmaya devam etti. Bir kez daha Batı'yı süregiden bir kötülükten haberdar eden ilk kişi oldu; bu kez Polonya hükümetine sızan ve seçimlere hile karıştıran Sovyetlerdi. Savaş sırasında Doğu'daki Sovyet zulmünü belgeleyen de yine oydu.

Ama bu kez keşfedilmişti. Tutuklanacağı konusunda uyarıldı; İtalya'ya kaçma şansı vardı. Bunu kabul etmedi; kaçıp bilmediği bir şeyi yaşayacağına bir Polonyalı olarak kalıp ölmeyi tercih ediyordu. O zamanlar özgür ve bağımsız bir Polonya onun tek umut kaynağıydı. Bu olmadan o hiçbir şeydi.

Ve böylelikle umudu felaketi olacaktı. Komünistler 1947 yılında onu yakaladılar ve hiç de iyi davranmadılar. Bir yıla yakın öylesine berbat bir şekilde ve sürekli işkence gördü ki karısına başına gelenlere kıyasla Auschwitz'in çok hafif kaldığını söyledi.

Ama asla sorgucularıyla işbirliği yapmadı.

Sonunda ondan bilgi alamayacaklarını anladıklarında, Komünistler ondan bir örnek yaratmaya karar verdiler. 1948 yılında sözde bir mahkemeyle onu belgelerde tahribat yapmaktan sokağa çıkma yasağına karşı gelmeye kadar her şeyle ve casusluk ile ihanetle suçladılar. Suçlu bulundu ve ölüm cezasına çarptırıldı. Mahkemenin son gününde konuşmasına izin verildi. Sadakatinin her zaman Polonya ve halkına olduğunu, asla bir Polonya vatandaşına zarar vermediğini ve ihanet etmediğini ve yaptığı hiçbir şeyden pişmanlık duymadığını söyledi. Hitabını, "Yaşamımı öyle yaşamayı denedim ki ölüm ânı geldiğinde korku değil neşe hissedeceğim," diyerek bitirdi.

Bu duyduğunuz en kararlı ve adanmış şey değilse sizin elinizde ne olduğunu merak ederim.

Size Nasıl Yardım Edebilirim?

Starbucks'da çalışsaydım kahve kaplarına insanların adını yazacağıma şunu yazardım:

Bir gün siz ve sevdiğiniz herkes ölecek. Son derece kısa bir zaman süresince ve küçük bir insan grubunu saymazsak yaptığınız ya da söylediğiniz hiçbir şeyin önemi kalmayacak. Bu, hayatın huzursuzluk veren hakikatidir. Düşündüğünüz ya da yaptığınız her şey karmaşık biçimlerde bundan kaçınmaya çalışmaktan ibarettir. Bizler son derece önemsiz kozmik tozdan ibaretiz; incecik mavi bir beneğin üzerinde hoplayıp zıplıyoruz. Kendi önemimizi hayal ediyoruz. Amacımızı uyduruyoruz, ama bizler hiçbir şeyiz. Boktan kahvenizin keyfini sürün.

Bunu minnacık harflerle yazmak zorundayım elbette. Ve yazması biraz uzun sürdüğü için sabah kalabalık saatteki müşterilerin kapıda kuyruk olması gerekecek. Yıldız hak eden bir müşteri hizmeti olmayacak kuşkusuz. Bu nedenle ben bir kurumda çalışabilecek biri değilim.

Ama cidden, birine vicdan sahibi olarak nasıl "iyi günler" dilersiniz ve bir yandan da tüm düşüncelerinin ve motivasyonunun insan varlığının bu hayattaki anlamsızlığını bertaraf etmek ihtiyacından kaynaklandığını bilirsiniz?

Çünkü uzam/zamanın sonsuz genişlemesinde evren annenizin kalça ameliyatının iyi gidip gitmemesine, çocuklarınızın üniversiteye gitmesine ya da patronunuzun berbat bir veri tablosu hazırladığınızı düşünmesine hiç aldırmaz. Başkanlık seçimini herhangi bir partinin kazanması umurunda bile değildir. Ormanların yanması, buzların erimesi, havanın kaynaması ya da bizden üstün yabancı bir ırkın kökümüzü kurutması umurunda bile değildir.

Bunlara *siz* aldırırsınız.

Siz aldırırsınız ve aldırdığınız için de kendinizi umutsuzca tüm bunların arkasında kozmik bir anlam olduğuna ikna edersiniz.

Siz aldırırsınız, çünkü içinizde bir yerde huzursuzluk veren hakikati savuşturmak için kendinizi önemli hissetme ihtiyacı duyarsınız; varoluşunuzun anlamsızlığından, kendi materyal önemsizliğinizin ağırlığı altında ezilmekten kaçınmak istersiniz. Benim gibi, herkes gibi siz de bu hayali önem duygusunu dünyaya yansıtırsınız, çünkü size umut verir.

Bu konuşma için çok mu erken? İşte, bir kahve daha için. Hatta süt buharıyla üzerine gülen bir surat bile çizeceğim. Hoş değil mi? Siz onu Instagram'da yayınlayana kadar da bekleyeceğim.

Tamam, nerede kalmıştık? Ah, evet! Varoluşunuzun anlamsızlığı, doğru. Şimdi şöyle düşünüyor olabilirsiniz, "Evet Mark, hepimiz bir nedenle buradayız ve hiçbir şey rastlantı değil; herkesin önemi var, çünkü tüm eylemlerimiz birini etkiler ve bir kişiye bile yardım edebilirsek, bu her şeye değer, öyle değil mi?"

Ne kadar da şirinsiniz!

Gördünüz mü, konuşan umudunuzdur. Bu zihninizin sabah kalkmak için bir neden bulmak için uydurduğu hikâyedir: *Bir şeyin* önemli olması gerekir, çünkü *bir şey* önemli olmazsa yaşamaya devam etmenin de bir nedeni yoktur. Ve basit bir yardımseverlik formu ya da ıstırabın biraz azalması her zaman zihninizin bir şey yapmak değerliymiş gibi davranmasına neden olur.

Balığın suya ihtiyaç duyması gibi zihnimiz de hayatta kalmak için umuda ihtiyaç duyar. Umut zihinsel makinemizin yakıtıdır. Bir sürü değersiz metafordur. Umut olmazsa tüm zihinsel makineniz durur ya da aç kalır. Bir umut olduğuna ve geleceğin şimdiden daha iyi olacağına inanmazsak yaşamımız bir şekilde iyiye gider. Sonra spiritüel olarak ölürüz. Eğer bir şeylerin daha iyi olacağını umut etmiyorsak neden yaşayalım? Neden bir şey yapalım?

Birçok kişinin anlamadığı şudur: Mutluluğun tersi öfke ya da hüzün değildir. Öfkeli ya da hüzünlü olmanız hâlâ bir şeylere aldırdığınız anlamına gelir. Bunun anlamı bir şeyin hâlâ önemli olmasıdır. Bunun anlamı da hâlâ bir şeye aldırıyor olmanızdır. Bu bir şey hâlâ anlamlıdır demektir. Bunun anlamı da hâlâ umudunuzun olmasıdır.

Hayır, mutluluğun tersi umutsuzluk da değildir; sonsuz bir boyun eğme ve kayıtsızlıktır. Her şeyin boktan olduğu inancıdır; o zaman neden bir şey yapmalı?

Umutsuzluk soğuk ve kasvetli nihilizmdir; bir anlam olmadığına dair bir duygu, o zaman boş ver; neden elde makas koşmamalı, patronun karısıyla yatmamalı ya da bir okulu taramamalı? O huzursuzluk veren hakikat sonsuzluk karşısında muhtemelen aldırdığımız her şeyin hızla sıfıra yaklaştığının sessizce farkına varmaktır.

Umutsuzluk kaygının, zihin hastalıklarının ve depresyonun kökenidir. Tüm sefilliğin kaynağı ve tüm bağımlılıkların nedenidir.

Bunları söylemek abartmak değildir. Kronik anksiyete bir umut krizidir. Başarısız bir geleceğin korkusudur. Depresyon bir umut krizidir. Anlamsız bir geleceğe inanmaktır. Hayal kırıklığı, bağımlılık, takıntı – bunların tümü zihnin umutsuz ve saplantıyla umut yaratma girişimleridir; bir nörotik tik ya da takıntılı bir yoksunluk duygusu.

Umutsuzluktan kaçınmak, umudun inşası zihnimizin öncelikli projesi haline gelir. Tüm anlam, kendimiz ve dünya hakkında anladığımız her şey umudu korumak amaçlıdır. Umut hepimizin uğruna isteyerek öleceği tek şeydir. Kendimizden daha büyük olduğuna inandığımız şey umuttur. O olmazsa hiçbir şey olmadığımıza inanırız.

Ben üniversitedeyken dedem öldü. Sonrasındaki birkaç yıl onun gurur duyacağı bir şekilde yaşamam gerektiğine ilişkin yoğun bir duyguyla yaşadım. Bu derin bir seviyede mantıklı ve açık bir şey gibi kendini *hissettirdi*, ama öyle değildi. Aslında hiçbir mantıklı anlamı yoktu. Dedemle yakın bir ilişkim yoktu. Hiç telefonda konuşmamıştık. Yazışmazdık. Yaşadığı son beş yılda onu görmemiştim bile.

Sözünü etmeye gerek yoksa da: O ölmüştü. Benim "onun gurur duyacağı şekilde" yaşamam herhangi bir şeyi nasıl etkilerdi ki?

Onun ölümüyle tekrar huzursuzluk veren hakikatle yüz yüze geldim. Zihnim çalıştı; beni ayakta tutmak için bu durumdan bir umut yarattı; nihilizmi uzakta tuttu. Zihnim buna karar verdi, çünkü artık dedem umut etme becerisinden ve kendi hayatına ilham vermekten uzaktı ve onun anısına umudu ve ilhamı sürdürmek benim için önemliydi. Bu benim zihnimin bir lokmalık inancıdır; benim kişisel mini-amacım.

Ve işe yaradı! Kısa bir süre onun ölümüyle banal ve boş deneyimler önem ve anlam kazandı. Ve bu anlam bana umut verdi. Yakın olduğunuz biri öldükten sonra siz de buna benzer bir şey yaşamışsınızdır. Bu sıradan bir duygudur. Kendinize sevdiğiniz o kişinin gurur duyacağı şekilde yaşayacağınızı söylersiniz. Kendinize *kendi* yaşamınızı *onunkini* kutlamak için kullanacağınızı söylersiniz. Bunun önemli ve iyi bir şey olduğunu söylersiniz.

Ve bu "iyi şey", varoluşsal dehşet karşısında bize destek

olan şeydir. Dedemin beni izlediğini düşünerek hareket ettim; işime burnunu sokan bir hayalet gibi sürekli omzumun üzerinden bakıyordu. Yaşarken pek tanımadığım bu adam şimdi bir nedenle matematik sınavını nasıl yaptığımla son derece ilgiliydi. Tamamen mantıksızdı.

Ruhumuz nerede bir terslik görse bunun gibi küçük hikâyeler yaratır; bu öncesi/sonrası hikâyelerini kendimiz için uydururuz. Ve bu umut hikâyelerini anlamsız ve yıkıcı olduklarında bile sürdürmek zorundayızdır, çünkü onlar zihinlerimizi huzursuzluk veren hakikatten koruyan biricik dengeleme unsurlarıdır.

Bu umut hikâyeleri böylelikle yaşamlarımıza bir amaç katar. Sadece gelecekte daha iyi bir şey olduğunu ima etmekle kalmazlar, aynı zamanda gerçekten dışarı çıkıp o bir şeye ulaşmak da mümkündür. İnsanlar "yaşamlarının amacını" bulmaktan söz ettiklerinde aslında söyledikleri, neyin önemli olduğunun onlar için açık olmadığı ve bu dünyadaki sınırlı zamanlarını kullanmalarına neyin değeceğini bilmedikleridir; kısacası neyi umut edeceklerini bilmezler. Kendi yaşamlarının öncesi/sonrasının nasıl olacağını görmek için çabalarlar.

Zor kısmı şudur: bu önceyi/sonrayı kendiniz için bulmak. Bu zordur, çünkü doğru anladığınızdan emin olmanın bir yolu yoktur. Bu nedenle birçok kişi dine sığınır, çünkü dinler bu daimi bilmeme durumunu kabul eder ve onun karşısında inanç talep ederler. Dindar insanların dindar olmayanlara kıyasla çok daha az depresyonda olmasının ve intihar etmemesinin nedeni de budur: İnançları onları huzursuzluk veren hakikatten korur.

Ama umut hikâyelerinizin dini olması gerekmez. Her şey olabilirler. Bu kitap *benim* küçük umut kaynağımdır. Bana amaç kazandırır, anlam verir. Bu umudun çevresinde oluşturduğum hikâyeyse bu kitabın birilerine yardım edebileceğidir; benim hayatımı ve dünyayı biraz daha iyileştirmesidir.

Bundan emin olabilir miyim? Hayır. Ama bu benim küçük öncesi/sonrası hikâyem ve ona tutunurum. Beni sabahları kaldırır ve hayatım hakkında heyecanlandırır. Bu sadece iyi bir şey değil, benim için *tek* şeydir.

Bazıları için öncesi/sonrası hikâyeleri çocuklarını iyi yetiştirmektir. Başkaları için çevreciliktir. Kimileri için bir dünya para kazanarak dev bir tekne almaktır. Başkaları da sadece golf vuruşlarını düzeltmeye çalışır.

İster farkına varalım, ister varmayalım, hepimizin şu ya da bu nedenle satın almayı seçtiği hikâyeler vardır. İster dini inançla, ister kanıt-temelli teoriyle ya da bir sezgiyle veya mantıklı bir argümanla umut edin, hepsinin sonucu aynıdır: (a) Gelişmek, iyileşmek ya da geleceği kurtarmak için bir potansiyel vardır; (b) oraya varmak için kendimizi yönlendireceğimiz yollar mevcuttur. Hepsi bu. Günden güne, yıldan yıla hayatlarımız bu umut hikâyelerinin sonsuz bir şekilde birbirlerinin içine geçmesidir. Onlar sopanın ucundaki psikolojik havuçlardır.

Bu kulağa nihilistik gelirse lütfen yanlış bir fikre kapılmayın. Tam da nihilizmin karşısındadır – hem içimizdeki nihilizmin hem de modern dünya nedeniyle ortaya çıkmış gibi görünen ve giderek artan bir nihilizm duygusunun. Ve nihilizm karşısında başarıyla durabilmek için işe nihilizmle başlamanız gerekir. Huzursuzluk veren hakikatle başlamak zorundasınız. Buradan yavaşça inandırıcı bir umut vakası inşa edebilirsiniz. Herhangi bir umut değil, umudun iyi huylu ve sürdürülebilir bir şekli. Bizi ayıran değil de bir araya getiren bir umut. Sağlam ve güçlü, mantığa ve gerçekliğe temelli bir umut. Bir şükran ve tatmin duygusuyla bizi son günümüze götüren umut.

Bu (açıkçası) yapması kolay bir şey değildir. 21. yüzyılda tartışmasız her zamankinden daha zordur. Nihilizm ve ona eşlik eden arzunun saf zevki modern dünyayı ele geçirmektedir. Bu, güç için güçtür. Başarı adına başarıdır. Zevk için zevktir. Nihilizm daha geniş bir "Neden?" sorusunu kabul etmez. Daha büyük bir hakikate ya da amaca tutunmaz. O sadece "çünkü bana kendimi iyi hissettiriyor"dur. Ve bu da göreceğimiz gibi her şeyin bu kadar kötü görünmesine neden olur.

Gelişmenin Paradoksu

İlginç bir zamanda yaşıyoruz, maddi olarak her şey tartışmasız bir biçimde öncekinden daha iyi; yine de hepimiz dünyanın sifonu çekilmek üzere dev bir tuvalet olduğunu düşünerek akıllarımızı kaybediyoruz. Mantıksız bir umutsuzluk zengin ve gelişmiş dünyayı kaplıyor. Bu, gelişmenin paradoksudur: İşler iyiye gittikçe bizler daha kaygılı ve umutsuz hissediyoruz.

Son yıllarda Steven Pinker ve Hans Rosling gibi yazarlar bu kadar kötümser hissetmekle yanlış düşündüğümüzü, her şeyin her zamankinden daha iyi olduğunu ve muhtemelen de daha iyiye gideceğini yazıyorlar. Her iki adam da uzun, ağır kitapları bir sürü tabloyla ve grafikle doldurmuşlar ve hepsi de bir köşeden başlayıp bir şekilde zıt köşede sonlanıyorlar. İkisi de uzun uzun hepimizin sahip olduğu, her şeyin eskisinden çok kötü olduğunu düşünmemize neden olan peşin hükümleri ve yanlış varsayımları açıklamışlar. Gelişme onlara kalırsa modern tarihte de kesintisiz sürmüştür. Daha çok insan okuryazar ve eğitimli. Şiddet on yıllardır, muhtemelen asırlardır azalmakta. Irkçılık, cinsiyetçilik, ayrımcılık ve kadınlara şiddet tarihin en düşük seviyesinde. Eskisinden daha fazla hakka sahibiz. Gezegenin yarısı internete ulaşabilir. Aşırı yoksulluk tüm zamanların en düşük seviyesinde. Kayıtlı tarihe bakınca savaşlar daha küçük ve seyrek. Daha az çocuk ölüyor ve insanların ömrü daha uzun. Her zamankinden fazla zenginlik var. Bir sürü hastalığın tedavisi bulundu.

Haklılar. Bu olguları bilmek önemlidir. Ama bu kitapları okumak Larry Amcanızın o gençken her şeyin nasıl daha kötü olduğu hakkında sızlanmalarını dinlemeye benzer. Haklı olsa da bu sizin *kendi* sorunlarınız konusunda kendinizi daha hissetmenize yardımcı olmaz.

Çünkü bugün yayınlanan tüm iyi haberlere karşın şaşırtıcı bir istatistik daha vardır: ABD'de gençler arasında depresyon ve kaygı belirtileri sekiz yıl ve yetişkin nüfus arasında yirmi yıl ilerlemiştir. Sadece daha fazla insan depresyona girmekle kalmaz, her nesilde daha erken yaşlarda girerler. 1985'ten beri erkekler ve kadınlar daha düşük tatmin seviyeleri bildirmişlerdir. Bunun bir nedeni son otuz yılda stres seviyesinin artması olabilir. Uyuşturucu krizi ABD ve Kanada'nın çoğunu ele geçirmişken aşırı dozda uyuşturucudan ölmek yakınlarda tüm zamanların en yüksek seviyesindedir. ABD nüfusunda kendini yalnız ve sosyal anlamda yalıtılmış hissetme duygusu artmıştır. Tüm Amerikalıların neredeyse yarısı kendilerini yalıtılmış, dışarıda kalmış, yalnız hissederler. Sosyal güven yalnızca gelişmiş dünyada değil her yerde tepe aşağı gitmiştir ve bunun anlamı da daha az insanın hükümetlerine, medyaya ve birbirlerine güvenmesidir. 1980'lerde araştırmacılar katılımcılara geçtiğimiz altı ayda kaç kişinin önemli kişisel konuları bir başkasıyla konuştuklarını sorduğunda yanıt "üç" idi. 2006'da en çok alınan yanıt "sıfırdır".

Bu arada çevre tam anlamıyla boku yedi. Çılgın insanların ya nükleer silahlara erişimi var ya da onlardan zor uzak tutuluyorlar. Hem sağda hem de solda, hem dini hem de seküler hayatta aşırılık giderek artıyor. Komplo teorisyenleri, vatandaş milisleri, felaket tellalları ve her türlü felaketin ardından hayatta kalmak için hazırlık yapanlar giderek popüler olan kültürler haline geldi, öyle ki ana akımın içindeler.

Temelde dünya tarihindeki en güvenli ve zengin nüfusuz, ama kendimizi hiç olmadığımız kadar umutsuz hissediyoruz. İşler düzeldikçe umudumuzu yitiriyoruz gibi görünüyor. Belki tüm bunlar tek bir ilginç olguda toplanabilir: Yaşadığınız yer zenginleştikçe ve güvenli hale geldikçe intihar etme ihtimaliniz de o kadar artmakta.

Sağlık, güvenlik ve maddi zenginlikte geçtiğimiz beş yüz yıldaki inanılmaz ilerleme inkâr edilemez. Ama bunlar geçmiş hakkındaki istatistikler, gelecek değil. Ve umudun kaçınılmaz olarak bulunması gereken yer burasıdır: gelecek vizyonlarımız.

Çünkü umut istatistiklerle temellenmez. Umut silahla ölümlerin ya da araba kazalarının azalmasına aldırmaz. Geçen yıl ticari bir uçağın düşmemesi ya da Moğolistan'da okuryazarlığın en üst seviyede olması umurunda değildir.

Umut çoktan çözülmüş olan sorunlarla ilgilenmez. O çözülmesi gereken sorunlara bakar. Dünya iyileştikçe kaybedecek daha çok şeyimiz vardır. Kaybedecek daha çok şeyimiz oldukça da daha az umut edecek şeyimiz varmış gibi hissederiz.

Umudu tesis etmek ve korumak için üç şeye ihtiyacımız vardır: kontrol duygusu, bir şeyin değerine inanmak ve camia. Kontrolün anlamı sanki kendi hayatımızın kontrolü elimizdeymiş ve kaderimizi etkileyebilirmişiz gibi hissetmektir. "Değerlerin" anlamı onun için çalışacağımız önemde bir şey, çabalamaya değecek bir şeydir. Ve "camia" bizimle aynı şeylere değer veren ve onlar için çabalayan bir grubun parçası olmak anlamına gelir. Camiamız olmazsa kendimizi "dışarıda" hissederiz ve değerlerimiz bir anlam ifade etmez. Değerler olmadan hiçbir şey peşine düşmeye değer bulunmaz. Ve kontrol olmadan kendimizi bir şeyin peşinde olamayacak kadar güçsüz hissederiz. Bu üçlüden birini kaybetmek diğer ikisini de kaybetmek anlamına gelir. Üçlüden birini kaybederseniz umudunuzu da kaybedersiniz.

Günümüzde böylesi bir umut krizinde olmamızın nedenini anlamak için umudun mekanizmasını, nasıl yaratılıp korunduğunu anlamamız gereklidir. Bir sonraki üç bölümde hayatımızın bu üç alanını nasıl geliştirdiğimize bakacağız: kontrol duygumuz (2. Bölüm), değerlerimiz (3. Bölüm) ve camialarımız (4. Bölüm).

Sonra da baştaki soruya geri döneceğiz: Dünyamızda neler oluyor da her şey tutarlı biçimde iyiye giderken kendimizi daha kötü hissediyoruz?

Yanıtı sizi şaşırtabilir.

BÖLÜM 2

Kendini Kontrol Etmek Bir İllüzyondur

Her şey bir baş ağrısıyla başladı.

"Elliot" başarılı bir adamdı, başarılı bir şirkette yöneticiydi. Meslektaşları ve komşuları tarafından sevilirdi. Sevimli ve son derece eğlenceliydi. Bir baba, eş ve arkadaştı; şirin deniz tatillerine giderlerdi.

Düzenli baş ağrıları hariç. Ve bunlar tipik, bir anda olan ve bir hap ile geçen türden ağrılar değildi. Beyni ezen, mantarmış gibi delip geçen ağrılardı ve ağır bir top göz yuvalarının arkasına çarpar gibiydi.

Elliot ilaç aldı. Şekerlemeler yaptı. Stresten arınmayı, gevşemeyi, sakin olmayı, onları yok saymayı, emmeyi denedi. Ama ağrılar sürdü. Aslında kötüleştiler. Neticede o kadar kötü oldular ki Elliot geceleri uyuyamıyor, gündüzleri çalışamıyordu.

Sonunda Elliot bir doktora gitti. Doktor doktor şeylerini yaptı, doktor testlerini uyguladı ve doktor sonuçlarını alarak Elliot'a kötü haberi verdi: Frontal lobunda bir beyin tümörü vardı. Şurada, görüyor musun? Öndeki şu gri kütle. Ve büyük bir şey, beyzbol topu kadar.

Cerrah tümörü çıkarttı ve Elliot evine döndü. İşine döndü. Ailesine ve arkadaşlarına döndü. Her şey iyi ve normal görünüyordu.

Sonra işler sarpa sardı.

Elliot'un iş performansı etkilendi. Evvelden ona tatlı bir esinti gibi gelen işler dağlar gibi konsantrasyon ve çaba gerektirmeye başladı. Mavi kalem mi, siyah kalem mi kullanacağı gibi basit kararlar saatlerini alıyordu. Temel hatalar yapıyor ve haftalarca düzeltmeden bırakıyordu. Bir kara deliğe dönüştü; sanki uzam/zaman dokusuna bir hakaretmiş gibi toplantıları ve iş teslim tarihlerini kaçırıyordu.

Başta meslektaşları kendilerini kötü hissederek bunları örtbas ettiler. Neticede adamın kafasından küçük bir meyve sepeti kadar bir tümör alınmıştı. Ama sonunda örtbas etmek çok fazla gelmeye başladı ve Elliot'un bahaneleri fazlasıyla mantıksızdı. Bir yatırımcıyla toplantıyı yeni bir zımba almak için mi kaçırdın Elliot? Gerçekten mi? Aklın neredeydi?

Aylarca süren saçmalıklardan ve işe yaramaz toplantılardan sonra hakikat inkâr edilemezdi: Elliot ameliyatta tümörden daha fazlasını kaybetmişti ve meslektaşlarına kalırsa bu şey şirketin fena halde parasına mal olmaya başlamıştı. Elliot kovuldu.

Bu arada ev yaşamı da daha kötüydü. Böyle bir babayı alın, TV karşısındaki bir koltuğun üzerine yatırın ve durmadan bir komedi programı izlesin. Yeni yaşamı buydu. Oğlunun futbol maçlarını kaçırdı. TV'de James Bond izlemek için veli toplantısını kaçırdı. Karısının kendisiyle sohbetlerini kaçırdı.

Elliot'un evliliğinde kavgalar ortaya çıktı, ama bunlara gerçekten kavga denemezdi. Karısı öfkeden kudururken Elliot kavga konusunu unutuyordu. Acilen bir şeyleri değiştireceğine ya da düzelteceğine, kendisine ait bu insanları sevdiğini ve onlara aldırdığını göstermeye kayıtsız kalıyordu. Sanki bir başka evrende yaşar gibiydi; dünya üzerindeki hiç kimse, hiçbir yönden ona yaklaşamıyordu.

Neticede karısı da daha fazla dayanamadı. Elliot bu tümörden başka bir şey daha kaybetti, diye bağırdı. Bir şey kalbini ele geçirmişti. Boşandı ve çocukları aldı. Elliot yalnız kalmıştı.

Üzgün ve aklı karışmış bir halde kariyerini yeniden başlatmanın yollarını aramaya başladı. Bazı kötü iş girişimleri oldu. Üçkâğıtçı bir sanatçı birikimlerinin çoğunu yedi. Avcı bir kadın onu baştan çıkardı; kaçıp evlenmeye ikna etti; bir yıl sonra boşandı ve malının mülkünün yarısını ele geçirdi. Şehirde dolaşıyor ve giderek daha kötü dairelerde kalıyordu; birkaç yıl sonra sonunda evsiz kaldı. Erkek kardeşi onu evine aldı ve desteklemeye başladı. Ailesi ve dostları bir süre üzüldüler; bir zamanlar hayran oldukları bir adam birkaç yılda hayatını çöpe atmıştı. Kimse buna bir anlam veremiyordu. Elliot'ta bir değişiklik olmuştu ve o dayanılmaz baş ağrılarından daha fazla acı veriyordu.

Soru neyin değiştiğiydi.

Elliot'un kardeşi onu bir doktordan diğerine taşıyordu. "Kendisi gibi değil. Bir sorunu var. İyi görünüyor, ama değil. Eminim."

Doktorlar doktor şeylerini yaptılar ve doktor sonuçlarını elde ettiler ve ne yazık ki Elliot son derece normaldi. En azından normal tanımına uyuyordu; hatta normalin üzerindeydi. CAT taramaları normaldi. IQ'su hâlâ yüksekti. Mantık yürütmesi sağlamdı. Hafızası harikaydı. Uzun uzun yanlış seçimlerinin ve sonuçlarının üzerinde tartışabiliyordu. Mizahla ve sevimlilikle geniş bir konu dağarcığında sohbet edebiliyordu. Psikiyatristi depresyonda olmadığını söyledi. Tam tersine kendine güveni yüksekti, kronik anksiyete ya da stres içinde değildi; kendi ihmali nedeniyle oluşan fırtınanın gözünde neredeyse Zen tarzı bir sükûnete sahipti.

Kardeşi bunu kabul edemiyordu. Bir şey *yanlıştı*. Elliot'ta bir şey *eksikti*.

Sonunda umutsuzluk içinde Elliot'u ünlü bir nörobilimci olan Antonio Damasio'ya götürdü.

Başta Antonio Damasio da öbür doktorların yaptıklarını yaptı: Elliot'a bir sürü bilimsel test uyguladı. Hafıza, refleksler, akıl, kişilik, ilişkiler, ahlaki akıl yürütme... hepsi kontrol edildi. Elliot hepsinden geçti.

Sonra Damasio başka doktorların düşünmediği bir şey yaptı: Onunla konuştu, ama *gerçekten* konuştu. Her şeyi bilmek istiyordu: her hata, her yanlışlık, her pişmanlık. Nasıl işini, ailesini, evini ve tasarruflarını kaybetmişti?

Her kararını anlat bana, düşünce sürecini açıkla (ya da bu durumda düşüncesizlik sürecini).

Elliot uzun uzun *hangi* kararları aldığını açıklayabiliyordu, ama *neden* bu kararları aldığını açıklayamıyordu. Olguları ve olayları kusursuz bir akışkanlıkla açıklıyordu ve hatta harika bir üslubu vardı, ama karar verme sürecini analiz etmesi istendiğinde neden zımba almanın bir yatırımcıyla toplantının önüne geçtiğini, neden James Bond'un çocuklarından daha önemli olduğunu açıklayamıyordu. Yanıtları yoktu. Sadece bu da değil. Yanıtları olmadığı için üzgün bile değildi. Aslında aldırmıyordu.

O her şeyini kendi yanlış seçimleri nedeniyle kaybetmiş bir adamdı; kendini *kontrol* edemiyordu; hayatının nasıl bir felakete dönüştüğünün kesinlikle farkındaydı, ama yine de pişman değildi ve kendini suçlamıyordu. Azıcık bir utanması bile yoktu. Çok insan Elliot'un çektiklerinin daha azıyla intihara sürükleniyordu. Ama o başına gelenler konusunda sadece rahat olmakla kalmıyordu, onlara *kayıtsızdı* da.

O zaman Damasio önemli bir şeyin farkına vardı: Elliot'un yaptığı psikolojik testler onun *düşünce* becerisini ölçmek için tasarlanmışlardı, *hissetme* becerisini değil. Doktorlar onun akıl yürütme becerisiyle o kadar ilgiliydiler ki hiçbiri durup da *duygu kapasitesinin* zarar görmüş olabileceğini göz önüne almamıştı. Bunun farkına varmış olsalar bile bu zararı ölçecek standart ölçüler yoktu.

Bir gün Damasio bir sürü grotesk ve rahatsız edici resim bastı. Yanmış kurbanlar, feci cinayet sahneleri, savaşın yerle bir ettiği kentler, aç çocuklar. Elliot'a birer birer bu resimleri gösterdi.

Elliot kesinlikle kayıtsızdı. Hiçbir şey hissetmiyordu. Bu aldırmazlığı o kadar şoke ediciydi ki çok boktan bir durumda olduğu yorumunu yapmak zorunda hissetti kendisini. Bu resimlerin geçmişte kendini rahatsız edeceklerini, yüreğinin empati ve dehşetle dolacağını, iğrenerek başka yana döneceğini kabul etti. Ama şimdi? İnsanlık deneyiminin en karanlık durumlarına bakarken hiçbir şey hissetmiyordu.

Ve böylelikle Damasio sorunu keşfetmiş oldu: Elliot'un bilgisi ve mantık yürütmesi sağlamdı, ama tümör empati kurma ve hissetme becerisini zayıflatmıştı. İç dünyasında artık aydınlık ve karanlık yoktu; sonsuz bir gri bölge vardı. Kızının piyano resitaline katılmakla bir çift yeni çorap almak ona aynı derecede sevinçli ve babacan bir gurur veriyordu. Bir milyon dolar kaybetmekle arabasına benzin doldurmak, çarşaflarını yıkamak ya da bir dizi izlemek arasında fark yoktu. Yürüyen ve konuşan bir kayıtsızlık makinesine dönmüştü. Değerleri yargılama ve iyiyi kötüden ayırma becerisini kaybedince ne kadar akıllı olursa olsun kendini kontrol etme becerisini de yitirmişti.

Ama bu devasa bir soruya yol açtı: Elliot'un bilimsel becerileri (aklı, hafızası, dikkati) kusursuzsa artık neden işe yarar kararlar alamıyordu?

Bu, Damasio ve meslektaşlarını şaşırttı. Hepimiz zaman zaman hissetmemeyi isteriz, çünkü duygularımız bize sık sık daha sonra pişman olacağımız boktan şeyler yaptırır. Asırlarca psikologlar ve felsefeciler duygularımızı köreltmenin ya da bastırmanın hayatın tüm sorunlarının çözümü olduğunu varsaydılar. Ama bir insan duygularından ve empatisinden tamamen sıyrılırsa ve geriye sadece aklı ve akıl yürütme kalırsa hayatı hızla bozuluyordu. Bu vaka mantıklı karar verme ve kendini kontrol etme konusundaki ortak bilgeliğin tam tersini işaret ediyordu.

Ama ikinci ve aynı derecede akıl karıştırıcı bir soru daha vardı: Elliot hâlâ çok akıllıysa ve önüne çıkan sorunlar karşısında akıl yürütebiliyorsa iş performansı neden yerle bir olmuştu? Üretkenliği nasıl çöp tenekesinde yakılmış bir ateşe dönüşmüştü? Tüm olumsuz sonuçlarını bilerek ailesini nasıl yalnız bırakabilmişti? Karınıza ve işinize artık aldırmıyorsanız bile onları elde tutmanın hâlâ önemli olduğu konusunda *akıl yürütebilirsiniz*, öyle değil mi? Sosyopatların sonunda fark ettikleri bu değil mi, demek istiyorum. Elliot neden yapamamıştı? Arada bir minikler ligindeki bir maça gitmek ne kadar zor olabilir? Hissetme becerisini kaybeden Elliot bir şekilde karar verme becerisini de kaybetmişti. Kendi hayatını kontrol etme becerisi kalmamıştı.

Hepimizin ne yapmamız gerektiğini bildiği, ama onu yapamadığı tecrübeleri olmuştur. Önemli görevleri öteler, sevdiğimiz insanları ihmal eder ve çıkarımıza uygun davranamayız. Ve genellikle yapmamız gereken şeyleri yapamadığımızda bunun nedeninin duygularımızı yeterince kontrol edememek olduğunu varsayarız. Ya çok disiplinsiz olduğumuzu ya da yeterince bilgimiz olmadığını düşünürüz.

Elliot vakası tüm bunların sorgulanmasına neden oldu. Güdülerimiz ve duygularımız ne olursa olsun, mantıksal olarak kendimizi bizim için iyi olan şeyleri yapmaya zorlamak anlamına gelen kendini kontrol etme duygusunu sorgulattı.

Yaşamlarımızda umut üretmek için öncelikle yaşamlarımız üzerinde kontrolümüz varmış gibi hissetmek zorundayız. Sanki neyin iyi ve doğru olduğunu biliyor ve onu izliyormuşuz, "daha iyi bir şeyin peşindeymişiz gibi" hissetmek zorundayız. Yine de çoğumuz kendini kontrol edememeyle boğuşur. Elliot vakası bunun neden olduğunu anlamak konusunda çok önemlidir. Bu zavallı, yoksul ve yalnız adam; kolayca hayatının bir metaforu olabilecek parçalanmış bedenlerin ve deprem enkazlarının resimlerine bakan adam; her şeyini, kesin olarak her şeyini kaybetmiş, ama bunu hafif bir gülümsemeyle anlatan bu adam insan zihnini, nasıl kararlar aldığımızı ve gerçekte kendimizi ne kadar kontrol edebildiğimizi anlamamız açısından devrim yaratmıştır.

Klasik Varsayım

Bir keresinde içki sorunu hakkında soru sorulan müzisyen Tom Waits'in ünlü cümlesi şudur: "Frontal lobotomidense önümde bir şişe içki olmasını tercih ederim." Bunu söylediğinde ortalık ayağa kalktı; ha, bir de bunu ulusal TV kanalında söyledi tabii.

Frontal lobotomi bir beyin ameliyatıdır; burnunuzdan kafatasınıza bir delik açılır ve frontal lob yavaşça bir buz parçasıyla kesilir. Bunu 1935 yılında Antonio Egas Moniz adlı bir nörolog keşfetmiştir; bu uygulamayla aşırı anksiyete, intihara meyilli depresyon ya da başka zihin sağlığı bozuk (umut krizlerinde yani) hastaların beyinleri olması gerektiği gibi kalır, sadece sakinleştirilirler.

Egas Moniz kusursuz yapılan lobotominin tüm akıl hastalıklarına iyi geleceğine inanıyordu ve bunu dünyaya böyle pazarladı. 1940'ların sonunda bu yöntem çok revaçtaydı ve dünyadaki binlerce hastaya uygulandı. Egas Moniz bu keşfi için Nobel bile kazandı.

Ancak 1950'lerde insanlar –kulağa delice gelse de– birinin yüzüne delik delip arabanızın camından buz kazır gibi beynini kazımanın bazı negatif yan etkileri olabileceğini keşfettiler. "Bazı negatif yan etkiler" hastayı kahrolası bir patatese dönüştürüyordu. Genellikle hastaların aşırı duygularını "iyileştirse de" odaklanmalarına, karar vermelerine, kariyer sahibi olmalarına, uzun vadeli planlar yapmalarına ve kendileri hakkında düşünmelerine engel oluyordu. Zihni olmayan tatmin içinde zombilere dönüşüyorlardı.

Dünyadaki onca yer arasında ilk kez SSCB frontal lobotomiyi yasakladı. Bu işlemin "insan prensiplerine aykırı" olduğunu öne sürdüler. "Aklını kaçırmış birini bir aptala dönüştürüyordu". Bu, dünyanın geri kalanının da uyanmasını sağladı. Şununla yüzleşmeliyiz ki Joseph Stalin size etik ve insan vakarı hakkında ders veriyorsa boku yemişsiniz demektir.

Bundan sonra dünyanın geri kalanı da yavaşça bu uygulamayı yasaklamaya başladı ve 1960'larda hemen herkes ondan nefret ediyordu. ABD'de son lobotomi 1967 yılında yapıldı ve hasta öldü.

Tom Waits 1970'lerin çoğunu gözünü açık tutmaya ve sigaralarını nerede bıraktığını hatırlamaya çalışan bir alkolik olarak geçirdi. Ayrıca bu süreçte yedi tane çok parlak albüm yapacak zamanı da buldu. Çok üretken ve derindi; ödüller kazandı ve tüm dünyanın beğendiği milyonlarca albümü satıldı. İnsanlık konusundaki içgörüsü çok çarpıcı olan ender bulunur bir sanatçıydı.

Waits'in lobotomi konusundaki sözleri bizi güldürse de içinde bilgelik saklıdır: Hiç tutkusu olmayacağına dolu bir şişeyle tutku sorunları yaşamayı yeğler; hiç umut edememektense berbat yerlerde umut aramak daha iyidir; güdülerimiz olmadan bizler birer hiçiz.

Karamsar bir varsayım duygularımızın tüm sorunlarımızın sorumlusu olduğunu söyler; mantığımız işe karışarak bu karmaşaya düzen getirmelidir. Bu düşünce aklın tüm erdemin temeli olduğunu söyleyen Sokrates'e kadar uzanır. Aydınlanma çağında Descartes aklımızın hayvani arzularımızdan ayrı olduğunu ve bu arzuları kontrol etmeyi öğrenmesi gerektiğini söylemiştir. Kant da bir şekilde aynı şeyi söyler, Freud da, ama iş ona gelince işin içine çok fazla penis girer. Egas Moniz 1935'te ilk hastasına lobotomi yaptığı zaman eminim ki iki bin yıldan uzun bir süredir felsefecilerin yapılması gerektiğini bildirdikleri bir şeyi keşfettiğini düşünmüştür: aklın azgın tutkulara baskın gelmesi, insanlığa sonunda kendisi üzerinde kahrolası bir kontrol sağlamakta yardım etmek.

Bu varsayım (mantıklı zihnimizi duygularımızı bastırmak için kullanmalıyız) asırlara meydan okumuş ve bugün de kültürümüzün çoğunu tanımlamaya devam etmiştir. Buna "klasik varsayım" diyelim. Klasik varsayıma göre biri disiplinsiz, azgın ya da kötülüğe eğilimliyse bunun nedeni duygularına gem vuramamasıdır; ya iradesi zayıftır ya da düpedüz boku yemiştir. Klasik varsayım duyguları ve tutkuları kusur olarak görür; kendi içinde yenilmesi ve tamir edilmesi gereken insan ruhunun kusurları.

Bugün insanları genellikle klasik varsayımdan yola çıkarak değerlendiririz. Obezler utandırılır ve alaya alınır, çünkü bu bir kendini kontrol edememe gibi görünür. Zayıflamaları gerektiğini *bilirler*, ama yemeye devam ederler. Neden? Onlarda bir kusur var diye varsayarız. Sigara içenler: aynı şey. Uyuşturucu bağımlıları da aynı varsayıma maruz kalır ve sık sık suçlu damgası yerler.

Depresyondaki ya da intihara meyilli kişiler klasik varsayımın tehlikeli bir şekilde kurbanı olurlar; hayatlarında umut ve anlam yaratamamalarının nedeni kendileridir; kendilerini biraz daha zorlamaları istenir; kravatla kendini asmak kulağa pek hoş gelmez.

Duygusal güdülerimizi ahlaki başarısızlıklar olarak görürüz. Kendini kontrol edememe bir karakter bozukluğu gibi ele alınır. Duygularına boyun eğdirenleri kutlarız. Verimliliklerinde kural tanımaz ve robotvari olan atletler, iş insanları ve liderler kolektif olarak uyarılmamıza neden olurlar. Bir tepe yöneticisi çalışma masasının altında uyuyorsa ve çocuklarını altı haftadır görmemişse, yaaa, işte, kararlılık budur! Gördün mü? Herkes başarılı olabilir!

Açıkçası klasik varsayımın zarara yol açacağını görmek zor değildir... yani varsayımların. Klasik varsayım doğruysa kendimizi kontrol edebilmek zorundayız; duygusal patlamalar, tutku suçları, bağımlılık ve kendine karşı fazla hoşgörü zihinsel çabayla engellenebilir. Bunu yapamamaksa bir şeyin doğuştan yanlış gittiğini ve arızalı olduğunu varsayar.

Bu nedenle sık sık olduğumuz kişiyi dönüştürme yanlış inancına saplanırız. Amaçlarımıza ulaşamazsak, kilo veremez, terfi edemez, beceriler öğrenemezsek bunun anlamı doğuştan gelen bir eksikliktir. Umudu korumak için değişmemiz, tamamen yeni ve farklı biri olmamız gerektiğine inanırız. Kendimizi değiştirme arzusu içimizi umutla doldurur. "Eski ben" bu korkunç sigara bağımlılığını aşamazdı, ama yeni ben aşacak. Ve yeniden yarışa gireriz.

Sürekli kendini değiştirme çabası da kendi türünde bir bağımlılığa dönüşür. Her "kendini değiştirme" döngüsü benzer kendini kontrol etme başarısızlıklarına neden olur ve yeniden kendinizi değiştirme ihtiyacı duyarsınız. Her döngü size aradığınız yakıtı sağlar. Bu arada sorunun kökeni olan klasik varsayımı bırakın söküp atmayı, ona el sürülmez, sorgulanmaz.

Kötü bir sivilce vakası gibi geçtiğimiz birkaç asırda bu "kendini değiştirme" fikri çevresinde bir endüstri ortaya çıkmıştır. Mutluluğun, başarının ve kendini kontrol etmenin sırrına ulaştıracak sahte sözlerle ve ipuçlarıyla doludur. Oysa tek yaptığı insanların ilk başta kendilerini yetersiz hissetmelerine neden olan güdüleri güçlendirmektir.

Hakikatse insan zihninin herhangi bir "sırdan" çok daha karmaşık olmasıdır. Durduk yerde kendinizi değiştiremeyeceğiniz gibi bana kalırsa sürekli bunu yapmanız gerektiğini de hissetmemelisiniz.

Kendini kontrol etme konusundaki bu hikâyeye tutunuruz, çünkü kendimizi tamamen kontrol edebilme inancı büyük bir umut kaynağıdır. Kendimizi değiştirmenin neyin değişeceğini bilmek kadar basit olduğuna inanmak *isteriz*. Bir şeyi yapmanın onu yapmaya karar vermek ve oraya varacak yeterli iradeye sahip olmak olduğuna inanmak *isteriz*. Kendi kaderimizin efendisi olduğumuza ve aklımıza koyduğumuzu yapabileceğimize inanmak *isteriz*.

Damasio'nun "Elliot" keşfi bu nedenle çok önemlidir: Klasik varsayımın hatalı olduğunu göstermiştir. Doğru olsaydı, hayat insanın duygularını kontrol etmesi ve akla temellenen kararlar vermesi kadar basit olsaydı Elliot durdurulamaz bir etkileyiciliğe sahip yorulmadan üreten biri ve insafsız bir karar verici olurdu. Aynı şekilde klasik varsayım başarılı olsaydı lobotomi son derece revaçta olurdu. Hepimiz meme büyütme ameliyatıymış gibi onun için para biriktirirdik.

Ama lobotomiler işe yaramadı ve Elliot'un hayatı berbat oldu. Kendimizi kontrol edebilmek için iradeden daha fazlasına ihtiyaç vardır. Duygularımız eylemlerimizde ve karar vermemizde son derece önemlidir. Sadece bunun her zaman farkına varamayız.

İki Beyniniz Vardır ve Birbirleriyle Konuşma Konusunda Son Derece Beceriksizdirler

Beyniniz bir arabaymış gibi yapalım. Ona "bilinç arabası"

adını takalım. Bilinç arabanız yolda gitsin; kavşaklar, yokuşlar, inişler, engeller olsun. Bu yollar ve kavşaklar arabayı sürerken vereceğiniz kararları temsil ederek sizin güzergâhınızı belirlesinler.

Şimdi, bilinç arabanızda iki yolcu vardır: düşünen beyin ve hisseden beyin. Düşünen beyin bilinçli düşüncelerinizi, hesap yapma becerinizi, farklı seçenekler karşısında mantık yürütmenizi ve dil aracılığıyla fikirlerinizi ifade etmenizi temsil etsin. Hisseden beyniniz de duygularınızı, güdülerinizi, sezgilerinizi ve içgüdülerinizi temsil etsin. Düşünen beyniniz kredi kartı ekstrenizin ödeme planını hesaplarken hisseden beyniniz her şeyi satıp Tahiti'ye gitmeyi ister.

İki beyninizin de güçlü ve zayıf yönleri vardır. Düşünen beyniniz özenli, doğru ve tarafsızdır. Metodik ve mantıklıdır, ama yavaştır. Çok fazla çaba ve enerji gerektirir; bir kas gibi zaman içinde güçlenir ve yorulabilir, fazla çalışabilir. Oysa hisseden beyniniz kolayca ve çaba harcamadan sonuçlara ulaşır. Sorun genellikle doğru ve mantıklı olmamasıdır. Hisseden beyniniz biraz da dram sever ve aşırı tepki vermek gibi kötü bir alışkanlığı vardır.

Kendimizi ve karar vermemizi düşündüğümüzde genellikle düşünen beynin bilinç arabamızı sürdüğünü ve hisseden beynin yolcu koltuğunda oturup nereye gitmek istediğini söylediğini varsayarız. Arabayı süreriz; amaçlarımızı gerçekleştirir ve eve nasıl gideceğimizi buluruz, ama kahrolası hisseden beyin parlak, seksi ya da eğlenceli görünen bir şey görür ve direksiyona atılıp başka yöne kırarak bizi karşı yönden gelen trafiğin önüne atar; kendi bilinç arabamızın yanı sıra başkalarınınkine de zarar veririz.

Bu klasik varsayımdır; son kertede aklımızın hayatımızı

kontrol ettiğine olan inancımızdır; yetişkin biri arabayı kullanırken duygularımızı çenesini kapatıp yerlerinde oturmaya eğitmek zorunda olduğumuzu söyler. Böylelikle öz-kontrolümüz için kendimizi kutlarken duygularımızın arabayı kaçırmasını ve aşırıya kaçmasını hoş görüp alkışlayabiliriz.

Ama bilinç arabası böyle çalışmaz. Tümörü alındıktan sonra Elliot'un hisseden beyni hareket eden zihinsel aracından atıldı ve onun açısından hiçbir şey iyi gitmedi. Bilinç arabası durdu. Lobotomi hastalarının hisseden beyinleri bağlanıp arabanın bagajına atılmıştır; bu, onların uyuşuk ve tembel olmalarına neden olur; yataktan çıkamaz ve çoğunlukla giyinemezler bile.

Tom Waits ise hemen hemen tamamen hisseden beyindir ve televizyon söyleşilerine sarhoş çıkması için epeyce ciddi bir para alır.

Hakikat şudur: Hisseden beynimiz bilinç arabasını sürer. Ne kadar bilimsel düşünseniz de, adınızın önündeki unvanınız ne kadar uzun olsa da siz de bizden birisiniz. Hepimiz gibi çılgın hisseden beynin pilotluğunu yaptığı etten bir robotsunuz. Beden sıvılarınızı kendinize saklayın lütfen.

Hisseden beyin bilinç arabamızı kullanır, çünkü son kertede *sadece duygularla harekete geçeriz.* Çünkü eylem bir *duygudur.* Duygular bedenlerimizi harekete iten biyolojik hidrolik sistemdir. Korku beyninizin uydurduğu sihirli bir şey değildir. Midenizin kasılması, kaslarınızın gerilmesi, adrenalin salgısı, bedeninizin çevresinde alan ve boşluk için ağır bir arzudur. Düşünen beyin sadece kafatasınızın içindeki sinaptik düzenlemelerdir; duygusal beyin tüm bedenin bilgeliği ve aptallığıdır. Öfke bedeninizi harekete iter; kaygı geri çekilmesine neden olur. Neşe yüz kaslarınızı aydınlatır; hüzün varlığınızı gölgeler. Duygu eylem ilham ederken eylem de duygu esinler. Bu ikisi ayrılmazdır.

Bu da tüm zamanların en basit ve yanıtı en belli sorusunu sormamıza neden olur: Neden yapmamız gereken şeyleri yapmayız?

İçimizden gelmediği için.

Kendini kontrol etmeyle ilgili her sorun bir enformasyon ya da disiplin sorunu değil, duygu meselesidir. Kendini kontrol etmek duygusal bir problemdir; tembellik, erteleme, yeterince başarılı olamama, tepkisellik duygusal problemlerdir.

Bu berbat bir şeydir, çünkü duygusal problemlerle başa çıkmak mantık problemleriyle başa çıkmaktan çok daha zordur. Arabanızın aylık borcunu hesaplamanızı sağlayan denklemler vardır, ama kötü bir ilişkiyi nasıl bitireceğinize ilişkin bir denklem yoktur.

Şimdiye kadar çoktan fark etmiş olacağınız gibi davranışınızı nasıl değiştireceğinizi entelektüel olarak anlamış olmak davranışınızı değiştirmez. (İnanın ki beslenme hakkında on iki kitap okudum ve hâlâ bunu yazarken tost yiyorum.) Sigarayı bırakmamız, şeker yemememiz ve arkadaşlarımızın arkasından boktan sözler etmememiz gerektiğini biliriz, ama bunları yine de yaparız. Daha iyisini bilmediğimizden değil, daha iyi hissetmediğimiz için.

Duygusal sorunlar mantıksızdır; bunun anlamı mantıkla açıklanamayacaklarıdır. Bu bize daha da kötü haberler verir: Duygusal problemlerin sadece duygusal çözümleri vardır. Hepsi hisseden beyne kalmıştır. Ve çoğunluğun hisseden beyninin nasıl araba kullandığını görmüşsünüzdür; bu epeyce korkutucudur.

Bu arada, tüm bunlar olup biterken düşünen beyin yolcu koltuğunda oturur ve durumu tamamen kontrol ettiğini düşünür. Duygusal beyin sürücümüzse düşünen beyin de yardımcı pilottur. Hayatımız boyunca çizdiği ve biriktirdiği gerçeklik haritaları vardır. Geri manevra yapmayı ve aynı yere giden alternatif yollar bulmayı bilir. Kötü virajları ve kestirmeleri bilir. Kendini akıllı, mantıklı beyin olarak görür ve bunun ona bilinç arabasının direksiyonunda olmak için ayrıcalık sağladığını düşünür. Ama ne yazık ki sağlamaz. Daniel Kahneman'ın bir keresinde söylediği gibi: "Düşünen beyin kendini kahraman sanan yardımcı oyuncudur."

Birbirlerine tahammülleri yoksa da iki beynimizin birbirlerine ihtiyacı vardır. Hisseden beyin bizi eyleme geçirecek duyguları yaratır ve düşünen beyin bu eylemin nereye yönlenmesi gerektiğini önerir. Burada anahtar kelime "*önerir*"dir. Düşünen beyin hisseden beyni kontrol edemese de onu bazen belli bir dereceye kadar *etkileyebilir.* Düşünen beyin hisseden beyni daha iyi bir gelecek için yeni bir yol izlemeye, bir hataya düştüğü zaman U dönüşü yapmaya, bir zamanlar yok saydığı yeni yolları ve arazileri göz önüne almaya ikna edebilir. Ama hisseden beyin inatçıdır ve belli bir yöne gitmeye karar verdiyse düşünen beyin ne kadar olgu ve veri sağlasa da o bildiğini okur. Psikolog Jonathan Haidt, bu iki beyni bir fil ile binicisine benzetir: Binici fili nazikçe belli bir yöne yönlendirip itebilir, ama neticede fil nereye gitmek istiyorsa oraya gider.

Soytarı Arabası

Hisseden beynin ne kadar hoş olsa da karanlık bir tarafı vardır. Bilinç arabasında hisseden beyniniz sözel şiddet uygulayan bir sevgili gibidir; kenara çekmeyi reddeder ve yön sorar;

nereye gidileceğinin söylenmesinden nefret eder ve araba kullanmasını sorgularsanız sizi berbat bir şekilde mutsuz eder.

Bu psikolojik velveleden kaçınmak ve umut duygusunu korumak için düşünen beynin haritalar çizmeye ve hisseden beynin zaten gitmeye karar vermiş olduğu yeri açıklamaya, onu haklı göstermeye eğilimi vardır. Hisseden beyin dondurma isterse düşünen beyin fazladan kaloriler ve işlenmiş şeker hakkında olgularla ona karşı çıkacağına, "Biliyor musun, bugün çok çalıştım, bir dondurmayı *hak ettim*," der ve hisseden beyniniz de ona tatminle yanıt verir. Hisseden beyniniz partnerinizin boktan biri olduğuna ve yanlış bir şey yapmadığınıza karar verirse düşünen beyniniz hemen partneriniz hayatınızı mahvetmek için komplo kurarken bir sabır küpü olduğu, alçakgönüllü davrandığı zamanları hatırlar.

Bu şekilde iki beyin gerçekten sağlıksız bir ilişki geliştirirler ve bu çocukken anneniz ve babanızla çıktığınız yol seyahatine benzer. Hisseden beyin bir şeyler uydurur ve düşünen beyniniz de onu duymak ister. Bunun karşılığında hisseden beyniniz yana çekip herkesi öldürmeme sözü verir.

Düşünen beyninizin sadece hisseden beyninizin istediği haritaları çizmesi tuzağına düşmek çok kolaydır. Buna "kendine hizmet eden yanlılık" adı verilir ve hemen hemen insanlık hakkında çirkin olan her şeyin temelidir.

Genellikle kendine hizmet eden yanlılık sizi önyargılı ve biraz da benmerkezci yapar. Doğru olduğunu *hissettiğiniz* şeyin *doğru olduğuna* inanırsınız. İnsanlar, yerler, gruplar ve fikirler hakkında şipşak kararlar verirsiniz ve bunların çoğu adaletsiz, biraz da önyargılıdır.

Ama aşırı ucunda kendine hizmet eden yanlılık basbayağı illüzyondur; orada olmayan bir gerçekliğe inanmanıza neden olur, hafızayı bulandırır ve olguları abartır; hepsi de hisseden beynin sonsuz açlıklarına hizmet eder. Düşünen beyin zayıf ve/veya eğitimsizse, hisseden beyin hiddetlenmişse düşünen beyin hisseden beynin aşırı heveslerine ve tehlikeli sürüşüne boyun eğecektir. Kendisi için düşünme becerisini yitirecek ya da hisseden beynin vardığı sonuçlara itiraz edemeyecektir.

Bu, bilinç arabanızı etkili bir şekilde soytarı arabasına dönüştürür; büyük, parlak kırmızı tekerlekleri vardır ve nereye giderseniz gidin hoparlörlerden sirk müziği duyulur. Düşünen beyniniz hisseden beyninize tam olarak boyun eğerse bilinç arabanız bir palyaço arabasına dönüşür. Hayattaki amacınız sadece kendinizi tatmin etmekse, hakikat sadece size hizmet eden varsayımların paketine girerse, tüm prensipleriniz ve inançlarınız bir nihilizm denizinde kaybolursa bilinç arabanız bir palyaço arabasına dönüşür.

Palyaço arabası değişmez olarak bağımlılığa, narsisizme ve saplantıya doğru gider. Zihinleri palyaço arabası olan insanlar kendilerini sürekli iyi hissettiren insanlar ve gruplarca kolayca manipüle edilir. Bir palyaço arabası öbür bilinç arabalarını (yani öbür insanları) büyük, kırmızı kauçuk tekerlekleriyle, kendinden memnun bir silindir gibi ezer geçer, çünkü düşünen beyni bunu hak ettiklerini söyleyerek kendini haklı çıkartır; onlar kötü, daha aşağı seviyede ya da uydurulmuş bir sorunun parçalarıdır.

Bazı palyaço arabaları sadece eğlenceye doğru yol alır: içme, cinsellik, partiler. Bazıları da iktidara doğru gider. En tehlikeli palyaço arabaları bunlardır, çünkü düşünen beyinleri başkalarını bu şekilde kullanmalarını ya da boyun eğdirmelerini ekonomi, politika, ırk, genetik, cinsiyet, biyoloji, tarih vs. konularında kulağa entelektüel gelen konuşmalarla haklı çıkartır. Bir palyaço arabası bazen de nefreti takip eder, çünkü nefret ona kendi tuhaf tatminini ve kendini doğrulama olanağını tanır. Bu tür bir zihnin haklılığı kendinden menkul bir öfkeye yatkındır, çünkü dışta bir hedefinin olması kendi ahlaki üstünlüğünü doğrular. Kaçınılmaz olarak başkalarının yıkımına doğru arabasını sürer, çünkü ancak dış dünyanın yıkımı ve boyun eğdirilmesi aracılığıyla içgüdülerini doyurabilir.

Birisi palyaço arabasına binerse ondan inmesi zordur. Palyaço arabasında düşünen beyne hisseden beyin zorbalık yapar ve taciz eder; bu o kadar uzun sürer ki sonunda bir tür Stockholm sendromu gelişir; hisseden beyni tatmin etmek ve haklı çıkarmak dışında bir hayatı tasavvur edemez. Nereye gittiği konusunda hisseden beyne ters düşemez, ona meydan okuyamaz ve bunu yapması gerektiği önerilince de içerler. Palyaço arabasında bağımsız düşünce ya da çelişkileri ölçmek veya inanç ve fikirleri değiştirmek diye bir şey yoktur. Bir anlamda palyaço arabası zihinli bir kişi bireysel kimlik sahibi olamaz.

Bu nedenle kötü niyetli liderler her zaman insanları düşünen beyinlerini mümkün olabildiğince susturmaya teşvik ederler. Başta bu derinlikmiş gibi *hissedilir*, çünkü düşünen beyin genellikle hisseden beyni düzeltir ve nerede yanlış yöne saptığını gösterir. Düşünen beyni susturmak kısa süreliğine son derece iyi gelir. Ve insanlar genellikle *iyi hissedilen şeyle* gerçekten *iyi olan şeyi* birbirlerine karıştırırlar.

Metaforik palyaço arabası, kadim filozofların insanları kendilerine fazla hoşgörü gösterme ve duygulara ibadet etme konularında sürekli uyardıkları şeydir. Yunanlar ve Romalılar palyaço arabasından korktukları için erdemleri öğretirler ve daha sonra da Hıristiyan Kilisesi oruç ve kendini-inkâr konularında mesajlar verir. Hem klasik filozoflar hem de Kilise iktidar sahibi narsist ve megaloman kişilerin neden oldukları yıkımı görmüşlerdir. Hepsi de hisseden beyni yönetmenin tek yolunun onu yoksun bırakmak, mümkün olabildiğince az oksijen vermek ve böylelikle patlamasına ve çevresindeki dünyayı tahrip etmesine engel olmak olduğuna inanırlar. Bu tür düşünce klasik varsayıma yol açar: İyi bir insan olmanın tek yolu, düşünen beynin hisseden beyne baskın olması, aklın duygulardan, görev duygusunun arzulardan önemli olmasıdır.

İnsanlık tarihinin çoğunda insanlar kaba, batıl inançlı ve eğitimsizdiler. Ortaçağlarda spor olsun diye kedilere işkence eder ve çocuklarını kasaba meydanında bir hırsızın hayalarının kesilişini izlemeye götürürlerdi. İnsanlar sadist, içgüdüsel boklardır. Tarihin çoğunda dünya yaşaması hoş bir yer değildi; bunun nedeni de herkesin hisseden beyninin amok koşusunda olmasıydı. Medeniyetle tam anarşi arasında duran tek şey klasik varsayımdı.

Sonra bir sonraki asırda bir şeyler oldu. İnsanlar trenler, arabalar, merkezi ısıtma sistemi ve başka şeyler icat ettiler. Ekonomik zenginlik insanın güdülerinin önüne geçti. İnsanlar artık yiyecek bulamamak ya da krala hakaret ettikleri için öldürülmek gibi şeyler için endişelenmemeye başladılar. Hayat daha konforlu ve kolaydı. Daha önce akıllarına bile gelmemiş olan her türden varoluşsal boklar hakkında oturup düşünecek zamanları vardı artık.

Bunun sonucu olarak yirminci yüzyılın sonlarına doğru hisseden beyni öne çıkartan bir sürü an yaşandı. Ve gerçekten de hisseden beyni düşünen beyinden özgürleştirmek milyonlarca insan için terapötikti (ve bugün de öyle olmaya devam eder).

Sorun insanların öteki yöne fazla kaymalarıdır. Duygularını tanımaktan ve onurlandırmaktan öbür uca kayarak *duyguların tek önemli şey olduğunu* sanmaya başladılar. Bu özellikle de beyaz orta sınıf yuppie'ler için geçerlidir; klasik varsayımla yetiştirilmişlerdir ve hisseden beyinleriyle temas etmeyi çok daha geç bir yaşta öğrenmişlerdir. Bu insanlar kendilerini kötü hissetmek dışında hayatta daha ciddi bir dertleri olmadığı için duyguların en önemli şey olduğuna ve düşünen beynin haritalarının sadece bu duyguları rahatsız ettiğine karar vermişlerdir. Bu kişilerden çoğu düşünen beyinlerini hisseden beyinlerinin lehine kapatmayı "spiritüel gelişme" olarak adlandırırlar; sadece kendisiyle ilgilenen bir aptal olmanın onları aydınlanmaya yaklaştırdığını varsayarlar, ama yaptıkları eski hisseden beyne fazla hoşgörü göstermekten ibarettir. Bu, yeni, spiritüel görünümlü boyayla boyanmış eski soytarı arabasıdır.

Duygulara fazla hoşgörü göstermek tıpkı duyguları fazla bastırmak gibi bir umut krizine yol açar.

Hisseden beynini inkâr eden biri kendini dış dünyaya karşı uyuşturur. Duygularını inkâr ederse değer yargılarında bulunamaz, yani iyi ile kötüyü ayırt edemez. Bunun sonucu olarak da hayata ve kararlarının sonuçlarına kayıtsız olur. Başkalarıyla ilişki kurmakta zorlanır. Ve bu kronik kayıtsızlık rahatsız edici hakikate tatsız ziyaretler yapmasına neden olur. Neticede hiçbir şey şöyle ya da böyle önemli değilse bir şey yapmak için bir neden de kalmaz. Bir şey yapmak için bir neden kalmamışsa neden yaşamalı?

Düşünen beynini inkâr eden biriyse güdüsel ve bencildir. Gerçekliği kendi kurgu ve fantezilerine göre çarpıtır ve bunlarda da hiç tatmin olmaz. Ne kadar yese içse de, boyun eğdirse ve sevişse de yeterli değildir; yeterli olmayacaktır ve bir anlamı yoktur. Aynı umutsuzluk döngüsünün içinde sürekli sıkışmıştır; her zaman koşar, ama aslında hiç hareket etmez. Ve bir noktada durursa derhal üzerine rahatsız edici hakikat çöreklenir.

Biliyorum ki yeniden dramatik oldum. Ama olmak zorundayım, düşünen beyin. Yoksa hisseden beyin sıkılır ve bu kitabı kapatır. Bir sayfa çevirici neden bir sayfa çeviricidir? Bu sayfaları çeviren sen değilsin, salak; hisseden beynindir. öngörme ve gerilimdir; keşfin keyfi ve çözümün tatminidir. İyi bir yazı aynı anda her iki beyne de hitap eden ve onları uyaran yazıdır.

Tüm sorun da budur: iki beyne birden hitap etmek, beyinlerimizi işbirliği yapan, katılımcı, uyumlu ve birleşmiş bir dünya içinde entegre etmek. Çünkü kendini kontrol etme düşünen beynin iyice şişmiş kendilik görüntüsünün bir illüzyonuysa bizi kurtaracak olan da kendini kabul etmektir – duygularımızı kabul etmek ve onlara karşı değil de onlarla birlikte çalışmak. Ama bu şekilde kendimizi kabul etmek için biraz çalışmak zorundayız. Düşünen beyin. Hadi konuşalım. Bir sonraki bölümde buluşalım.

Düşünen Beyninize Açık Mektup

Hey, düşünen beyin!

İşler nasıl gidiyor? Ailen nasıl? Borç meselesini nasıl çözdün?

Bekle. Önemli değil. Unuttum – umurumda değil.

Bak, hisseden beynin senin için berbat ettiği bir şey biliyorum. Bu belki de önemli bir ilişkidir. Belki sabahın üçünde utandığın telefon konuşmaları yapmana neden olur. Belki kendini sürekli kullanmaması gereken maddelerle uyuşturuyordur. Kendinle ilgili kendini kontrol etmek istediğin, ama edemediğin bir şey olduğunu biliyorum. Ve zaman zaman bu sorun umudunu kaybetmene neden oluyor.

Ama dinle düşünen beyin; hisseden beynin hakkında bu kadar çok nefret ettiğin şeyler, yoksunluklar, güdüler, korkunç kararlar mı? Bunlarla empati kuracak bir yol bulman gerekli. Bu, hisseden beynin gerçekten anladığı tek dildir: empati. Hisseden beyin duyarlı bir yaratıktır; neticede senin kahrolası duygularından oluşur. Bunun doğru olmamasını dilerdim. Keşke anlaması için ona bir hesap çizelgesi göstermen yeterli olsaydı – bilirsin, *bizim* anladığımız gibi. Ama bunu yapamazsın.

Hisseden beyni *olgularla* ve *mantıkla* bombardıman etmek yerine ona kendini nasıl hissettiğini sor. Ona "Hey, hisseden beyin, bugün spor salonuna gitmek konusunda ne düşünüyorsun?" gibi bir şey sor. "Kariyerini değiştirmek nasıl fikir?" ya da "Her şeyi satıp Tahiti'ye taşınmak konusunda ne düşünüyorsun?"

Hisseden beyin bunlara sözcüklerle yanıt vermeyecektir. Hayır, hisseden beyin sözcükler için fazla hızlıdır. Yerine duygularla yanıt verecektir. Evet, bunun aşikâr olduğunu biliyorum, ama sen bazen biraz salaksındır. Düşünen beyin.

Hisseden beyin buna biraz tembellikle ya da kaygıyla yanıt verebilir. Hatta çoklu duygular da olabilir; biraz heyecan ve karışıma katılmış bir tutam öfke. Neyse, sen düşünen beyin olarak (kafatasının içindeki sorumlu) ortaya hangi duygu çıkarsa çıksın yargılamaman gerekir. Kendini tembel mi hissediyorsun? Bunda bir sorun yok; hepimiz kendimizi zaman zaman tembel hissederiz. Kendine mi sövüyorsun? Bu, belki bu konuşmayı biraz daha ilerletmeye davettir. Spor salonu bekleyebilir.

Hisseden beynin tüm iğrenç, çarpık duygularını ortaya çıkarması önemlidir. Bunları nefes alabilecekleri açıklığa çıkart, çünkü ne kadar fazla nefes alabilirlerse bilinç arabanın direksiyonunu kavraması o kadar gevşer.

Hisseden beyninle bir anlayış noktasına ulaştığında ona anlayabileceği bir şekilde hitap etme zamanı gelmiş demektir: duygular aracılığıyla. Belki arzulanan yeni bir davranışın faydaları hakkında düşünebilirsin. Belki hisseden beynine egzersiz yapmayı, bu yaz mayoyla iyi görünmenin kendini ne kadar iyi hissettireceğini, amaçlarına ulaşınca ve değerlerine uygun yaşayınca, sevdiklerine örnek olunca kendini ne kadar iyi hissettiğini hatırlatabilirsin.

Temelde hisseden beyninle Faslı bir halı satıcısıyla pazarlık ettiğin gibi pazarlık etmen gereklidir: İyi bir pazarlık olduğuna inanmalıdır, yoksa sonucu olmayan bir sürü bağırtıdan ve el kol sallamaktan ibaret kalır. Belki istemediği bir şeyi yapmaya razı gelirse onun istediği bir başka şeyi yapmaya karar vermen gerekir. En sevdiğin TV dizisini izlemek gibi, ama spor salonunda ve koşu bandında. Arkadaşlarınla dışarı çıkmak gibi, ama ancak bu ayın faturalarını ödedikten sonra.

Kolaydan başla. Unutma. Hisseden beyin çok duyarlıdır ve tamamen mantıksızdır.

Duygusal yararı olan kolay bir şey sunduğun zaman (egzersiz yaptıktan sonra kendini iyi hissetmek), hisseden beyin pozitif ya da negatif bir başka duyguyla yanıt verecektir. Duygu pozitifse hisseden beyin birazcık o yöne doğru gitmeye razı olacaktır, ama sadece azıcık! Unutma: Duygular asla sürekli değildir. Bu nedenle küçük başlarsın. Bugün sadece spor ayakkabılarını giy. Düşünen beyin. Bakalım neler olacak!

Hisseden beynin yanıtı negatifse bu negatif duyguyu kabul et ve bir başka uzlaşma sun. Hisseden beynin nasıl karşılık verdiğine bak. Sonra durula ve tekrar et.

Ama ne yaparsan yap, hisseden beyinle *kavga etme*. Bu işleri kötüleştirir. Asla kazanamazsın. Hisseden beyin her zaman direksiyondadır. İkincisi, hisseden beyinle kendini kötü hissettiğin hakkında kavga etmek onun kendini daha da kötü hissetmesine neden olur. Neden bunu yapasın ki? Akıllı olanın sen olması gerekir. Düşünen beyin.

Hisseden beyninle bu diyalog böyle ileri-geri, günlerce, haftalarca ve hatta yıllarca sürecektir. Beyinler arasındaki bu diyalog pratik gerektirir. En önemlisi de hisseden beynin ortaya çıkardığı duyguyu tanımaktır. Bazı insanlar hisseden beyinlerini öylesine ihmal etmişlerdir ki onu dinlemeyi yeniden öğrenmeleri biraz vakit alabilir.

Başkalarının sorunuysa bunun tam tersidir: Düşünen beyinlerine konuşmasını öğretmeleri, hisseden beyne kendi düşüncelerinden ayrı, bağımsız bir düşünce sunmaları (yeni bir yön) gereklidir. Kendilerine ya hisseden beynim bu şekilde hissetmekte hatalıysa, sorusunu sormaları gerekir. Sonra da diğer seçeneklere bakmalıdırlar. Bu başta onlar için zor olacaktır. Ama bu diyaloglar sürdürüldükçe iki beyin de birbirlerini dinlemeye başlarlar. Hisseden beyin farklı duygular ifade etmeye başlar ve düşünen beyin de hayatın yollarında hisseden beyne nasıl yardım edeceğini daha iyi kavrar.

Bu psikolojide "duygusal regülasyon" adını verdikleri şeydir ve temelde bir sürü korkuluğu ve tek yön işaretini hayat yolunuza koyarak hisseden beynin bir uçurumdan aşağı düşmesini engeller. Zor bir çalışmadır, ama tartışmasız *tek* yapılması gereken budur.

Çünkü duygularını kontrol edemezsin, düşünen beyin; kendini kontrol etmek bir illüzyondur. Her iki beyin hizalı olduğunda ve aynı eylem planını izlediklerinde meydana gelen bir illüzyondur. İnsanlara umut vermek için tasarlanmış bir illüzyondur. Düşünen beyinle hisseden beyin hizada olmadıklarında insanlar kendilerini güçsüz hissederler. Bu illüzyonu daima sürdürebilmenin yolu sürekli beyinlerinle iletişim halinde olman ve aynı değerlerin çevresinde hizalanmalarını sağlamandır. Bu, su topu oynamak veya bıçakla gösteri yapmak gibi bir beceridir ve çaba gerektirir. Bu yolda başarısızlıklar da olacaktır. Kolunu kesebilir ve her yeri kan içinde bırakabilirsin. Bu giriş ücretidir.

Ama şu senin elindedir, düşünen beyin: Kendini kontrol edemezsin, ama *anlamı* kontrol edebilirsin. Senin süper gücün budur. Bu, armağanındır. Güdülerinin ve duygularının *anlamını* kontrol edebilirsin. Ne kadar uygun görünseler de onları deşifre etmen gerekir. Ve bu inanılmaz derecede güçlüdür, çünkü duygularımıza verdiğimiz anlamdır ve genellikle hisseden beynin duygularımıza verdiği anlamı değiştirir.

Ve sen böylelikle umut yaratırsın. Geleceğin verimli ve hoş olacağına dair bir duyguyu böyle yaratırsın: hisseden beynin önüne koyduğu boku derin ve yararlı bir şekilde yorumlayarak. Güdülerini haklı gösterip onların kölesi olmaya kendini ikna edeceğine onlarla mücadele ederek ve onları analiz ederek. Özelliklerini ve şekillerini değiştirerek.

İyi bir tedavi de bununla ilgilidir elbette. Kendini kabul etme, duygusal zekâ; hepsi. Düşünen beyin hisseden beyni yargılamak ve kötü bir bok parçası olarak görmek yerine onu deşifre etmeli ve onunla işbirliği yapmalıdır; bu, tüm bilimsel davranış terapilerinin (BDT) ve kabul ve kararlılık terapilerinin (KKT) temelidir. Ayrıca terapistlerin baş harfleriyle andığı bir sürü başka terapi çeşidi de vardır.

Bizim umut krizimiz genellikle kendimiz ve kaderimiz üzerinde bir kontrolümüz olmadığı duygusuyla başlar. Kendimizi çevremizdeki dünyanın ve daha da kötüsü kendi aklımızın kurbanı gibi hissederiz. Hisseden beynimizle mücadele ederek onu yenmeyi ya da boyun eğdirmeyi deneriz. Ya da tam tersini yapar, aklımız başımızdan gitmiş bir halde onu izleriz. Klasik varsayım nedeniyle kendimizi gülünç duruma düşürür ve dünyadan saklanırız. Ve birçok yoldan modern dünyanın etkileri ve bağlantıları bu kendini kontrol etme illüzyonunun acısını daha da kötüleştirir.

Ama senin görevin budur, düşünen beyin, kabul etmen gerekir: hisseden beyni kendi koşullarıyla angaje etmek. Hisseden beynin en kötü değil de en iyi niyetlerinin ve sezgilerinin ortaya çıkacağı bir çevre yaratmak. Hisseden beyin önüne ne çıkartırsa çıkartsın ona karşı değil de onu kabul ederek onunla *birlikte* çalışmak.

Bunun dışındaki her şey (tüm yargılar, varsayımlar, büyüklenmeler) bir illüzyondur. Her zaman bir illüzyondu. Senin kontrolün yoktur, düşünen beyin. Hiç olmadı ve hiç olmayacak. Ama yine de umudunu yitirme.

Antonio Damasio "Elliot" ile deneyimlerinin ardından diğer araştırmalarını da kapsayan ve iyi yorumlar alan bir kitap yazdı; *Descartes'ın Hatası.* Bu kitabında düşünen beynin mantıklı ve olgulara dayanan bir bilgi formu ürettiğini ve hisseden beynin kendi tarzında değerlerle yüklü bilgisini geliştirdiğini yazar. Düşünen beyin olgular, veriler ve gözlemler arasında çağrışımlar kurar. Aynı şekilde hisseden beyin de aynı olaylara, veri ve gözlemlere temellenen değer yargılarında bulunur. Hisseden beyin neyin iyi neyin kötü, neyin arzulanabilir neyin arzulanamaz ve en önemlisi de neyi *hak ettiğimiz neyi etmediğimiz* konularında karar verir.

Düşünen beyin nesnel ve olgusaldır. Hisseden beyin öznel ve hikayeseldir. Ne yaparsak yapalım bir bilgi formunu ötekine çeviremeyiz. Umudun *gerçek* sorunu budur. *Entelektüel olarak* daha az karbonhidrat yemede, daha erken kalkmada ya da sigarayı bırakmada anlamadığımız hiçbir şey olamaz. Hisseden beynimizin içinde bir yerde bunları *hak etmediğimizi,* yapmaya değmeyeceğimizi düşünürüz. Bu nedenle bu konularda kendimizi bu kadar kötü hissederiz.

Bu değersizlik duygusunun nedeni, bir noktada başımıza gelen boktan bir şeydir. Başımıza korkunç şeyler gelir ve hisseden beynimiz bu kötü deneyimleri hak ettiğimize karar verir. Bu nedenle düşünen beyin daha iyisini bilmesine rağmen bu ıstırabı tekrarlar ve yeniden deneyimler.

Kendini kontrolün temel sorunu budur. Umudun temel sorunu budur – eğitimsiz bir düşünen beyin değil, eğitimsiz bir hisseden beyindir; kendisi ve dünya hakkında zayıf değer yargılarını benimsemiş ve kabul etmiş bir hisseden beyin. Psikolojik iyileşmeye uzaktan yakından benzeyen bir şeyin gerçek çalışması budur: kendi içimizde değerlerimizi yerine oturtmak. Böylelikle dünyada da değerlerimizi yerine oturtabiliriz.

Başka bir şekilde açıklarsam, sorun yüzümüze nasıl yumruk *yemeyeceğimizi* bilmememiz değildir. Sorun bir noktada, muhtemelen uzun bir süre önce yüzümüze yumruk yemiş olmamız ve vurana aynı yumruğu iade edeceğimize onu *hak etmiş* olduğumuza karar vermemizdir.

3

BÖLÜM

Newton'ın Duygu Yasası

Isaac Newton ilk kez yüzüne vurulduğunda bir tarlada duruyordu. Amcası ona buğdayların neden diyagonal sıralar halinde ekilmesi gerektiğini açıklıyordu, ama Isaac dinlemiyordu. Güneşe bakıyor ve ışığın neden yapıldığını merak ediyordu.

Yedi yaşındaydı.

Amcası sol yanağına elinin tersiyle öylesine sert vurdu ki Isaac'in benlik duygusu geçici olarak bedeninin devrildiği toprağın üzerinde parçalandı. Her türlü kişisel uyum duygusunu kaybetti. Ruhunun parçaları kendilerini toparlarken kendisinin gizli bir parçası toprakta kaldı; hiçbir zaman geri alınamayacağı bir yerde terk edildi.

Isaac'in babası o doğmadan önce ölmüştü; annesi oğlunu yakındaki kasabadaki zengin bir adamla evlenmek için terk etti. Bu nedenle Isaac büyürken amcaların, kuzenlerin ve büyükanne ve büyükbabaların arasında dolaştı. Kimse onu tam olarak istemedi. Çok az kişi ona nasıl davranması gerektiğini biliyordu. Herkes açısından sıkıntıydı; ya çok az seviliyor ya da hiç sevilmiyordu.

Isaac'in amcası eğitimsiz bir ayyaştı, ama tarlalardaki çitleri ve sıraları saymayı biliyordu. Tek entelektüel becerisi buydu ve bu nedenle bunu ihtiyacı olduğundan daha sık yapıyordu. Isaac genellikle bu sıra sayma işine katılırdı, çünkü amcası sadece bu iş sırasında ona dikkat ederdi ve tıpkı bir çöldeki su gibi çocuk her türlü ilgiye açtı.

Çocuğun bir dâhi olduğu ortaya çıktı. Sekiz yaşında koyunların ve ineklerin bir sonraki mevsimi geçirmek için ihtiyaç duyacakları yem miktarını hesaplayabiliyordu. Dokuz yaşında hektarlarca buğday, arpa ve patates ile ilgili hesapları akıldan yapabiliyordu.

On yaşında çiftçiliğin aptalca olduğuna karar vererek dikkatini Güneş'in mevsimler değişirken tam yörüngesini hesaplamaya verdi. Amcasının Güneş'in tam yörüngesine aldırdığı yoktu, çünkü bu, masaya yemek getirmiyordu, bu nedenle bir kez daha Isaac'e vurdu.

Okul işleri düzelmedi. Isaac soluk tenli, sıska ve dikkatsizdi. Sosyal becerisi yoktu. Güneş'in yörüngesi, kartezyen planlar ve Ay'ın gerçekten bir küre olup olmadığını belirlemek gibi inekçe işlerle uğraşıyordu. Diğer çocuklar kriket oynarken ya da ağaçların arasında birbirlerini kovalarken Isaac saatlerce derelere bakarak göz küresinin nasıl ışığı görebildiğini merak ediyordu.

Isaac Newton'ın gençliği birbiri ardına yediği tokatlar arasında geçti. Ve her darbeyle hisseden beyni tartışmasız bir hakikati *hissetmeyi* öğrendi: Onda doğuştan bir *hata* vardı. Yoksa neden ebeveynleri onu terk etmiş olsunlardı ki? Neden arkadaşları onunla alay etsinlerdi? Sürekli yalnızlığının başka ne gibi bir nedeni olabilirdi? Düşünen beyni karmaşık grafikler çizerken ve Ay'ın döngülerinin planlarını çıkartmakla meşgulken hisseden beyni sessizce Lincolnshire'lı bu küçük İngiliz oğlana ait bir şeyin kesinlikle arızalı olduğu bilgisini içselleştiriyordu.

Bir gün okul defterine şunu yazdı: "Ben ufak tefek bir çocuğum. Solgun ve zayıfım. Bana ne evde ne de cehennemin dibinde yer var. Ne yapabilirim? Neye yararım? Ağlamaktan başka bir şey elimden gelmiyor."

Bu noktaya kadar Newton hakkında okuduğunuz her şey doğru, en azından mümkündür. Ama şimdi bir an bir paralel evren olduğunu varsayalım. Bu paralel evrende bizimkine çok benzeyen bir Isaac Newton olsun. Kırık ve tacizci bir aileden gelsin. Yine kızgın bir yalıtılmışlık içinde yaşasın. Karşılaştığı her şeyi yine bir dâhi gibi ölçsün ve hesaplasın.

Ama diyelim ki takıntılı bir şekilde dış ve doğal dünyayı ölçüp hesaplayacağına iç, psikolojik dünyayı, insan zihninin ve kalbinin psikolojik dünyasını ölçüp hesaplasın.

Bu, hayal gücünün devasa bir sıçrayışı değildir; taciz mağdurları genellikle insan doğasını en iyi gözlemleyenlerdir. Sizin ve benim için insanları izlemek herhangi bir pazar günü bir parkta yaptığımız eğlenceli bir iş olabilir. Ama mağdurlar için bu bir hayatta kalma becerisidir. Onlar açısından şiddet her an ortaya çıkabilir, bu nedenle kendilerini koruma içgüdüsü geliştirirler. Birinin sesindeki bir çatlama, bir kaşın kalkması, derin bir iç çekiş, herhangi bir şey onların iç alarmını harekete geçirebilir.

Bu paralel evren Newton'ı, bu "Emo (İngilizce *emotional*, duygusal sözcüğünün kısaltılmışı) Newton" takıntısını çevresindeki insanlara yöneltsin. Defterler tutsun ve arkadaşlarıyla ailesinin tüm gözlemlenebilir davranışlarını kataloglasın. Yorulmadan her eylemi, her sözcüğü yazsın. Yüzlerce sayfayı insanların yaptıklarının farkında bile olmadıkları davranışlarıyla doldursun. Emo Newton ölçülerin doğal dünyayı tahmin edip kontrol edebileceğini düşünsün; eğer Güneş'in, yıldızların ve Ay'ın şekilleri ve konfigürasyonları doğal dünyayı tahmin edip kontrol etmekte kullanılabilirse demek ki iç, duygusal dünyayı da tahmin edip kontrol edebilir diyelim.

Ve Emo Newton hepimizin aslında bir şekilde bildiği acı veren bir şeyin farkına varsın, çok azımız bunu itiraf edebilir: İnsanlar yalancıdır, hepimiz. Sürekli ve alışkanlık olarak yalan söyleriz. Önemsiz ve önemli şeyler hakkında yalan söyleriz. Ve bunu kötülük olsun diye yapmayız. Kendimize yalan söyleme alışkanlığımız olduğu için yaparız.

Isaac ışığın insanların yüreklerinde göremedikleri bir şekilde kırıldığını not eder; insanlar nefret eder gibi göründüklerini sevdiklerini söylerler; bir şey yaparken başka bir şey yaptıklarını sanırlar; büyük bir onursuzluk ve zalimlikle davranırken buna hakları olduğunu düşünürler. Ama zihinlerinde bir şekilde eylemlerinin tutarlı ve doğru olduğunu düşünürler.

Hikâyeye dönersek, Isaac kimseye güvenilmeyeceğine ve ıstırabının kendisiyle dünya arasına koyduğu mesafeyle ters orantılı olduğuna karar verdi. Böylelikle kendini kendine sakladı ve kimsenin yörüngesine girmedi; başka bir insan yüreğinin yerçekiminden dışarıda ve uzağında kaldı. Arkadaşı yoktu; arkadaş istemediğine ve dünyanın kasvetli, kötü bir yer olduğuna karar verdi; zavallı hayatındaki tüm değer bu kötülüğü belgeleme ve hesaplama becerisiydi.

Tüm huysuzluğuna rağmen Isaac kesinlikle hırstan arınmış

değildi. İnsan yüreğinin yörüngesini bilmek istiyordu; ıstırabının hızını hesaplamak istiyordu. Değerlerinin gücünü ve umutlarının kütlesini hesaplamak istiyordu. Ve en önemlisi de bu elementler arasındaki ilişkileri anlamak istiyordu.

Newton'ın Üç Duygu Yasası'nı yazmaya karar verdi.

Newton'ın 1. Duygu Yasası

Her Eylem İçin Eşit ve Zıt Bir Duygusal Tepki Vardır

Sizin yüzünüze bir yumruk attığımı düşünün. Sebebi yok. Haklı gösterecek bir neden yok. Sadece şiddet.

İçgüdüsel tepkiniz bir şekilde öç almaktır. Bu belki fiziksel olur: Siz de bana bir yumruk atarsınız. Belki sözeldir. Bana sövüp sayarsınız. Belki de sosyaldir: Polisi ya da bir başka yetkiliyi çağırır ve size saldırdığım için beni cezalandırmasını istersiniz.

Tepkinizden bağımsız olarak içinize bana yönelmiş negatif duygular dolar. Haklısınızdır da – ben tatsız bir insanım. Neticede hiçbir haklı neden göstermeksizin size ıstırap verdim. Siz bu ıstırabı hak etmediniz. Bu, aramızda bir adaletsizlik duygusuna neden olur. Aramızda *ahlaki bir boşluk* oluşur: Birimiz doğası gereği hakkaniyetlidir ve ötekisi de alçak bir boktur.

Istırap ahlaki boşluklar oluşturur. Ve sadece insanlar arasında da değil. Bir köpek sizi ısırırsa içgüdünüz onu cezalandırmak yönündedir. Parmağınızı masaya çarpınca ne yaparsınız? Kahrolası masaya sövüp sayarsınız. Evinizi su basarsa üzülür, Tanrı'ya, evrene, hayatın kendisine küsersiniz.

Bunlar ahlaki boşluklardır. Yanlış bir şey olduğu duygusudur ve siz (ya da bir başkası) yeniden bütün olmayı hak ediyorsunuzdur. Nerede ıstırap varsa illa ki içten gelen bir üstünlük/alçaklık duygusu vardır. Ve her zaman ıstırap vardır.

Ahlaki boşluklarla karşılaştığımız zaman *eşitleme* yönünde baskın duygular geliştiririz; bir *ahlaki eşitlik* peşine düşeriz. Bu eşitlik arzusu bir *hak etme* formunu alır. Size yumruk attığım için yumruk atılmayı ya da bir şekilde cezalandırılmayı *hak ettiğimi* hissedersiniz. Bu duygu (ya da benim hak eden acım) sizde benim hakkımda güçlü duygular oluşmasına neden olur (en muhtemeli öfke). Ayrıca yumruk yemeyi *hak etmediğiniz*, yanlış bir şey *yapmadığınız* ve hem benim hem de çevrenizdeki herkesin size daha iyi davranmasını *hak ettiğiniz* çerçevesinde güçlü duygulara sahipsinizdir. Bu duygular üzüntü, kendine acıma ya da kafa karışıklığı şeklini alabilir.

Tüm bu bir şeyi "hak etme", ahlaki boşluğun karşısında yaptığımız bir değer yargısıdır. Bir şeyin bir diğerinden daha iyi olduğuna karar veririz; biri diğerinden daha haklıdır; bir olay bir diğerinden daha az arzulanır. Ahlaki boşluklar değerlerimizin doğduğu yerdir.

Şimdi diyelim ki size yumruk attığım için özür diledim. Şöyle dedim: "Hey, okur, bu son derece hakkaniyetsizdi ve vayy, çizgiyi aştım. Bu bir daha asla olmayacak ve aşırı üzüntümün ve suçluluğumun bir simgesi olarak sana kek pişireceğim. Al, bu da beş yüz lira. Keyfini çıkart."

O kişinin de sizi tatmin ettiğini varsayalım. Özrümü, kekimi ve beş yüz liramı kabul ettiniz ve gerçekten her şeyin iyi olduğunu hissettiniz. Şimdi ikimiz "eşitleniriz". Aramızdaki ahlaki boşluk kapanmıştır. Ben "gerekeni yapmışımdır". Eşit olduğumuzu bile söyleyebilirsiniz – ikimizden biri ötekinden daha iyi bir insan değildir; artık birimiz ötekinden daha iyi ya da kötü bir davranışı hak etmez. Aynı ahlaki düzlemde hareket ederiz.

Böyle eşitlenme umudu yeniden tesis eder. İlla ki sizde ya da dünyada bir hata olmadığı anlamına gelir. Kendini kontrol etme duygusu, beş yüz lira, tatlı ve leziz bir kek eşliğinde gününüze devam edersiniz.

Şimdi başka bir senaryo hayal edelim. Şimdi size yumruk atacağıma diyelim ki size bir ev aldım.

Evet okur, size bir ev aldım.

Bu aramızda başka bir ahlaki boşluk yaratacaktır. Ama neden olduğum ıstırabın eşitlenmesi için üzücü bir duygu yerine sizde yarattığım sevincin eşitlenmesini istersiniz. Bana sarılabilirsiniz; yüzlerce kez teşekkür edersiniz; karşılığında bir armağan verirsiniz ve sonsuza kadar kedime bakmaya söz verirsiniz.

Özellikle kibar biriyseniz (ve biraz da kendinizi kontrol edebiliyorsanız) size bir ev almama karşı çıkabilirsiniz, çünkü bunun aramızda asla aşamayacağınız bir ahlaki boşluk yaratacağını bilirsiniz. Bana "Teşekkür ederim, ama kesinlikle olmaz, çünkü bunun karşılığını vermem mümkün değil," dersiniz.

Negatif ahlaki boşlukta olduğu gibi pozitif ahlaki boşlukta da kendinizi bana borçlu hissedersiniz; sizin bir şekilde gerçekleştirmeniz gereken iyi bir şeyi hak etmişimdir. Derin bir şükran ve takdir hissedersiniz. Hatta sevinçten ağlayabilirsiniz bile.

Bizlerin doğal psikolojik eğilimi ahlaki boşlukları eşitlemektir; bunu karşılık veren davranışlarla yaparız: pozitife pozitif, negatife negatif. Bu boşlukları doldurmaya yarayan güç, duygularımızdır. Bir anlamda her *eylem* eşit ve zıt bir *duygusal tepkiye* neden olur. Bu, Newton'ın birinci duygu yasasıdır.

Newton'ın birinci yasası sürekli olarak yaşamlarımızın akışını dikte eder, çünkü bu bizim duygusal beynimizin dünyayı yorumladığı algoritmadır. Bir film eğlendirdiğinden daha çok üzerse sıkılır ve hatta kızarsınız. (Belki de paranızı geri isteyerek eşitlemeye çalışırsınız.) Anneniz doğum gününüzü unutursa bir sonraki altı ay onu aramayarak eşitleyebilirsiniz. Olgun biriyseniz hayal kırıklığınızı onunla paylaşırsınız. Tuttuğunuz takım berbat bir şekilde yenilirse belki daha az maça gider ve daha az tezahürat yaparsınız. Resim yapmaya yetenekli olduğunuzu keşfederseniz bu becerinizden duyduğunuz tatmin ve hayranlık bu sanata zaman, enerji, duygu ve para yatırımı yapmanıza neden olur. Ülkeniz dayanamadığımız berbat birini seçimlerde seçerse milletiniz, hükümetiniz ve hatta diğer vatandaşlarla bir kopukluk hissedersiniz. Hatta onun korkunç politikalarına karşı bir şey yapmanız gerektiğini hissedebilirsiniz.

Eşitleme her deneyimde vardır, çünkü *eşitleme güdüsünün kendisi duygudur.* Üzüldüğünüz bir kayıp karşısında bir şey yapamamanın güçsüzlüğüdür. Öfke, güç ve saldırganlık aracılığıyla eşitleme arzusudur. Mutluluk acıdan kurtulmaktır; suçluluk da hiç duymadığınız bir acıyı hak ettiğiniz duygusudur.

Eşitleme arzusu adalet duygumuzun altında yatar. Asırlar içinde kurallara ve yasalara kodlanmıştır; Babil'li Kral Hammurabi'nin klasik "göze göz, dişe diş" tutumu ya da İncil'deki altın kural "kendine yapılmasını istemediğin şeyi başkalarına da yapma" gibi. Evrimsel biyolojide bu "karşılıklı iyilikseverlik" olarak bilinir, oyun teorisinde ise "eşdeğer misilleme".

Newton'ın birinci yasası ahlak duygumuzu oluşturur. Hakkaniyet duygumuzun altında yatar. Her insan kültürünün önemli temelidir ve...

Hisseden beynin işletim sistemidir.

Düşünen beynimiz gözleme ve mantığa dayalı olgusal bilgi yaratırken hisseden beynimiz değerlerimizi ıstırap deneyimimiz çevresinde yaratır. Bize ıstırap veren deneyimler zihinlerimizde bir ahlaki boşluk yaratır ve hisseden beynimiz bu deneyimleri aşağı seviyede ve istenmeyen olarak algılar. Istırabı rahatlatan deneyimler ters yönde bir ahlaki boşluk yaratır ve hisseden beynimiz bu deneyimleri üstün ve arzulanan olarak algılar.

Bunun hakkında düşünmenin bir yolu düşünen beynimizin olaylar arasında yatay bağlantılar kurmasıdır (aynılıklar, zıtlıklar, neden/sonuç vs.); duygusal beynimiz ise hiyerarşik bağlantılar kurar (iyi/kötü, daha az/daha fazla arzulanır, ahlaki açıdan üstün/alçak). Düşünen beynimiz yatay düşünür (bu şeyler nasıl birbirleriyle ilişkili?); hisseden beynimiz dikey düşünür (bunların hangisi iyi/kötü?). Düşünen beynimiz şeylerin nasıl olduklarına karar verirken hisseden beynimiz nasıl olması gerektiğine karar verir.

Bizlerin deneyimleri için hisseden beynimiz bir tür *değer hiyerarşisi* yaratır. Bu, sanki bilinçaltımızda devasa bir kitaplık olmasına benzer; hayattaki en iyi ve en önemli deneyimler (aileyle, arkadaşlarla, sandviçlerle) üst raflardadır ve istenmeyen deneyimler (ölüm, vergiler, hazımsızlık) alttadır. Hisseden beynimiz kararlarını mümkün olan en üst raftaki deneyimleri izleyerek verir.

Her iki beynin de değer hiyerarşisine erişimi vardır. Hisseden beynimiz bir şeyin hangi rafta duracağına karar verirken düşünen beynimiz bazı deneyimlerin nasıl birbirleriyle bağlantılı olduklarına işaret edebilir ve değer hiyerarşisinin nasıl yeniden düzenleneceğine işaret eder. "Gelişme" temelde budur: insanın değer hiyerarşisinin optimum bir şekilde önceliklerini yeniden belirleme.

Örneğin bir arkadaşım bildiğim en parti meraklısı insandı. Bütün geceyi dışarıda geçirir, oradan işine gider ve hiç uyumazdı. Bir cuma gecesi evde kalmayı ya da erken uyanmayı kötü bir şey olarak görürdü. Değer hiyerarşisi şöyle bir şeydi:

- Şahane Dj
- İyi uyuşturucular
- İş
- Uyku

İnsan onun davranışlarını sadece bu hiyerarşiye bakarak tahmin edebilir.

Uyuyacağına çalışır. Çalışacağına partilere gidip sarhoş olmayı yeğler. Ve *her şey* müzikle ilgilidir.

Yurtdışında bir işe gönüllü oldu; bir Üçüncü Dünya ülkesinde kimsesiz çocuklarla ilgilenerek birkaç ayını geçirdi ve bu her şeyi değiştirdi. Bu deneyim duygusal açından o kadar güçlüydü ki değer hiyerarşisini yeniden düzenledi. Şimdi hiyerarşisi şöyle bir şey:

- Çocukları gereksiz ıstıraplardan kurtarmak
- İş
- Uyku
- Partiler

Ve aniden sanki bir sihir varmış gibi partiler artık eğlenceli gelmemeye

başladı. Çünkü onun yeni en yüce değeriyle çakışıyorlardı: ıstırap içindeki çocuklara yardım etmek. Kariyerini değiştirdi ve şimdi en önemli şeyi işi. Çoğu gecesini evinde geçiriyor; içki içmiyor; uyuşturucu kullanmıyor. İyi uyuyor, çünkü dünyayı kurtarmak için çok enerjiye gereksinimi var.

Parti arkadaşları ona bakıp acıyorlar; onu arkadaşımın eski değerleri olan kendi değerleriyle yargılıyorlar. Zavallı parti kızı yatağa gitmek ve her sabah erken uyanmak zorunda. Zavallı parti kızı her hafta sonu uyuşturucu kullanamaz.

Ama arkadaşımın değer hiyerarşisi hakkında ilginç olan şudur: Değiştikleri zaman aslında bir şey kaybetmezsiniz. Mesele arkadaşımın kariyeri için partilerden vazgeçmeye karar vermesi değildi; partiler ona artık eğlenceli gelmemeye başlamıştı. Çünkü "eğlence" bizim değer hiyerarşimizin bir ürünüdür. Bir şeye değer vermemeye başladığımızda artık bizim için eğlenceli ya da ilginç olmaktan çıkar. Bu nedenle bir kayıp duygusu yoktur; yapmamaya başladığımızda bir şey kaçırıyormuşuz gibi gelmez. Tam tersine, geriye bakar ve bu kadar aptal, önemsiz bir şeye nasıl onca vakit ayırdığımıza şaşarız. "Neden o kadar enerjiyi önemsiz şeylere harcayarak heba ettim?" diye düşünürüz. Bu pişmanlık ve utanç iyidir; *gelişmeye* işaret ederler. Umutlarımızı gerçekleştirmenin ürünüdürler.

Newton'ın İkinci Duygu Yasası

Özdeğerimiz Zaman İçindeki Duygularımızın Toplamına Eşittir

Yumruk örneğine geri dönelim, ama bu kez diyelim ki ben sihirli bir güç

alanının içindeyim ve davranışlarım için başıma tatsız bir şey gelmiyor. Siz de bana bir yumruk atamazsınız. Benim hakkımda kimseye bir şey söyleyemezsiniz. Her şeyi gören ve bilen, süper güçlü, kötü ve boktan biriyim.

Newton'ın birinci duygu yasası biri (ya da bir şey) bize acı verdiği zaman bir ahlaki boşluk oluştuğunu ve hisseden beynimizin durumu eşitlemek için tatsız duygularla bizi motive ettiğini söyler.

Ama ya bu eşitleme hiç gerçekleşmezse? Biri (ya da bir şey) kendimizi kötü hissetmemize neden olduğunda öç alamaz ya da uzlaşamazsak? Eşitlemek ya da "işleri yoluna koymak" için bir şey yapacak gücümüz yoksa? Ya benim güç alanım sizin için fazlasıyla kuvvetliyse?

Ahlaki boşluklar uzun bir süre kaldıklarında normalleşirler. Kendilerine değer hiyerarşimiz içinde bir yer edinirler. Biri bize vurursa ve ona asla vuramazsak hisseden beynimiz şu şaşırtıcı sonucu çıkartır:

Bana vurulmasını hak ettim.

Hak etmemiş olsaydım eşitleyebilirdim, öyle değil mi? Eşitleyemememiz bizde doğuştan gelen aşağı ya da bize vuran kişinin doğuştan gelen üstün bir şeye sahip olduğu duygusunu yaratır.

Bu da bizim umut tepkimizin bir yanıtıdır. Eşitlenme olanaksızsa hisseden beynimiz ikinci en iyi şeye başvurur: vazgeçmek, yenilgiyi kabul etmek, kendini aşağı ve değersiz olarak değerlendirmek. Biri bize zarar verirse ilk tepkimiz, genellikle, "O iğrenç herifin teki. Ben haklıyım!" olur. Ama bu haklılık üzerinden bir eşitlenme sağlayamıyorsak hisseden beynimiz tek alternatifin bir açıklama olduğuna karar verir: "Asıl iğrenç olan benim, o da haklı."

Bu teslimiyet ya da kendimizin doğuştan daha aşağı olduğunu kabul etmek genellikle utanç ya da düşük özdeğer olarak görülür. Canınız neyi isterse o adı takın, sonuç her zaman aynıdır: Hayat sizi itip kakar ve kendinizi bunu durduramayacak kadar güçsüz hissedersiniz. Bu nedenle de hisseden beyniniz bunu hak ettiğinize karar verir.

Elbette tersine ahlaki boşluk da doğru olmalıdır. Hak etmediğimiz halde bize bir sürü şey verilirse (bir şeye sadece katıldığımız için ödül, dereceler, dokuzuncu olduğumuz için altın madalya) (yanlış olarak) kendimizi olduğumuzdan daha üstün hissetmeye başlarız. Ve hayali bir yüksek özdeğer versiyonu oluştururuz; bu da daha genel anlamıyla boktan olarak bilinir.

Özdeğer belli bir duruma özgüdür. Çocukken kalın gözlük camlarınız ve komik burnunuz için sizinle alay edilmişse büyüyünce ateşli ve son derece cazip ve seksi birine dönüşmüş olsanız bile hisseden beyniniz gerzeğin biri olduğunuzu "bilir". Katı dini çevrelerde yetişenler cinsel güdüleri için şiddetle cezalandırılarak büyüdüklerinden düşünen beyinleri seksin doğal ve kesinlikle harika olduğunu çoktan anlamış olsa da hisseden beyinleri seksin yanlış olduğunu "bilir".

Yüksek ve alçak özdeğer yüzeyde farklı gibi görünseler de bir paranın iki yüzü gibidirler. Dünyanın geri kalanından daha iyi de, daha kötü de olduğunuza inansanız aynı şey doğrudur: Kendinizi özel biri gibi görürsünüz ve dünyanın geri kalanından farklı bulursunuz.

Özel bir davranışı çok iyi biri olduğu için hak ettiğine inanan biriyle çok boktan biri olduğu için hak ettiğine inanan biri o kadar da farklı değildir. İkisi de narsisttir. İkisi de özel olduğuna inanır. İkisi de dünyanın onları bir istisna olarak görmesi, değerlerine ve duygularına diğerlerininkilerden daha fazla önem vermesi gerektiğini sanır.

Narsistler üstünlük duygusuyla alçaklık duygusu arasında salınırlar. Ya herkes onları seviyordur ya da herkes onlardan nefret ediyordur. Her şey ya harikadır ya da çok berbattır. Ya hayatlarının en iyi ânıdır ya da onlarda travma yaratan bir andır. Narsist biri söz konusuysa arada bir çizgide olmak söz konusu değildir, çünkü önlerindeki nüanslı ve deşifre edilemez gerçeği görebilmek için özel biri olduklarına ilişkin ayrıcalıklı görüşlerini bir yana bırakmaları gerekir. Her şey onlar hakkındadır ve çevrelerindeki insanların da aynı şekilde düşünmesini isterler.

Görmek için biraz çaba gösterirseniz bu yüksek/alçak özdeğer değişmesini her yerde izleyebilirsiniz: kitle kıyımı yapanlar, diktatörler, sızlanan çocuklar, her yıl bayramları rezil eden terbiyesiz teyzeniz. Hitler sadece Alman üstünlüğünden korktuğu için 1. Dünya Savaşı'ndan sonra dünyanın Almanya'ya çok berbat davrandığı konusunda konuşmalar yapmıştır. Kaliforniya'da yakın geçmişte, akıl hastası ve silahlı bir adam kadınların "alçaklarla" çıktıklarını, ona yüz vermedikleri için bakir kaldığını bahane ederek bir kız öğrenci birliğini taramasını haklı göstermeye çalışmıştır.

Kendinize karşı dürüst olursanız bunu kendi içinizde de bulabilirsiniz. Bir şey konusunda ne kadar güvensizseniz kendinizi hayali üstünlük duygularıyla (ben en iyisiyim) hayali alçaklık duyguları arasında (benden boktanı yok) gidip gelirken yakalayabilirsiniz.

Özdeğer bir illüzyondur. Neyin yardım edeceğini, neyin acı vereceğini tahmin etmeye çalışan hisseden beyinle ilgili bir psikolojik yapıdır. Sonuçta dünya hakkında bir şey hissedebilmek için kendimiz hakkında *bir şey* hissetmemiz gerekmektedir ve bu duygular olmadan umut edebilmemiz olanaksızdır.

Hepimizde bir dereceye kadar narsisist özellikler vardır. Öğrendiğimiz ya da deneyimlediğimiz her şey ya bizim başımıza geldiği ya da bizim tarafımızdan öğrenilmiş olduğu için bu kaçınılmazdır. Bilincimiz doğası gereği her şeyin bizim aracılığımızla olduğunu dikte eder. Bu nedenle her şeyin merkezinde olduğumuz duygusu doğaldır, çünkü *kendi* deneyimlediğimiz her şeyin merkezinde *kendimiz* bulunur.

Hepimiz kendi becerilerimizi ve niyetlerimizi abartır, başkalarınınkini küçümseriz. Çoğu insan ortalama zekâdan daha zeki ve birçok şeyde ortalamanın üstünde beceriye sahip olduklarını düşünür; özellikle de böyle olmadıklarında. Hepimiz olduğumuzdan daha dürüst ve etik değerlere sahip olduğumuzu sanırız. Fırsat verilirse hepimiz bizim için iyi olanın herkes için iyi olacağına inanmaya meyilliyizdir. İşleri berbat ettiğimizde de bu sevimli bir kazadır. Ama başka birisi işleri berbat edince hemen onun karakterini yargılarız.

Sürekli düşük düzeyli bir narsisizm doğaldır, ama aynı zamanda da sosyopolitik sorunlarımızın çoğunun kökeninde bu bulunur. Bu bir sağ-sol sorunu değildir. Eski nesil, yeni nesil, Doğu, Batı sorunu da değildir.

Bu bir insanlık sorunudur.

Her kurum yozlaşır ve bozulur. Biraz daha fazla güç ve biraz daha az kısıtlama karşısında her insan bu gücü kendi işine gelecek şekilde kullanır. Herkes kendi kusurlarına gözlerini yumarken başkalarında göz batan kusurlar arar.

Dünyaya hoş geldiniz. Keyifli zaman geçirmenizi dilerim.

Hisseden beynimiz gerçekliği öyle bir çarpıtır ki kendi sorunlarımızın ve ıstırabımızın bir şekilde özel ve özgün olduğuna inanırız, ama tüm kanıtlar bunun tersinin doğru olduğunu gösterir. İnsanların bu seviyede içlerinden gelen bir narsisizme ihtiyaçları vardır, çünkü narsisizm huzursuzluk veren gerçeğe karşı son savunma hattımızdır. Hadi şimdi gerçeği konuşalım: İnsanlar can sıkıcıdır ve hayat da son derece zor ve tahmin edilemezdir. Hepimiz eğer tamamen kaybolmadıysak ancak idare ederiz. Ve kendi üstünlüğümüze (ya da alçaklığımıza) yanlış bir şekilde inanmazsak ya da bir şeyde harika olduğumuza ilişkin hayali bir inancımız yoksa en yakın köprüden kendimizi atarız. Birazcık narsist yanılgı, özel olduğumuza ilişkin sürekli kendimize söylediğimiz yalan olmazsa umut etmekten vazgeçeriz.

Ama bu içten gelen narsisizmin bir bedeli vardır. Dünyanın ister en iyisi, ister en kötüsü olduğunuza inanın bir şey daha doğrudur: Siz dünyadan ayrısınız.

Ve bu ayrılık son safhada sürekli gereksiz bir ıstıraba neden olur.

Newton'ın Üçüncü Duygu Yasası

Kimliğimiz Yeni Bir Deneyim Tersine Hareket Edene Kadar Kimliğimiz Olarak Kalacaktır

Sıradan bir gözü yaşlı hikâye: Oğlan kızı aldatır. Kızın kalbi kırılır. Kız umutsuzluğa kapılır. Oğlan kızı terk eder ve bunun acısı yıllarca sürer. Kız kendini bok gibi hisseder. Ve hisseden beyninin umudunu koruması için düşünen beyni şu iki açıklamadan birini seçer: Ya (a) tüm erkekler boktandır ya da (b) kendisi boktandır.

Bu iki seçenekten ikisi de iyi bir seçenek değildir.

Ama o (a) seçeneğini seçer; "tüm erkekler boktandır", çünkü neticede kendisiyle birlikte yaşaması gerekecektir. Bu seçimi bilinçli olarak yapmamıştır, buna dikkat edin. Bir şekilde olmuştur.

Birkaç yıl ileri gidelim. Kız başka bir oğlanla tanışır. Bu oğlan boktan değildir, tam tersine iyi ve tatlı birisidir; ona özen gösterir ve önemser; gerçekten özen gösterir.

Ama kız şaşkındır. Bu oğlan nasıl gerçek olabilir? Bu nasıl doğru olabilir? O tüm erkeklerin boktan olduğunu *bilmektedir.* Bu doğrudur. Doğru olması gerekir; bunu kanıtlayan duygusal yaraları vardır.

Üzücüdür, ama bu oğlanın boktan olmaması kızın hisseden beynine fazla gelir ve kız da kendini bu oğlanın da boktan olduğuna inandırır; onun en önemsiz kusurlarının üzerinde durur. Her yersiz sözünü ve jestini fark eder. Onun en önemsiz hataları kızı sıfırlar; zihninde parlak ve yanıp sönen bir uyarı ışığı gibi "Kaç! Kendini kurtar!" der.

O da bunu yapar. Kaçar. Ve en korkunç biçimlerde kaçar. Neticede bütün erkekler boktandır, o zaman neden bir boku bir başkasına yeğlesin? Hiçbir anlamı yoktur.

Oğlanın kalbi kırılır. Oğlan umutsuzluğa kapılır. Acısı yıllar sürer ve utanca dönüşür. Ve bu utanç oğlanı zor bir durumda bırakır. Çünkü şimdi düşünen beyninin bir seçim yapması gerekmektedir: Ya (a) bütün kızlar boktandır ya da (b) kendisi boktandır.

Değerlerimiz sadece duygularımızın koleksiyonundan ibaret değildir. Değerlerimiz birer hikâyedir.

Hisseden beynimiz bir şey hissettiği zaman düşünen beynimiz işe girişerek bu bir şey çevresinde bir hikâye örer ve onu *açıklamak* ister. İşinizi kaybetmeniz sadece berbat bir şey olmakla kalmaz, onun çevresinde tüm bir hikâyeyi örersiniz: Boktan patronunuz ona yıllarca katlandıktan sonra sizi kovmuştur! Siz kendinizi o şirkete adamışsınızdır! Peki ya karşılığında ne almışsınızdır!

Hikâyelerimiz yapışkandır; zihnimize tutunurlar ve kimliğimize sıkı, ıslak giysiler gibi yapışırlar. Onları taşır ve kendimizi onlarla tanımlarız. Bu hikâyeleri başkalarıyla değiş-tokuş eder ve hikayeleri bizimkine benzeyen insanlar ararız. Bu insanlara arkadaş, müttefik, iyi insan deriz. Ya hikâyeleri bizimkilerle çelişenler? Onlara kötü insanlar deriz.

Kendimiz ve dünya hakkındaki hikayelerimiz temelde (a) bir şeyin ya da birinin değeri; (b) bu bir şeyin ya da birinin bu değeri hak edip etmediği hakkındadır. Tüm hikâyeler şu şekilde inşa edilir:

Kötü bir şey bir insana/şeye oldu ve o bunu hak etmedi.
İyi bir şey bir insana/şeye oldu ve o bunu hak etmedi.
İyi bir şey bir insana/şeye oldu ve o bunu hak etti.
Kötü bir şey bir insana/şeye oldu ve o bunu hak etti.

Tüm kitaplar, mitler, fabllar, tarih sonsuzluktan bugüne kadar –aktarılan ve hatırlanan tüm insanlığın anlamı– bu küçük değer bağlantılı hikayelerdir.

Neyin önemli neyin önemsiz, neyin hakça neyin değil olduğu çevresinde uydurup kendimize anlattığımız bu hikâyeler bize yapışır ve bizi tanımlar; dünyaya ve birbirimize nasıl uyduğumuzu, kendimiz hakkında nasıl hissettiğimizi belirler; iyi bir yaşamı, sevilmeyi, başarıyı hak ediyor muyuz, etmiyor muyuz ve kendimiz hakkında bilip anladığımız şeyleri tanımlarlar.

Bu değer-temelli hikâyeler ağı bizim *kimliğimizdir.* Ben süper bir tekne kaptanıyım diye düşünürseniz bu kendinizi tanımlamak ve bilmek için inşa etmiş olduğunuz hikayedir. Yürümenizin, kendinizi başkalarına tanıtmanızın ve Facebook-Instagram sayfanızın bir parçasıdır. Siz teknelerde kaptanlık yaparsınız ve bunu o kadar iyi yaparsınız ki iyi şeyleri hak edersiniz.

Ama komik olan şudur: Bu küçük hikâyeleri kimliğiniz olarak kabul edince onları korur ve sanki sizin doğuştan gelen bir parçanızmış gibi onlara duygusal tepki gösterirsiniz. Yumruk yemenin güçlü bir duygusal tepki yaratması gibi birinin gelip de boktan bir tekne kaptanı olduğunuzu söylemesi benzer şekilde negatif duygusal tepki yaratır, çünkü metafizik bedeni de korumak için tıpkı fiziksel bedeni koruduğumuz gibi tepki veririz.

Kimliklerimiz yaşamımızda birer kartopuna benzerler; yuvarlandıkça daha fazla değer ve anlam biriktirirler. Büyürken annenizle yakınsanız bu ilişki size umut verir ve zihninizde bir hikaye inşa edersiniz; bu gür saçınız, kahverengi gözleriniz ve tuhaf başparmaklarınız gibi bir parça sizi tanımlar. Anneniz hayatınızda çok önemlidir; müthiş bir kadındır. Her şeyi ona borçlusunuzdur... ve Oscar ödül töreninde herkesin söylediği diğer bokluklar işte... Bu kimlik parçasını sanki sizin bir parçanızmış gibi korursunuz. Biri gelip de anneniz hakkında boktan bir şey söylerse kesinlikle aklınızı kaçırır ve bir şeyleri kırıp dökmeye başlarsınız.

Sonra bu deneyim yeni bir hikaye ve zihninizde yeni değerler yaratır. Siz öfke sorununuz olduğuna karar verirsiniz... özellikle de konu annenizle ilgiliyse. Ve sonra bu da kimliğinizin bir parçası olur.

Böyle sürer gider.

Bir değere ne kadar sahip çıkarsak kartopunun içinde o kadar derindedir ve kendimizle dünyayı nasıl gördüğümüz hakkında o kadar temel bir yer teşkil eder. Banka borcunun faizi gibi değerlerimiz zaman içinde bileşir, gelecekteki deneyimleri daha güçlü ve renkli bir şekilde etkiler. Lisedeyken size zorbalık yapılmış olması değildir canınıza okuyan. On yıllardır biriktirdiğiniz zorbalık *artı* kendini beğenmeme ve narsisizm gelecek ilişkilerinizi etkiler, onların iyi gitmemesine neden olur ve bu da zamanla birikir.

Psikologların kesin olarak bildikleri fazla bir şey yoktur, ama çocukluk travmalarının başımızı derde soktuğunu kesinlikle bilirler. Erken dönem değerlerinin bu "kartopu etkisi", iyi ya da kötü çocukluk deneyimlerimiz kimliklerimiz üzerinde uzun süreli etkiye sahiptir ve yaşamlarımızı tanımlayan temel değerlerimizi oluştururlar. Erken dönem deneyimleriniz sizin ana değerleriniz haline gelir ve bunlar kötü bir durumdaysa bir domino etkisi yaratarak uzun yıllara yayılır, zehirleriyle irili ufaklı deneyimlerinizi bozarlar.

Küçükken zayıf ve kırılgan kimliklerizdir. Deneyimimiz azdır. Her şey için bize bakan kişiye bağımlıyızdır ve kaçınılmaz olarak işler sarpa sarar. İhmal ve taciz aşırı duygusal tepkilere neden olur, hiçbir zaman eşitlenmeyen ahlaki boşluklar oluştururlar. Baba evi terk eder ve sizin üç yaşındaki duygusal beyniniz sevilesi olmadığınıza karar verir. Anne yeni ve zengin koca için sizi terk eder ve yakınlığın olmadığına, kimseye güvenilmeyeceğine karar verirsiniz.

Newton'ın huysuz bir yalnız olmasına şaşırmamalı.

En kötüsü de bu hikayelere tutunduğumuz ölçüde onların farkına daha az varmamızdır. Düşüncelerimizin arka plan gürültüsünü oluştururlar; zihnimizin iç dekorasyonlarıdır. Rastlantısal ve tamamen uydurulmuş olmalarına karşın sadece doğal değil, kaçınılmaz görünürler.

Yaşamlarımız süresince biriktirdiğimiz değerler kristalize olur ve kişiliğimizin üzerinde bir tortu bırakır. Değerlerimizi değiştirmenin tek yöntemi onların karşıtı deneyimler yaşamaktır. Bu değerlerden kurtulmak konusundaki her çabamız kaçınılmaz olarak acı ve rahatsızlık verir. Bu nedenle acısız değişim olmaz; rahatsızlık çekmeden gelişemeyiz. Öncelikle olduğunuz kişinin yasını tutmadan yeni biri olmanız bu nedenle olanaksızdır.

Çünkü değerlerimizi kaybettiğimiz zaman bu tanımlayıcı hikâyelerin yasını sanki bir parçamızı kaybetmişiz gibi tutarız. Çünkü aslında bir parçamızı kaybetmişizdir. Sevdiğimiz birini, işimizi, evimizi, camiamızı ve spiritüel bir inancımızı ya da arkadaşımızı kaybetmiş gibi yas tutarız. Bunların tümü de sizin tanımlayıcı, temel parçalarınızdır. Sizden koparılıp alındıklarında hayatınıza getirdikleri umuttan yoksun ve bir kez daha huzursuzluk veren gerçek karşısında kalırsınız.

Kendinizi iyileştirmenin iki yolu vardır: eski, kusurlu değerlerin yerine daha iyi, daha sağlıklı değerler geçirmek. İlki geçmişinizin deneyimlerini gözden geçirerek onların çevresindeki hikayeyi yeniden yazmaktır. Bekle, belki de ben kötü biri değilim; bana kötü biri olduğum için yumruk atmadı; belki kötü olan odur.

Hayatımızın hikâyesini yeniden gözden geçirmek bize yeniden yapma, karar verme olanağı tanır: Belki de o kadar süper bir kaptan değilim ve bunda bir sakınca yok. Genellikle, zamanla, dünya hakkında önemli olduğuna inandığımız şeyin aslında önemli olmadığını fark ederiz. Bazen de hikâyeyi *genişletir*, kendilik değerimizi daha açıkça görebiliriz; "ah, beni terk etti, çünkü boktan bir herif de onu terk etmiş ve yakın ilişkilerde utanıyor, kendini değersiz hissediyor" ve birden o ayrılığı yutmak kolaylaşır.

Değerlerinizi değiştirmenin bir başka yolu da gelecekteki kendiniz hakkındaki hikâyeyi yazmaya başlamaktır; belli değerlere sahip olursanız ve belli bir kimliği benimserseniz hayatın nasıl olacağını görmektir. İstediğimiz geleceği hayal etmekse hisseden beynimizin bu değerleri ölçüp biçmesini ve son alımı yapmadan önce neye benzediklerini görmesini sağlar. Neticede bunu yeteri kadar yaparsak hisseden beyin de yeni değerlere alışır ve onlara inanmaya başlar.

Bu türden "geleceğe yansıtma" genellikle olabilecek en kötü biçimde öğretilir: "Zengin olduğunuzu ve bir yat filosuna sahip olduğunuzu hayal edin! Gerçekleşecektir!"

Ne yazık ki bu türden bir hayal eldeki sağlıksız değeri (maddiyatçılık) daha iyisiyle değiştirmez. Eldeki değerinizle mastürbasyon yapmaktır. Gerçek değişim yat sahibi olmak istememenin nasıl bir şey olacağı hakkındaki fantezilerle gelir.

Verimli hayal biraz rahatsızlık verici olabilir. Size meydan okumalı ve anlaması biraz zor olmalıdır. Böyle değilse bunun anlamı hiçbir şeyin değişmediğidir.

Hisseden beyin geçmiş, şimdi ve gelecek arasındaki farkı bilmez; bu, düşünen beynin alanıdır. Ve düşünen beynin hisseden beyni doğru hayat çizgisine çekme yollarından biri "eğer" soruları sormaktır: Ya teknelerden nefret ediyorsan ve zamanını engelli çocuklara yardım etmeye ayırırsan? Ya seni sevmeleri için hayatındaki insanlara bir şeyler kanıtlamak zorunda değilsen? İnsanların mevcut olmamalarının nedeni senden çok kendileriyle ilgiliyse?

Ayrıca hisseden beyninize doğru olan ya da olmayan, ama doğruymuş gibi hissedilen hikâyeler de anlatabilirsiniz. Emekli denizci ve yazar Jocko Willink *Discipline Equals Freedom: Field Manual (Disiplin Eşittir Özgürlük: Arazi Elkitabı)* adlı kitabında şöyle yazar: Her sabah saat dört buçukta kalkmaktadır, çünkü düşmanının oralarda bir yerde olduğunu hayal eder. Nerede olduğunu bilemez, ama onu öldürmek istediğini varsayar. Ve düşmanından önce uyanmanın ona avantaj sağladığını fark eder. Willink bu hikâyeyi Irak Savaşı'nda, gerçekten onu öldürmek isteyen düşmanlar varken geliştirmiştir. Ama sivil hayata döndükten sonra da sürdürür.

Nesnel olarak Willink'in kendisi için yarattığı hikayenin hiçbir anlamı yoktur. Düşman mı? Nerede? Ama figüratif ve duygusal olarak inanılmaz derecede güçlüdür. Willink'in hisseden beyni buna kanar ve onun her sabah bazılarımız daha geceyi bitirmemişken yataktan kalkmasını sağlar. Bu, kendini kontrol etme illüzyonudur.

Bu hikayeler olmasaydı, istediğimiz geleceğin, benimsemek istediğimiz, bırakmak ya da yönelmek istediğimiz değerlerin açık bir vizyonuna sahip olmasaydık sürekli geçmiş acılarımızın başarısızlıklarını tekrarlamaya mahkûm olurduk. Geçmiş hikâyelerimiz kimliğimizi tanımlar. Gelecek hikâyelerimiz umutlarımızı tanımlar. Bu hikayeleri benimsemek ve onlarla yaşamak, onları gerçekleştirmek yaşamlarımıza anlam katar.

Duygusal Çekim Kuvveti

Emo (Emotional: duygusal) Newton çocukken yatak odasında yalnız oturuyordu. Dışarısı karanlıktı. Ne kadar zamandır uyanık olduğunu, saatin kaç olduğunu ve hatta hangi gün olduğunu bilmiyordu. Yalnızdı ve haftalardır çalışıyordu. Ailesi onu aç biilaç dışarıda çürümeye bırakmıştı.

Beyaz bir kâğıt aldı ve üzerine büyük bir daire çizdi. Çevresine noktalar işaretledi ve nokta nokta çizgilerle her birinin çekim kuvvetini merkeze doğru belirledi. Altına şöyle yazdı: "Değerlerimizin duygusal bir çekim kuvveti vardır: Aynı şeylere değer verenleri yörüngemize alırız ve değerleri bizimkilere aykırı olanları içgüdüsel olarak ters manyetizmle iteriz. Bu çekimler aynı prensibin çevresindeki benzer zihin yapısındaki insanların geniş yörüngesini oluşturur. Hepsi aynı yolu izler, aynı takdir ettikleri şeyin çevresinde daireler çizer ve dönerler."

Sonra birincisine değen ikinci bir daire çizdi. Dairelerin çevresi bir noktada birbirine ancak dokunuyordu. Buradan her iki dairenin çevresinden gerilim hatları çizdi; çekim kuvveti her iki yöne de çekerek her yörüngenin kusursuz simetrisini bozuyordu. Sonra şöyle yazdı:

"Geniş insan grupları bir araya gelir, duygusal hikâyelerinin benzer değerlendirmelerine temellenen kabileler ve camialar oluştururlar. Siz bilime değer verirsiniz; ben de bilime değer veririm; demek ki ikimizin arasında duygusal bir çekim vardır. Değerlerimiz birbirini çeker ve sürekli birbirimizin yörüngesine gireriz; bu, yoldaşlığın metafizik dansıdır. Değerlerimiz hizalanır ve davamız bir olur!

"Ama diyelim ki birisi püritanizmi değerli bulur, bir diğeri anglikanizmi. Onlar yakından ilişkili, ama farklı çekim kuvvetlerinin etkisindedirler. Bu her birinin diğerinin yörüngesini bozmasına neden olur, değer hiyerarşilerini sarsar; diğerinin kimliğine meydan okur ve davalarını tehlikeye atarak onları farklı yönlere iter.

"Bu duygusal çekim kuvveti insani girişimlerin ve organizasyonların temelidir; bunu bildiririm."

Bundan sonra Isaac başka bir kâğıt aldı ve farklı boyutlarda çemberler çizdi. "Bir değere ne kadar kuvvetle tutunursak o kadar kuvvetli onun diğer her şeyden üstün ya da alçak olduğunu belirleriz; çekim kuvveti ne kadar güçlüyse, yörüngesi ne kadar kuvvetliyse dış güçlerin onun yolunu ve amacını saptırmaları o kadar zordur.

"En güçlü değerlerimiz ötekilerin ya beğenisini ya da antipatisini talep eder – aynı değeri paylaşan insan sayısı ne kadar fazlaysa bu insanlar o kadar fazla bir araya gelir ve kendilerini tek bir uyumlu kütle olarak bu değerin çevresinde organize ederler: bilim insanları bilim insanlarıyla, din görevlileri din görevlileriyle. Aynı şeyi seven insanlar birbirlerini de severler. Aynı şeyden nefret eden insanlar da birbirlerini severler. Farklı şeyleri seven ya da nefret eden insanlar birbirlerinden nefret ederler. Zaman içinde tüm insan sistemleri ortak değer sistemlerinin çevresinde bir araya gelerek ve takımyıldızları oluşturarak dengeye kavuşurlar – insanlar bir araya gelir ve değerlerini değiştirip kendi kişisel hikâyelerini modifiye ederek hikayeleri bir ve aynı olana kadar değişim geçirirler ve sonunda kişisel kimlikleri grubun kimliği haline gelir.

"Şimdi şöyle diyebilirsiniz: 'Ama Newton, insanların çoğu aynı şeylere değer vermezler mi? Çoğu bir lokma ekmek ve başlarının üzerinde bir dam peşinde değil midirler?' Bana kalırsa haklısın dostum!

"İnsanlar farklı olduklarından daha ziyade aynıdırlar. Hepimiz yaşamda benzer şeyleri isteriz. Ama o küçük farklılıklar duyguları yaratır ve duygular da önemli olma duygusu yaratır. Bu nedenle farklılıklarımızı benzerliklerimizden orantısız biçimde daha önemli hissederiz. Ve bu, insanlığın gerçek trajedisidir. Küçük bir farklılık nedeniyle sürekli çatışmalarla lanetlenmişiz.

"Bu duygusal çekim kuvveti teorisi, benzer değerlerin uyumu ve çekimi insanlığın hikâyesini açıklar. Dünyanın farklı yörelerinde farklı coğrafi etmenler vardır. Bir bölge zorlu ve işgalcilere karşı iyi savunuluyor olabilir. Bu bölgedeki insanlar doğal olarak tarafsızlığı ve yalıtılmışlığı değerli bulurlar. Bu onların grup kimliği olur. Başka bir bölge yiyecek ve şarap açısından zengin olabilir ve insanları konukseverliği, şenlikleri ve aileyi değerli bulurlar. Bu da onların kimliği olur. Başka bir bölge kuraktır ve yaşaması zordur; açık yollarla uzaktaki birçok bölgeyle bağlantısı vardır; insanları otoriteyi, güçlü askeri liderliği ve mutlak gücü değerli bulurlar. Bu da onların kimliğidir.

"Nasıl ki bir birey kimliğini inançlarıyla, mantık yürütmelerle ve yanlılıkla, camialarla, kabilelerle korursa uluslar da aynı şekilde korurlar. Yani bu kültürler zamanla ulusları oluşturur, genişlerler ve daha fazla insanı kendi değer sistemlerinin şemsiyesi altına çekerler. Zamanla bu uluslar birbirleriyle karşılaşırlar ve çelişkili değerler çatışır.

"İnsanların çoğu kendilerine kültürel ve grup değerlerinden daha fazla değer atfetmez. Bu nedenle çoğu insan en yüksek değerleri, aileleri, sevdikleri, ulusları, tanrıları için ölmeye hazırdır. Ve bu şekilde değerleri için ölmeye istekli olmaları, kültürlerin böyle çatışması kaçınılmaz olarak savaşlarla sonuçlanır.

"Savaş toprakla ilgili bir testtir. Kaynaklarını ve umudunu en üst noktaya çıkartacak ülke ya da insanlar kaçınılmaz olarak zafer kazanır. Bir ulus ne kadar çok komşu halkı fethederse o kadar çok insanlarını yönetmeye *hakkı olduğuna* inanır ve giderek daha fazla kendi ulusunun değerlerinin insanlığın gerçek rehber ışığı olduğunu varsayar. Bu kazanan değerlerin üstünlüğü yaşanır, yazılır ve hikâyelerimizi oluşturur; bu hikâyeler tekrarlanarak anlatılır ve gelecek nesillere umut verir. Zamanla bu değerler etkili olamamaya başladıklarında yeni bir asırda çözülür ve tarih böylece devam eder.

"Bu, size bildiriyorum ki insanlığın ilerlemesidir."

Newton yazmayı bitirdi. Duygusal çekim teorisini üç duygu yasasıyla aynı dosyaya koydu ve keşifleri üzerinde düşünmek için durdu.

Ve bu sessiz, karanlık anda Isaac Newton sayfadaki dairelere baktı ve rahatsız edici bir gerçeğin farkına vardı: Onun yörüngesi yoktu. Yıllarca süren travmalardan ve sosyal başarısızlıklardan sonra kendini bilinçli olarak her şeyden ve herkesten yalıtmıştı; kendi yörüngesinde dönen yalnız bir yıldız gibiydi ve herhangi bir sistemin çekiminden etkilenmiyor, onun tarafından engellenmiyordu.

Kimseye, kendine bile değer vermediğini fark etti ve bu ona çok üzücü bir yalnızlık duygusu ve keder verdi. Çünkü hiçbir mantık ve hesap hisseden beyninin derin umutsuzluğunu, bu dünyada umuda kavuşmak için bitmeyen mücadelesini telafi etmiyordu.

Size Newton'ın ya da Emo Newton'ın paralel evreninin yalnızlığını ve hüznünü aştığını söylemek isterdim. Kendine ve başkalarına değer vermeyi öğrendiğini söylemek isterdim. Ama bizim evrenimizin Newton'ı gibi paralel evrenin Newton'ı da geri kalan ömrünü yalnız, huysuz ve sefil bir şekilde geçirdi.

1665 yazında, her iki Newton'ın da yanıtladığı sorular felsefecileri ve bilim insanlarını nesillerce şaşırttı. Bu huysuz, antisosyal yirmi beş yaşındaki delikanlı, şifreyi kırmış ve gizemi ortaya çıkarmıştı. Ve orada, entelektüel keşfin sınırlarında, Londra'nın kuzeyine bir günlük yoldaki bir kasabadaki dağınık bir çalışma odasının küf kokan ve unutulmuş bir köşesine bulgularını koymuştu.

Ve orada keşifleri toz tutarak dünyanın gözlerinden uzak kaldı.

4

BÖLÜM

Tüm Hayallerinizin Gerçekleşmesini Nasıl Sağlarsınız?

Şunu hayal edin: Saat gece iki. Koltukta oturuyor ve bulanık gözlerle, sisli bir beyinle TV'ye bakıyorsunuz. Neden? Bilmiyorsunuz. Uyuşukluk orada oturup bakmayı ayağa kalkıp yatağa gitmekten daha kolay kılıyor. Siz de izliyorsunuz.

Kusursuz. Sizi böyle ele geçiririm: kendinizi duygusuz ve kayıp, kaderiniz karşısında tamamen edilgen hissettiğinizde. Kimse ertesi gün yapacak önemli bir şeyi varsa oturup da gecenin ikisinde TV izlemez. Kimse bir iç umut krizi yaşamıyorsa saatlerce kıçını koltuktan kaldırma gayretiyle mücadele etmez. Ve ben tam da bu krizden söz etmek istiyorum.

Sizin TV ekranınızda beliririm. Bir enerji girdabıyım. Yüksek sesli, müstehcen, renkli ve iç bayan ses efektlerim var. Aslında bağırıyorum. Ama gülümsemem rahat ve gevşek. Sanki sizinle ve sadece sizinle göz teması kuruyorum:

"Ya sana tüm sorunlarını çözebileceğimi söylersem?"

Üfff, lütfen, diye düşünürsünüz. *Sen sorunlarımın yarısından bile haberdar değilsin, dostum.*

"Ya tüm hayallerini gerçekleştirme yolunu bildiğimi söylersem?"

Dooooğru. Ben kahrolası diş perisiyim.

"Bak, kendini nasıl hissettiğini biliyorum," dersem.

Karşılık olarak kendinize, bu yanıtın ne kadar otomatik olduğuna şaşırarak, *Kimse kendimi nasıl hissettiğimi bilmiyor,* dersiniz.

"Ben de bir kere kendimi kaybolmuş hissettim," derim. "Ben de kendimi yalnız, yalıtılmış, umutsuz hissettim. Ben de gece özel bir sebebi olmadan uyuyamadım; ben de yanlış giden bir şey olup olmadığını merak ettim; görünmez bir gücün benimle hayallerim arasında durup durmadığını merak ettim. Şu anda senin hissettiğinin de bu olduğunu biliyorum. Bir şekilde bir şey kaybettin, ama ne olduğunu bilmiyorsun."

Aslında bunları size söylememin nedeni herkesin bunları deneyimlemesidir. Bu, insanlık koşuludur. Hepimiz varoluşumuza eşlik eden suçluluğu eşitlemek konusunda kendimizi güçsüz hissederiz. Hepimiz ıstırap çekeriz ve farklı derecelerde mağduruzdur, özellikle de gençken. Hepimiz bir ömrü bu ıstırabı telafi etmeye harcarız.

Ve işlerin yolunda gitmediği anlarda bu bizim umutsuzluğa kapılmamıza neden olur.

Ama mücadele eden insanların çoğu gibi kendinizi kendi ıstırabınızla öyle bir sarmalarsınız ki bunun sıradan bir acı olduğunu unutursunuz; sanki sadece sizin başınıza gelmiştir, oysaki evrenseldir. Bunu unuttuğunuz için doğrudan size konuşuyormuşum gibi gelir; sanki sihirli bir güçle sizin ruhunuza sızmışım da kalbinizin içeriğini size okuyorum. Bu nedenle dikkat kesilerek oturursunuz.

"Çünkü, senin *tüm* sorunlarının çözümü bende. *Tüm* hayallerini gerçekleştirebilirim," diye tekrar ederim. Şimdi işaret ediyorum ve parmağım TV ekranında devasa görünüyor. "Tüm yanıtlara sahibim. Daimi mutluluğun ve sonsuz hayatın sırrı bende ve o şudur..."

Söyleyeceğim o kadar aşırı, gülünç, kesinlikle sapkın ve alaycı ki doğru olabileceğini düşünürsünüz. Sorun bana inanmak *istemenizdir.* Bana inanmaya *ihtiyacınız* vardır. Hisseden beyninizin umutsuzca yoksunluğunu çektiği umudu ve kurtuluşu temsil ederim. Yavaşça düşünen beyniniz vardığım sonucun kesinkes çılgınca olduğuna ve işe yarayabileceğine inanır.

Ve bu *infomercial* (İngilizce: Genellikle ücretsiz bir telefon numarası veya web sitesi içeren bir televizyon reklamı biçimi) sürdükçe bir yerde, *herhangi* bir yerde varoluşsal anlam bulma ihtiyacı psikolojik defanslarınızı kırarak beni içeri alır. Sonuçta acınız hakkında acayip bir bilgim olduğunu gösterdim; gizli hakikatinize girmek için bir arka kapı, kalbinizden geçen derin bir damar. Sonra iri, beyaz dişlerim ve bağıran sözcüklerimle size hitap ettiğimi anlarsınız: *Ben de bir keresinde senin gibi boku yemiştim... ama çıkış yolunu bulabildim. Benimle gel.*

Devam ederim. Kamera açıları ileri-geri hareket eder, beni yandan çeker; şimdi önünüzdeyim. Birden önümde stüdyo izleyicileri belirir. Her söylediğim sözcüğü yutarlar. Bir kadın ağlar. Bir adamın ağzı açık kalır. Sizinki de onunkiyle birlikte açık kalır. Şimdi sizin bokunuzun içindeyim. Size sürekli bir tatmin sağlayacağım. Her boşluğu dolduracak, her deliği tıkayacağım. Sadece indirimli fiyattan üye ol. Mutluluğun sizin için değeri nedir? Umudun sizin için değeri nedir? Harekete geç kahrolası!

Bugün üye ol.

Bunun üzerine telefonunuzu alırsınız. İnternet sitesine girersiniz. Sayıları tuşlarsınız.

Hakikat ve kurtuluş ve daimi mutluluk. Hepsi sizin. Size geliyor. Hazır mısınız?

Kendi Sahte Dininizi Nasıl Başlatırsınız?

Daimi Mutluluk ve Ebedi Kurtuluşa Ulaşmanıza Yardım Edecek Kanıtlanmış Bir Sisteme Giriş
(Ya da Paranız İade Edilecektir)

Hoş geldiniz ve tüm hayallerinizi gerçekleştirecek ilk adımı attığınız için tebrikler! Bu kursun sonunda tüm hayati sorunlarınızı çözmüş olacaksınız. Bolluk ve özgürlük içinde bir yaşamınız olacak. Size hayran dostlarınız ve sevdikleriniz çevrenizi kuşatacak. Garantili![1]

O kadar basittir ki bunu herkes yapabilir. Eğitim ya da sertifika gerekli değildir. Tüm ihtiyacınız olan internet bağlantısı

1 Farklı ifadeler ve koşullar söz konusu olabilir.

ve çalışan bir klavyedir; siz de kendi sahte dininizi yaratabilirsiniz.

Evet, beni doğru duydunuz. Siz de BUGÜN kendi sahte dininizi yaratabilirsiniz ve binlerce düşünmeden kendini size adayan müritle koşulsuz hayranlığa, maddi armağanlara ve daha fazla sosyal medya beğenisine kavuşabilirsiniz; o kadar fazla ki ne yapacağınızı bilemeyeceksiniz.

Bu herkesin uygulayabileceği altı adım programıyla şunları işleyeceğiz:

İnanç sistemleri. Dininizin spiritüel mi, seküler mi olmasını istersiniz? Geleceğe odaklı mı, geçmişe odaklı mı? Şiddet yanlısı mı, değil mi? Bunlar önemli sorulardır, ama kaygılanmayın, yanıtlar *sadece bende.*

İlk müritlerinizi nasıl bulacaksınız? Ve daha önemlisi: Müritlerinizin nasıl olmasını istersiniz? Zengin, yoksul, kadın, erkek, vegan? *Bilgi bende!*

Ritüeller, ritüeller, ritüeller! Bunu yiyin. Şurada durun. Bunu tekrarlayın. Eğilin, diz çökün, ellerinizi çırpın! Dansedip kendi çevrenizde dönün! Hepsi budur! Dininizin en hoş tarafı, bir sürü saçma şey yaparak herkesin bunların bir şekilde bir şey ifade ettiğinde hemfikir olmasıdır. Size en son moda ritüelleri geliştirecek bir elkitabı sunacağım. Herkes –aslında buna zorlandıkları için– bundan söz edecek.

Nasıl bir günah keçisi seçilir? İnsanın iç sıkıntılarını yansıtacağı ortak bir düşman olmadan hiçbir din tamam değildir. Hayat karışıktır, ama bir başkasını suçlamak varken neden kendi sorunlarınızla uğraşasınız? Bu doğrudur; kendinize bir günah keçisi seçmenin en iyi yolunu ve müritlerinizin nasıl ondan nefret edeceğini keşfedeceksiniz. Hiçbir şey bizi aynı ortak düşmandan nefret etmek kadar birbirimize bağlamaz. Saldırı silahlarınızı hazırlayın!

Ve son olarak nasıl para kazanılır? Bir kâr elde etmeyecekseniz neden sahte bir din yaratasınız? Rehberliğim size ineklerimizden en fazla sütü sağmanın yöntemini öğretecektir. İstediğiniz para, ün, politik güç ya da grup seksler olsun, hepsini elde edeceksiniz!

Bakın, umut inşa etmek için hepimizin camialara ihtiyacı vardır. Ve boktan bir duruma düşerek çıldırmamak için hepimizin umuda ihtiyacı vardır. Dinler bu devasa umudun temelidir. Ve onları hiç yoktan nasıl var edeceğimizi öğreneceğiz.

Dinler güzel şeylerdir. Aynı değerler çevresinde yeterince insanı bir araya topladıysanız bir daha asla yalnız olmayacaklarmış gibi davranırlar. Bir ağ etkisiyle umutları genişler ve bir grubun üyesi olmak sosyal yönden insanları tasdik eder ve düşünen beyinleri hisseden beyinlerinin tamamen serbest kalmasına neden olur.

Dinler insan gruplarını bir araya getirir ve karşılıklı olarak birbirlerini doğrulayarak kendilerini önemli hissetmelerini sağlar. Bu aynı amaç çevresinde bir araya gelirsek büyük ve sessiz bir anlaşma artık kendimizi önemli ve değerli hissedeceğimizi söyler ve huzursuzluk veren hakikat bir adım daha uzakta olacaktır.

Bu psikolojik olarak son derece tatminkârdır. İnsanlar boklarından kurtulurlar. Ve en iyisi de son derece açık olabilirler. Paradoksal biçimde ancak bir grubun içindeki bireyin kontrolü yoktur, ama o kusursuz derecede kendini kontrol edebildiğini algılar.

Hisseden beyne böyle hemen ulaşabilmenin tehlikesiyse geniş insan gruplarının son derece güdüsel ve mantıksız olmasıdır. Bir yandan insanlar kendilerini bütün hissederken anlaşıldıklarını ve sevildiklerini düşünürler. Bir yandan da cani ve öfkeli güruhlara dönüşürler.

Bu rehber size kendi sahte dininizi kurmayı öğretecek, böylece binlerce açık yürekli müritten yararlanabilirsiniz. Başlayalım:

Kendi Sahte Dininizi Nasıl Başlatırsınız?

1. Adım: Umutsuzlara Umut Satın

Birinin bana ilk kez ellerimin kanlı olduğunu söyleyişini asla unutamam. Sanki dünmüş gibi hatırlıyorum.

2005'te Boston, Massachusetts'de güneşli, duru bir sabahtı. Üniversite öğrencisiydim; kendi işime gücüme dalmış derse gidiyordum. Bir grup genç 11 Eylül terörist saldırısının resimlerini havaya kaldırmıştı, altında "Amerika bunu hak etti!" yazıyordu.

Hayalimi ne kadar zorlasanız da kendimi çok vatansever bir insan olarak tanımlayamam, ama gündüz gözüyle böyle bir pankartı taşıyan biri bana kalırsa suratına bir yumruk yemeyi kesinlikle hak eder.

Durdum ve çocuklarla muhatap olarak ne yaptıklarını sordum. Küçük bir masaları ve üzerinde broşürler vardı. Birinde Dick Cheney'in şeytan boynuzları olan bir resmi vardı ve altında "kitle katili" yazıyordu. Birinde George W. Bush'un Hitler bıyığı vardı.

LaRouche Gençlik Hareketi'nin üyeleriydiler. Bunu aşırı sol yanlısı bir ideolog olan Lyndon LaRouche New Hampshire'da başlatmıştı. Müritleri Kuzeybatı'daki kampüslerde sayısız saatler geçirerek broşürlerini dağıtıyorlardı. Onlarla karşılaşınca ne olduklarını anlamam on saniyemi aldı: bir din.

Bu doğrudur. İdeolojik bir dindiler: hükümet, kapitalizm, yaşlılık, kurumlar karşıtı bir din. Tepeden tırnağa tüm uluslararası dünya düzeninin yozlaşmış olduğuna inanıyorlardı. Irak Savaşı'nın nedeni Bush'un dostlarının daha fazla para istemesiydi. Onlara kalırsa terörizm ve silahlı kitle taramaları yoktu; bunlar hükümetin halkı kontrol etme yöntemiydi. Üzülmeyin sağcı dostlarım, yıllar sonra aynı Hitler bıyığını bu kez Obama'ya çizip aynı tepkileri verecekler; bu sizi belki biraz rahatlatır (rahatlatmamalı).

LaRouche Gençlik Hareketi'nin yaptığı dâhiyanedir. Huzursuz üniversite öğrencilerini bulurlar (genellikle erkekler); bu gençler korkmuş ve öfkelidirler (birden almak zorunda oldukları sorumluluktan korkmuş ve bir yetişkin olmanın hiç de matah bir şey olmamasına öfkeli) ve onlara çok basit bir mesajı vazederler: Senin suçun değil.

Evet, genç adam, annenle babanın suçu olduğunu düşünürsün, ama onların suçu değildir. Hayır. Boktan öğretmenlerinin ve aşırı pahalı üniversitelerin suçu olduğunu düşünürsün. Hayır. Onların da değildir. Hatta hükümetin suçu olduğunu düşünürsün; yaklaştın, ama hâlâ hayır.

Gördün mü, sistemin suçudur her zaman adını duyduğun o

büyük, belirsiz şey.

LGH'nin sattığı buydu: Sistemden kurtulursan her şey yoluna girecekti. Artık savaş, ıstırap ve adaletsizlik olmayacaktı.

Unutmayın, umut etmek için daha iyi bir gelecek (değerler) olduğunu hissetmeye ihtiyacımız vardır; o daha iyi geleceği elde edebileceğimizi hissetmeye ihtiyacımız vardır (kendini kontrol etme); değerlerimizi paylaşan ve çabalarımızı destekleyen insanlara ihtiyacımız vardır (camia).

Genç yetişkinlik bir sürü insanın değerleriyle, kontrolle ve camiayla mücadele verdiği dönemdir. Yaşamlarında ilk kez gençler olmak istedikleri kişinin ne olduğuna karar verme iznine sahiptirler. Doktor mu olacaklar? İş idaresi mi okuyacaklar? Psikoloji dersi mi alacaklar? Bu seçimler insanı zora sokar. Kaçınılmaz hayal kırıklığı da birçok genç insanın değerlerini sorgulamasına ve umudunu yitirmesine neden olur.

Buna ek olarak genç yetişkinler kendini kontrol etme mücadelesi verirler. Hayatlarında ilk kez onları 7/24 gözeten bir otorite figürü yoktur. Bu bir yandan özgürleştirici ve heyecanlıdır, bir yandan da artık kendi kararlarının sorumlusudurlar. Yataktan zamanında kalkıp da okullarına ya da bir işe gitmezlerse ve yeterince çalışmazlarsa kendilerinden başka suçlayacak kimse yoktur.

Ve son olarak da bir camia bulmak ve ona uyum sağlamak konusunda son derece kaygılıdırlar. Bu sadece duygusal gelişimleri için önemli olmakla kalmaz, kendileri için bir kimlik bulup kendi çevrelerinde bunu sağlamlaştırmaları gerekmektedir.

Lyndon LaRouche gibi insanlar kaybolmuş ve amaçsız genç insanları hedef alırlar. Onların kendilerini bu kadar sevgisiz hissetmeleriyle ilgili sapkın politik açıklamalar getirirler. (Güya) Dünyayı değiştirecek bir yol sunarak bir kontrol ve güç duygusu verirler. Ve son olarak da "uyabilecekleri" ve kim olduklarını bilebilecekleri bir camia sunarlar.

Böylelikle onlara umut vermiş olurlar.

"Bunun biraz fazla ileri gitmek olduğunu düşünmüyor musunuz?" dedim LGH öğrencilerine broşürlerindeki Dünya Ticaret Merkezi resimlerini göstererek.

Biri "Hiç de değil, bence yeteri kadar ileri gidemedik!" yanıtını verdi.

"Bak, Bush'a oy vermedim ve Irak Savaşı'nı onaylamıyorum, ama..."

"Kime oy verdiğinin bir önemi yok! Birine oy vermek bu yoz ve baskıcı sisteme oy vermektir! Ellerin kanlı senin!"

"Affedersin?"

Birine nasıl yumruk atılacağını bile bilmiyordum. Ama kendimi yumruklarımı sıkarken buldum. Bu herif kendini ne sanıyordu?

"Sisteme katılarak onun devamını sağlıyorsun," diye devam etti. "Dünyadaki milyonlarca sivilin öldürülmesinde sen de suç ortağısın. Al. Bunu oku." Bana bir broşür gösterdi. Baktım ve ters çevirdim.

"Bu aptalca," dedim.

"Tartışmamız" böylece birkaç dakika daha sürdü. O zamanlar şimdiki gibi değildim. Bu gibi şeylerin hisler ve değerlerle ilgili değil mantık ve kanıtlarla ilgili olduğunu sanıyordum. Ve değerler mantık yürütülerek değişmez, sadece deneyimle değişir.

Neticede iyice canım sıkıldıktan sonra oradan uzaklaşmaya karar verdim. Ben yürürken delikanlı beni bedava bir seminere kaydetmeye çalıştı. "Zihnin açık olmalı. Gerçek çok korkutucu," dedi.

Bir internet forumunda okuduğum Carl Sagan alıntısıyla yanıt verdim: "Sanırım senin zihnin öylesine açık ki beynin düşecek!" Kendimi zeki hissediyordum ve kendimden memnundum. O da muhtemelen kendini zeki buluyordu ve halinden memnundu. O gün kimsenin zihni değişmedi.

En fazla işler gerçekten kötü gittiğinde etkileniriz. Hayatımız tel tel dökülürken bunun anlamı değerlerimizin bizi hayal kırıklığına uğratmasıdır ve karanlıkta onların yerini alacak yeni değerlere tutunuruz. Bir din çöker ve bir başkasına yer açar. Spiritüel tanrılarına inançlarını kaybedenler dünyevi bir tanrı ararlar. Ailelerini kaybedenler kendilerini ırklarına, uluslarına ya da inanç sistemlerine adarlar. Ülkelerine ya da hükümetlerine inançlarını kaybedenler onlara umut verecek aşırı uçtaki ideolojilerden medet umarlar.

Dünyadaki tüm ana akım dinlerin yerkürenin en yoksul ve parçalanmış köşelerine misyonerler göndermesinde bir neden vardır: Açlık çeken insanlar karınlarını tok tutacak her şeye inanmaya hazırdırlar. Yeni dininiz için mesajınızı yaşamları en berbat durumda olanlara vazetmekle işe başlamak iyidir: yoksullar, dışlanmışlar, taciz mağdurları ve unutulmuşlar. Bilirsiniz, bütün gününü Facebook'ta geçirenler.

Jim Jones kendi dinini sosyalist bir mesaja kendi Hıristiyanlık fikirlerini karıştırarak inşa etti. Kahretsin, ben neler söylüyorum? İsa da aynısını yaptı, Buda ve Musa da; ne demek istediğimi anlamışsınızdır. Dini liderler yoksullara, zavallılara, kölelere hitap ederek onlara cennetin krallığını hak ettiklerini söylerler – temelde bu, açıkça o günün seçkinlerine "s*** gidin" demektir; arkasında durması kolay bir mesajdır.

Günümüzde umutsuzların dikkatini çekmek her zamankinden daha kolaydır. Tek sahip olmanız gereken bir sosyal medya hesabıdır: Aşırı ve çılgınca bokluklar yayınlamaya başlayın ve geri kalanı algoritmaya bırakın. Paylaşımlarınız ne kadar çılgın ve aşırıysa o kadar fazla dikkat çekeceksiniz ve o kadar fazla umudunu yitirmiş kişi inek bokuna konan sinekler gibi üzerinize üşüşecek. Aslında bu hiç de zor bir şey değildir.

Ama internete bağlanıp da bir şey söylememezlik edemezsiniz. Hayır, (yarım yamalak da olsa) tutarlı bir mesajınız olmalıdır. Bir vizyonunuz olmalıdır. İnsanları ortada hiçbir şey yokken gıcık edip öfkelendirmek kolaydır – haber medyası bundan tastamam bir iş modeli çıkardı. Ama umut etmek için insanlar daha büyük bir hareketin parçası olduklarını hissetmek zorundadırlar; hikâyenin kazanan tarafında olmak isterler.

Ve bunun için de onlara inanç sunmanız gereklidir.

Kendi Sahte Dininizi Nasıl Başlatırsınız?

2. Adım: İnancınızı Seçin

Hepimizin bir şeye inancı olması gerekir. İnanç olmadan umut da olmaz.

Dindar olmayan insanlar *inanç* sözcüğüne sinir olsalar da inanç sahibi olmak kaçınılmazdır. Kanıt ve bilim geçmiş deneyimlerimize temellenir. İnanç gelecek deneyimimize temellenir. Ve belli bir dereceye kadar gelecekte *bir şeyin* olacağına inanmanız gerekmektedir. İpoteğinizi ödersiniz, çünkü ödemezseniz bankanın her şeyiniz alacağının gerçek olduğuna inanırsınız. Çocuklarınıza ödevlerini yapmalarını söylersiniz, çünkü eğitimlerinin önemli olduğuna inanırsınız. Onları daha mutlu ve sağlıklı yetişkinler yapacaktır. Mutluluğun var olduğuna ve mümkün olduğuna inanırsınız. Uzun yaşamanın değerli olduğuna inanırsınız; güvenli ve sağlıklı olmak için çaba harcarsınız. Sevginin, işinizin, bunların *herhangi birinin* önemli olduğuna inanırsınız.

Demek ki ateist diye bir şey yoktur. Bir anlamda. Bu "ateist" sözcüğüyle ne ifade ettiğinize bağlıdır. Benim belirtmek istediğim nokta, hepimizin *bir şeyin önemli olduğuna* inanmak zorunda olmamızdır. Nihilist olsanız bile hiçbir şeyin bir başkasından önemli olmadığına inanırsınız.

Neticede bunların hepsi inançtır.

O zaman önemli soru da şudur: Neye inanmak? İnanmak için neyi seçeceğiz?

Hisseden beynimiz en üstün değeri olarak neyi benimserse benimsesin değer hiyerarşimiz tüm değerlerimizi yorumladığımız bir mercektir. Bu en yüksek değere "Tanrı değeri" adını verelim. Kimilerinin kıblesi paradır. Bu insanlar her şeyi (aile, sevgi, prestij, politika) para merceğinden görürler. Aileleri onları yeterince para kazandıkları için sever. Paraları varsa saygı görürler. Tüm çatışmalar, hayal kırıklıkları, kıskançlıklar, kaygı, her şey sonunda parayla ilgilidir.

Başkalarının Tanrı değeri sevgidir. Tüm diğer değerleri sevgi merceğinden görürler; her türlü çatışma formuna ve başkalarını ayıran ve bölen şeye karşıdırlar.

Birçok insan da Hz. İsa'yı ya da Hz. Muhammed'i veya Buda'yı Tanrı değerleri olarak kabul eder. Ve deneyimledikleri her şeyi bu peygamberlerin ve ruhsal liderlerin öğretileri merceğinde yorumlar.

Bazılarının Tanrı değeri kendileridir; daha çok kendi zevkleri ve güçlenmeleridir. Bunun adı narsisizmdir: kendini yüceltme dini. Bu insanların inançları kendi üstünlükleri ve haklılıklarıdır.

Kimi insanların Tanrı değeri başka biridir. Buna genellikle "birbirine bağımlılık" adı verilir. Bu insanların tüm umutları bir başka bireyle olan bağlantıları, kendilerini ve çıkarlarını bir başka birey için feda etmeleridir. Tüm davranışlarını, kararlarını ve inançlarını o başka kişinin, kendi küçük kişisel tanrılarının memnuniyetine adamışlardır. Bu genellikle gerçekten boktan ilişkilere ve tahmin edebileceğiniz gibi narsisizme evrilir. Neticede narsistin Tanrı değeri kendisidir ve bağımlı kişinin Tanrı değeri de narsisti tamir etmek ve kurtarmaktır. Bu nedenle bu ilişki gerçekten hastalıklı ve berbat bir şekilde yürür. (Ama gerçekten değil.)

Tüm dinler inanç-temelli bir Tanrı değeriyle başlamak zorundadır. Kedilere tapmak, daha düşük vergilere inanmak, çocuklarınızın evden ayrılmasına asla izin vermemek; ne olursa olsun bu inanç-temelli değer en iyi gelecek, gerçekliği üretecek *tek şeydir* ve daha fazla umut verir. Yaşamlarımızı ve tüm değerlerimizi bu değerin çevresinde düzenleriz. Bu değeri destekleyen aktiviteleri, fikirleri ve en önemlisi de onu paylaşan camiaları ararız.

Bu aşamada en bilimsel zihinli okurlar ellerini kaldırmaya

ve olgu denilen şeylerin var olduğunu işaret etmeye başlarlar; olguların varlığını gösteren büyük kanıtlar vardır ve bir şeyin gerçek olduğunu bilmek için inanç sahibi olmaya ihtiyacımız yoktur.

Yeterince doğru, ama olgu hakkında bir şey vardır: Hiçbir şeyi değiştirmez. Kanıt düşünen beyne aitken değerlere duygusal beyin karar verir. Değerleri doğrulayamazsınız. Tanımları gereği rastlantısal ve özneldirler. Yüzünüz morarana kadar olgular hakkında tartışabilirsiniz, ama son kertede önemli değillerdir ve insanlar deneyimlerinin önemini değerleri aracılığıyla yorumlarlar.

Bir meteor kasabaya çarpar da insanların yarısını öldürürse süper geleneksel dindar bu olaya bakıp kasaba günahkârlarla dolu olduğu için bunun meydana geldiğini söyler. Ateiste kalırsa Tanrı olmadığının kanıtıdır (başka bir inanç-temelli inanış); iyi ve kadiri mutlak bir şey bu kadar kötü bir şeyin olmasına nasıl izin verebilmiştir? Hedonist bakar ve bunun daha fazla parti vermek için bir neden olduğunu görür, çünkü neticede her an ölebiliriz. Kapitalist için bu, meteorlara karşı savunma teknolojilerine daha fazla yatırım yapmak için bir fırsattır.

Kanıtlar Tanrı değerinin lehine hizmet eder, tersine değil. Buradaki tek boşluk *kanıtın kendisinin* sizin Tanrı değeriniz olmasıdır. Kanıtlara tapma çevresinde kurulan din genel olarak "bilim" adıyla bilinir ve bir tür olarak tartışmalı bir şekilde yaptığımız en iyi şeydir; ama bilime ve onun dallanmalarına bir sonraki bölümde göz atacağız.

Benim belirtmek istediğim nokta, tüm değerlerin inanç-temelli inanışlar olduğudur. Bu nedenle tüm umut (ve böylelikle tüm dinler) inanca temellenir: kuşku bırakmayacak şekilde doğrulamak asla mümkün olamayacak olsa da bir şeyin önemli ve değerli olduğuna inanç.

Bizim amacımıza hizmet etmesi için üç tip din belirledim; her biri farklı bir Tanrı değerine temellenmektedir:

Spiritüel dinler: Spiritüel dinler umudu doğaüstü inançlarda ya da fiziksel ve materyal dünyanın dışında olan şeylere inanmakta bulurlar. Bu dinler bu dünyanın ve yaşamın dışındaki daha iyi bir geleceği ararlar. Hıristiyanlık, Müslümanlık, Yahudilik ve Yunan mitolojisi spiritüel dinlerin örnekleridir.

İdeolojik dinler: Bunlar umudu doğal dünyada bulur. Kurtuluş ve gelişme ararlar ve bu dünyaya, bu dünyada yaşanan hayata bakarak inanç-temelli inanışlar oluştururlar. Kapitalizm, komünizm, çevrecilik, liberalizm, faşizm ve libertarianizm.

İnsanlar arası dinler: Bunlar umudu yaşamlarımızdaki başka insanlarda arar. Örnek olarak romantik aşkı, çocukları, spor kahramanlarını, politik liderleri ve ünlüleri sayabiliriz.

Spiritüel dinler yüksek riskli/yüksek ödüllüdür. Büyük farkla en büyük beceriyi ve karizmayı gerektirirler. Bunun geri ödemesini de kendilerine inananların sadakati ve yan ödemeleriyle yaparlar (Vatikan'ı görüyor musunuz, inanılmaz). Ve iyi bir spiritüel din geliştirebilirseniz siz öldükten çok sonra da sürecektir.

İdeolojik dinler din kurma oyununda "normal zorluk" derecesindedirler. Kurması çok çaba ve çalışma gerektirir, ama sıradandırlar. Bu kadar sıradan oldukları için insanların umutları söz konusuysa çok rekabet vardır. Bunlardan sık sık "kültürel trendler" olarak söz edilir ve gerçekten de pek azı birkaç yıldan ya da on yıllardan uzun yaşar. Sadece en iyileri asırlara meydan okuyabilir.

Son olarak da insanlar arası dinler din kurma oyununda "kolay" olarak nitelenebilirler. Çünkü insanların kendileri kadar sıradandırlar. Hemen hepimiz yaşamlarımızın bir aşamasında kendimizi ve özdeğerimizi bir başkasına teslim ederiz. İnsanlar arası din bazen ergenken deneyimlenir; naif bir sevgi türüdür ve zamanla üstesinden gelebilirsiniz, ama aşana kadar ıstırap çekmenize neden olacak türden bir bokluktur.

Spiritüel dinlerle başlayalım, çünkü insanlık tarihindeki en önemli dinlerdir.

Spiritüel Dinler

İlk insan kültürlerinin pagan ve animalistik ritüellerinden, ilkçağların pagan tanrılarına ve bugün de var olan heybetli tek tanrılı dinlere kadar insanlık tarihinin çoğu, doğaüstü güçlerin ve daha da önemlisi *bu hayattaki* bazı eylem ve inançların öteki dünyada ödüller getireceği fikrinin baskınlığında yaşanmıştır.

Bu öte dünya kaygısının nedeni insanlık tarihinin çoğunda her şeyin bombok gitmesi ve nüfusun yüzde doksan dokuzunun yaşarken maddi ya da fiziksel bir gelişme göreceklerini umut edememesidir. Bugün işler kötüyse bir de bir kıtanın nüfusunun üçte birini silip süpüren salgın hastalıkları, binlerce çocuğu köle yapan savaşları düşünün. Eskiden her şey o kadar berbattı ki insanların akıl sağlıklarını kaybetmemelerinin tek yolu öteki dünya umuduydu. Eski tarz dinler toplumun dokusunu bir arada tutabildiler, çünkü kitlelere çektikleri ıstırabın bir anlamı olduğunu, Tanrı'nın onları izlediğini ve ödüllendireceğini söylediler. Eski ekol dinler toplumun dokusunu bir arada tutarlar, çünkü kitlelere ıstıraplarının anlamlı olduğuna dair bir garanti verirler; Tanrı herkesi izlemektedir ve ödüllendirecektir.

Eğer farkına varmadıysanız söyleyeyim: Spiritüel dinler son derece dayanıklıdırlar. Yüzlerce, binlerce yıl dayanırlar, çünkü asla kanıtlamak ya da yalanlamak mümkün değildir. Birinin Tanrı değerine doğaüstü bir inanç yerleşince onu oradan söküp almak neredeyse olanaksızdır.

Spiritüel dinlerin güçlü olmasının bir başka nedeni de insanları ölüm konusunda cesaretlendirmeleridir; bu, insanların doğrulanamayacak inançları için ölmeye hazır olmaları gibi hoş bir yan etkiye sahiptir. Bununla rekabet etmek zordur.

İdeolojik Dinler

İdeolojik dinler, eğer geniş bir nüfus tarafından benimsenirlerse bazı eylemlerin *bu dünyada* daha iyi sonuçlar vereceğine ilişkin inanç ağları inşa ederek umut yaratırlar. İdeolojiler genellikle "izm"lerdir: libertarianizm, nasyonalizm, materyalizm, ırkçılık, cinsiyetçilik, veganizm, komünizm, kapitalizm, sosyalizm, faşizm, sinizm, kuşkuculuk vs. Spiritüel dinlerin tersine ideolojiler belli bir dereceye kadar değişebilirler. Bir merkez bankasının bir finansal sistemi az ya da çok dengeli hale getirmesini teorik olarak test edebilirsiniz; demokrasiler toplumu daha eşit yapar mı, eğitim insanların birbirini daha az boğazlamasına neden olur mu görebilirsiniz, ama bir noktada çoğu ideoloji inanca dayanır. Bunun iki nedeni vardır: Bazı şeyleri görmek ve doğrulamak olanaksız değilse de inanılmaz derecede güçtür ve birçok ideolojinin sürmesi için toplumun çoğunluğunun aynı şeye inanması gereklidir.

Örneğin paranın değerli olduğunu bilimsel olarak kanıtlayamazsınız, ama hepimiz öyle olduğuna inandığımız için değerlidir. Vatandaşlığın gerçek bir şey olduğunu da kanıtlayamazsınız ya da birçok etnik kökenin varlığını kanıtlamak mümkün değildir. Bunlar hepimizin kabul ettiği, inanca dayalı ve sosyal olarak inşa edilmiş inanışlardır.

Kanıt ve ideolojilerle ilgili sorun insanların azıcık kanıta razı gelmeleridir; birkaç basit fikri tüm bir nüfusa ve gezegene genelleştirirler. Burada insan narsisizmi iş başındadır; kendi önemimizi uydurmak zorundayız ve bu konuda hisseden beynimiz amok koşusundadır. İdeolojiler kanıt ve doğrulamanın konusu olsalar da onları doğrulamakta pek başarılı sayılmayız. İnsanlık o kadar geniş ve karmaşıktır ki beyinlerimiz her şeyi kapsayamaz. Çok fazla değişken vardır. Bu nedenle düşünen beynimiz kaçınılmaz olarak kısa yollara sapar ve aslında boktan inançları benimser. Irkçılık, cinsiyetçilik gibi kötü ideolojiler kötü niyetten çok cehalet nedeniyle sürer ve insanlar bu kötü ideolojilere tutunurlar, çünkü ne yazık ki bir dereceye kadar onlara umut verir.

İdeolojik dinleri başlatması zordur, ama spiritüel dinlerden çok daha olağandırlar. Tüm yapmanız gereken kulağa mantıklı gelen bir açıklamayla neden her şeyin boktan olduğunu anlatmaktır; bunu insanlara umut dağıtacak şekilde geniş kitlelere yayarsınız ve iş tamamdır. Bir ideolojik dininiz olmuştur. Yirmi yıldan uzun bir süredir hayattaysanız şimdiye kadar bunun olduğunu birkaç kez görmüşsünüzdür. Benim ömür süremde bile LGBT haklarını destekleyen hareketler, kök hücre araştırmaları, uyuşturucu kullanımının suç olmaktan çıkması vardır. Aslında bu günlerde işlerin sarpa sarmasının önemli bir nedeni, dünyanın çoğunda gelenekselci, ulusalcı ve popülist ideolojilerin politik güç kazanmasıdır ve bu ideolojiler neoliberal, küreselci, feminist ve çevreci ideolojilerin yirminci yüzyılın sonlarında gerçekleştirdikleri birçok şeyi geri almaktadırlar.

İnsanlar Arası Dinler

Her pazar milyonlarca insan boş bir yeşil sahaya bakmak için bir araya gelir. Sahanın üzerine çizilmiş beyaz çizgiler vardır. Bu milyonlarca insan bu çizgilerin önemli bir şey ifade ettiğine inanmışlardır. Sonra düzinelerce kuvvetli erkek (ya da kadın) sahaya çıkar, görünüşe göre rastlantısal bir şekilde sıraya girerler. Ortalarında bir kauçuk parçası vardır ve onu atarlar (ya da tekmelerler). Bu kauçuk parçasının nereye, ne zaman gittiğine bakarak bazı izleyiciler tezahürat yapar, bazıları da gerçekten üzülürler.

Sporlar bir tür dindir. İnsanlara umut vermek için tasarlanmış keyfi değer sistemleridir. Topa şurada vur ve sen bir kahramansın! Burada vurursan bitiksin! Sporlar kimilerini tanrılaştırırken kimilerini de şeytanlaştırır. Ted Williams en iyi beysbol atıcısıdır ve kimilerine göre Amerikan kahramanı, ikon, rol modelidir. Başka atletler yeterli olamadıkları, yeteneklerini boşa harcadıkları, takipçilerine ihanet ettikleri için şeytanlaştırılırlar.

Ama insanlar arası ilişkilere spordan daha iyi bir örnek politikadır. Dünyadaki her yerde benzer değerlerin şemsiyesi altında bir araya gelen insanlar kendilerinden daha az sayıda insan karşısında otorite, liderlik ve erdem taslarlar. Futbol sahasının çizgileri gibi politik sistemler de bütünüyle uydurmadır; iktidar sadece insanların inancına bağlıdır. İster demokrasi, ister diktatörlük olsun sonuç aynıdır: Küçük bir lider grubu toplumsal bilinçte ya idealize edilir ya da şeytanlaştırılır.

İnsanlar arası ilişkiler bir başka insan bize kurtuluş ya da mutluluk bahşedebilirmiş gibi umut verir; bir birey (ya da bir bireyler grubu) diğer herkesten üstündür. İnsanlar arası dinler bazen doğaüstü, ideolojik inançlarla birleşirler ve ortaya paryalar, kahramanlar, azizler çıkar. İnsanlar arası dinlerin çoğu liderlerimiz çevresinde inşa edilir. Karizmatik bir başkan ya da ünlü katlandığımız her şeyi anlar görünür ve gözümüzde Tanrı değerine yaklaşır. Doğru ya da yanlış bulduğumuz çoğu şey sevgili liderimiz için doğru ya da yanlış olan şeylerin filtresinden geçer.

Fandom (hayranların önce geldiği bir eğlence sitesi) düşük seviyeli bir din türüdür. Will Smith, Katy Perry, Elon Musk hayranları bu insanların yaptıkları her şeyi izler, söyledikleri her sözcüğü dinler ve onu bir şekilde kutsal ya da haklı görürler. Bu figürlere tapınmak hayranına daha iyi bir gelecek umudu verir; ama bu, gelecek filmler, şarkılar ya da icatlar gibi basit bir şey formunda da olabilir.

Ama en önemli insanlar arası din aile ya da romantik ilişkilerimizdir. Bu ilişkilerdeki inanış ya da duygular doğası gereği evrimseldirler, ama inanç-temellidirler. Her aile kendisinin mini-tapınağıdır. Bir grup insan o grubun bir parçası olmanın hayatlarına anlam, umut ve kurtuluş sağlayacağına inanırlar. Romantik aşk, elbette, neredeyse spiritüel bir deneyim olabilir. Kendimizi âşık olduğumuz kişide kayboluyormuş gibi düşünürüz; ilişkimizin kozmik anlamı hakkında her türlü hikâyeyi uydururuz.

İyi ya da kötü, modern uygarlık bizi bu küçük, insanlar arası kabilelerden epeyce uzaklaştırarak yerlerine geniş, ulusalcı, enternasyonal, ideolojik dinleri geçirdi. Bu senin ve benim için iyi bir haberdir din kurucu dostum, çünkü müritlerimizin bize duygusal olarak bağlanması için artık eskisi kadar başkalarıyla kurulmuş samimi bağı kesmemiz gerekmeyecek.

Çünkü göreceğiniz gibi din duygusal bağlılık ile ilgilidir. Ve bu bağları oluşturmanın en iyi yolu insanların eleştirel düşüncesine engel olmaktır.

Kendi Sahte Dininizi Nasıl Başlatırsınız?

3. Adım: Her Türlü Eleştiriyi ve Dış Sorgulamayı Önceden Tahmin Ederek Geçersiz Kılın

Şimdi yavru dininiz inanç çekirdeğine sahip olduğuna göre bu inancı yoluna çıkacak kaçınılmaz eleştirilerden korumanız gerekecektir. Tek yapmanız gereken, onlara karşı bizler durumu yaratarak bunu güçlendirmektir; bir "biz" ve karşısında "onlar" algısı yaratmanız gerekir ve "bizi" eleştiren ya da sorgulayan olursa hemen "onlar" haline dönüşmelidir.

Bu zor gibi görünse de aslında hayli basittir. İşte birkaç örnek:

- Savaşı desteklemiyorsan teröristleri destekliyorsun.
- Tanrı bilimi Tanrı'ya olan inancımızı sınamak için yarattı. Kutsal kitaplar ile çelişen her şey Tanrı'ya olan inancımızın sınanmasıdır.
- Feminizmi eleştiren herkes cinsiyetçidir.
- Başkanı eleştiren herkes haindir.
- Kobe Bryant'ın Michael Jordan'dan iyi olduğunu düşünenler basketboldan bir şey anlamazlar; dolayısıyla basketbol hakkındaki fikirleri de geçersizdir.

Bu sahte biz-ve-onlar ikilikleri müritleriniz inançlarını sorgulamaya başlamadan her türlü akıl yürütmenin ve tartışmanın önünü keser. Bu sahte biz-ve-onlar ikiliğinin gruba her zaman ortak bir düşman sağlaması gibi fazladan bir yararı da vardır.

Ortak düşmanlar son derece önemlidir. Hepimizin kusursuz bir barış ve uyum dünyasında yaşamak istediğimizi biliyorum, ama dürüstçesi böyle bir dünya birkaç dakikadan fazla süremez; haklı olsun olmasın acımızı ve umudumuzu sürdürmek için suçlamak isteriz. Biz ve onlar ikiliği umutsuzca ihtiyacımız olan düşmanları bize sağlar.

Her şeyden öte müritleriniz için gerçekten basit bir resim çizebilmeye ihtiyacınız vardır. "Onu" anlayanlar vardır, anlayamayanlar vardır. Anlayanlar dünyayı kurtaracaklardır. Anlamayanlar da yok edeceklerdir. Tartışmanın sonu. Bu "o"nun ne olduğuysa satmak istediğiniz inanca bağlıdır; İsa, Musa, libertarianizm, glutensiz diyetler, aralıklı oruç, hiperbarik odalarda uyumak, lolipopla yaşamak. Ayrıca müritlerinize inançsızların kötü olduklarını söylemek de yetmez. Onları şeytanlaştırmanız gereklidir. Her şeyi mahvederler; onlar birer şeytandırlar.

Sonra müritlerinizi "onu" anlamayan herkesin durdurulması gerektiğine ikna etmeniz gereklidir. Bunu ne pahasına olursa olsun yapmalısınız. İnsanlar değer hiyerarşisinin ya tepesinde ya da dibindedirler; bizim dinimizde arada olanlar yoktur.

Korku ne kadar fazlaysa o kadar iyidir. Zorunda kalırsanız biraz yalan söyleyin; unutmayın, insanlar içgüdüsel olarak bir Haçlı seferinde olduklarını hissetmek isterler; adaletin, kurtuluşun ve hakikatin kutsal savaşçıları olduklarına inanmak isterler. Neyi söylemeye ihtiyacınız varsa onu söyleyin. Onları kıymeti kendinden menkul bir haklılığın dinin sürmesini sağladığına inandırın.

Burada komplo teorileri çok işe yarar. Aşılar otizme sebep olmakla kalmaz, ecza ve tıp endüstrileri de herkesin ailesini mahvederek zengin olurlar. Doktorların fetüsün biyolojik durumu hakkında farklı görüşleri olmakla kalmaz, onlar iyi Hıristiyan aileleri dağıtmak için Şeytan'ın gönderdiği askerlerdir. İklim değişimi sadece bir yalan haber olmakla kalmaz, bu yalan haberi Çin hükümeti ABD ekonomisini yavaşlatmak ve dünyayı ele geçirmek için uydurmuştur.

Kendi Sahte Dininizi Nasıl Başlatırsınız?

4. Adım: Yeni Başlayanlar İçin Ritüel Fedakârlığı – O Kadar Kolay ki Herkes Yapabilir

Teksas'ta yetiştim; orada İsa ve futbol önemi olan tek tanrılardır. Futbolda berbat olmama karşın ondan zevk almayı öğrendiysem de İsa meselesinin tamamı bana hiçbir zaman fazla bir anlam ifade etmedi. İsa canlıydı, sonra öldü, sonra yeniden canlandı ve yeniden öldü. Bir insandı, ama aynı zamanda Tanrı'ydı da; o bir tür insan-tanrı-ruhtu ve herkesi ebediyen sevdi. Bana tüm bunlar biraz keyfi gelir ve –bunu nasıl söylesem– insanların bu saçmalıkları uydurduğunu düşünürüm.

Beni yanlış anlamayın: İsa'nın ahlaki öğretilerinin çoğunun arkasında durabilirim: İyi biri ol, komşunu sev ve bu tür şeyler. Gençlik grupları çok eğlencelidir (İsa kampı tüm zamanların en hafife alınmış yaz etkinliğidir). Kilisede her pazar sabahı genellikle bir yerlere, belki de bir odaya gizlenmiş bedava kurabiyeler vardır ve bunlar çocukken heyecan vericidir.

Ama samimi olmam gerekirse bir Hıristiyan olmaktan hoşlanmadım ve bunun gerçekten aptal bir nedeni vardır: Ebeveynlerim bana berbat takım elbiseler giydirirlerdi. Bu doğrudur. Ailemin inancını sorguladım.

Babama "Tanrı her şeyi biliyorsa ve beni ne olursa olsun seviyorsa pazar günleri ne giydiğim neden umurunda olsun?"

diye sorduğumu hatırlıyorum. Babam beni susturdu. "Ama baba, eğer Tanrı ne olursa olsun günahlarımızı bağışlayacaksa neden sürekli yalan söyleyip hile yapıp çalmıyoruz?" Yine susturuldum. "Ama baba..."

Kilise konusu benim için hiçbir zaman başarıya ulaşmadı. Daha testislerim tam olarak düşmeden pazar okulunda isyankar tişörtleri giyerdim ve birkaç yıl sonra ilk Nietzsche kitabımı elde etmek için mücadele verdim. Bundan sonrası baş aşağı gitti. Eyleme geçtim. Pazar okulunu kırar ve yanındaki araba parkında sigara içerdim. Mesele sona ermişti; küçük bir putperesttim artık.

Açık sorgulama ve kuşkuculuk zamanla o kadar kötü bir hale geldi ki pazar okulu öğretmenim bir köşeye çekerek benimle anlaşma yaptı: Bana din dersi sınıfında çok iyi notlar verecek ve annemle babama kusursuz bir öğrenci olduğumu söyleyecekti ve ben de İncil'deki tutarsızlıkları diğer çocukların önünde sorgulamaktan vazgeçecektim. Kabul ettim.

Bu muhtemelen sizi şaşırtmayacaktır, ama ben pek spiritüel biri değilimdir; benim için doğaüstü inanç yoktur. Kaos ve belirsizlikten hastalıklı bir haz duyarım. Bu da huzursuzluk veren hakikatle yaşam boyu sürecek tatsız bir mücadeleye girmem anlamına gelir, ama bu kendim hakkında kabul ettiğim bir şeydir.

Şimdi biraz daha büyük olduğum için tüm o İsa için giyinme meselesini kavradım. O zaman düşündüklerimin tersine bana işkence eden ebeveynlerim (ya da Tanrı) değildi. Bu saygıyla ilgili bir şeydi ve Tanrı'yla ilgisi yoktu; camiaya ve dine saygıydı. Pazar günleri giyinmek öbür kilise müdavimlerine erdemi göstermekti. "Bu İsa meselesi ciddidir." Bu biz-ve-onlar dinamiğinin bir parçasıydı. Sizin "bizden biri" olduğunuzu ve öyle muamele göreceğinizi söylüyordu.

Ve giysiler... Hiç hayatımızdaki en önemli anlara iyi giyinmiş birilerinin eşlik etmesi dikkatinizi çekti mi? Düğünler, mezuniyetler, cenazeler, mahkemeler, toplantılar, vaftiz ve evet, kilise vaazları.

Giysi meselesini ilk kez üniversiteden mezun olurken fark ettim. Üç saat uykuyla akşamdan kalmaydım ve tören başlamadan önce sıramı arıyordum. Çevreme bakıp kiliseye gittiğim günlerden beri bu kadar iyi giyimli insanı bir arada görmediğimi düşündüm ve kendime baktım; korku içinde onlardan biri olduğumu fark ettim.

Giysi statü ve önem ifadesine sahiptir ve ritüelin bir parçasıdır. Ve ritüellere ihtiyacımız vardır, çünkü değerlerimizi elle tutulur bir hale getirirler. Bir şeye değer verdiğinizi düşünmeniz yetmez. Onu yaşamanız ve deneyimlemeniz gerekmektedir. Bir değeri yaşamasını ve deneyimlemesini başkaları için kolay kılmanın bir yolu onlara kibar giysiler giydirmeniz ve önemli sözler ettirmenizdir – lafın kısası ritüeller sunmaktır. Ritüeller önemli bulduğumuz şeyin görsel ve deneysel temsilleridir. Bu nedenle her iyi dinin ritüelleri vardır.

Unutmayın, duygular *eylemlerdir*; ikisi bir ve aynıdır. Bu nedenle, hisseden beynin değer hiyerarşisini modifiye etmek (ve güçlendirmek) için kolayca tekrar edilebilir, ama yine de özgün ve tanımlanabilir eylemleri insanların yapması gerekmektedir. Burada işin içine ritüeller girer.

Ritüeller uzun bir zaman zarfında tekrarlanabilecek şekilde tasarlanmışlardır. Bu onlara daha da fazla önem atfeder; neticede insanların beş yüz yıl önce de yaptıkları çok fazla şeyi yapmayız. Bu ağır bir saçmalıktır. Ayrıca ritüeller simgeseldir. Değerler gibi bir hikâyeyi ya da anlatıyı kucaklamaları gerekmektedir. Kiliselerde elbise giymiş adamlar ekmeği şaraba (ya da üzüm suyuna) banarak İsa'nın bedenini temsil etmesi için insanlara yedirirler. Bu simgesellik İsa'nın kurtuluşumuz için (kurtulmayız) fedakârlığını temsil eder (bunu hak etmemektedir) ve bu nedenle güçlüdür!

Ülkeler kazandıkları (ya da kaybettikleri) savaşlar ya da kuruluşları çevresinde ritüeller oluştururlar. Geçit törenleri, havai fişek gösterileri yapar ve bayraklar sallarız, böylece herkes için değerli ve geçerli olan bir şeyi işaret eden bir duyguyu paylaşırız. Evli çiftler kendi küçük ritüellerini ve alışkanlıklarını, kendilerine özgü şakalarını oluşturur ve kendi özel insanlar arası dinlerinin değerli olduğunu onaylarlar. Ritüeller geçmişle ilişkimizi sağlar. Bizi değerlerimize bağlar ve olduğumuz kişiyi onaylar.

Ritüeller genellikle bir fedakârlıkla ilgilidir. Eski dönemlerde rahipler ve kabile şefleri birini gerçekten mihrapta öldürürlerdi; hatta bazen halen çarpan kalplerini çıkartırlardı; izleyiciler bağırır, davullar çalar ve türlü çılgın saçmalığı yaparlardı.

Bu kurbanlar öfkeli bir tanrıyı yatıştırmaya, iyi bir hasada ya da arzulanan başka bir şeyin gerçekleşmesine yarardı. Ama kurban etmenin gerçek nedeni bundan daha derinde yatar.

İnsanlar aslında korkunç derecede suçluluk duyarlar. Diyelim ki içinde yüz dolar bulunan bir cüzdan buldunuz ve hiçbir kimlik bilgisi yok. Çevrede kimse de yok ve sizin sahibini nasıl bulacağınız hakkında hiçbir fikriniz yok. Yüz doları cebe attınız. Newton'ın birinci duygu yasası her eylemin eşit ve zıt bir duygusal tepki doğuracağını söyler. Bu durumda hak etmemiş olduğunuz halde başınıza iyi bir şey gelmiştir. İşte suçluluk.

Şimdi şöyle düşünün: Siz varsınız. Var olmayı hak edecek

bir şey yapmadınız. *Neden* var olmaya başladığınızı bile bilmiyorsunuz; sadece varsınız. Bomm – bir hayatınız var. Neden ve nereden geldiği hakkında da hiçbir fikriniz yok. Tanrı'nın size hayat bahşettiğini düşünüyorsanız yandınız! Ona çok şey borçlusunuz! Tanrı'ya inanmıyorsanız bile fark etmez, hayatla kutsandınız! Bunu hak etmek için ne yaptınız? Hayatınızın değerli olması için neler yapabilirsiniz? İnsanlık koşulunun devamlı ama yanıtı olmayan sorusu budur ve hemen her spiritüel dinin kendine özgü suçluluk bilinci mihenk taşıdır.

Kadim spiritüel dinlerle ortaya çıkan kurban törenleri dindarlara bu borcu geri ödeme ve yaşamaya değer bir hayat sürme duygusu verir. O zamanları düşünürsek gerçekten insan kurban ederlerdi –hayata karşı hayat–; zamanla insanlar akıllandılar ve tüm insanlığın kurtuluşu için *simgesel* olarak bir hayat kurban edilebileceği (İsa'nınki ya da bir başkasınınki) fikrini geliştirdiler. Böylelikle iki günde bir mihraptaki kanı temizlemekten de kurtulduk.

Pek çok din pratik suçluluk duygusunun yatıştırılması için geliştirilmiştir. Hatta tüm duaların bununla ilgili olduğunu söyleyebiliriz: Tanrı'ya "Ne kadar muhteşemim!" demek için dua etmeyiz. Hayır. Dualar şükran jurnalleri icat edilmeden önceki şükran jurnallerine benzer: "Var olmama izin verdiğin için, işler kötü olsa da sana şükürler olsun Tanrım. Tüm o kötü şeyleri düşündüğüm ve yaptığım için üzgünüm." Bomm! Suçluluk duygusu affedilir; en azından bir süreliğine.

İdeolojik dinler suçluluk duygusu sorununu spiritüel olanlardan çok daha etkili bir şekilde ele alırlar. Uluslar insanların varoluşsal suçluluk duygularını kendi hizmetlerinde kullanırlar: "Ülkemiz bize tüm bu fırsatları verdi, şimdi bir üniforma giyelim ve onu koruyalım." Sağcı ideolojiler gerekli fedakârlığı kişinin ülkesini ve ailesini koruması şeklinde ele alırlar. Solcu ideolojiler tüm toplumun iyiliği için bir şeylerden vazgeçmek olarak düşünürler.

Son olarak da insanlar arası dinlerde kişinin kendini feda etmesi bir romans ve sadakat duygusu yaratır. (Evliliği düşünün: Hayatınızı eşinize adayacağınıza söz verirsiniz.) Hepimiz sevilmeyi hak ettiğimiz duygusuyla mücadele ederiz. Ebeveynleriniz harikaysa bazen, "Vayy, neden ben? Bunu hak edecek ne yaptım?" diye sorarsınız. İnsanlar arası dinlerde kişinin kendini seviliyor hissetmesi için tasarlanmış bir sürü ritüel ve fedakârlık vardır. Yüzükler, armağanlar, yıldönümleri; tüm bu küçük şeylerin toplamı bir büyük şey eder. Bir şey değil, tatlım.

Kendi Sahte Dininizi Nasıl Başlatırsınız?

5. Adım: Cenneti Söz Verin, Cehennemi Sunun

Kendi dininizi kurmakta bu kadar ilerlediyseniz, arkadaşlarınızı yok sayarak ve aile bireylerine çekip gitmelerini söyleyerek, huzursuzluk veren hakikati sizin uydurduğunuz bir sürü saçmalığı dinleyerek savuşturmaya çalışan güzel bir grup umutsuz insanı bir araya topladınız demektir.

Şimdi ciddileşmenin zamanıdır.

Bir dinin güzelliği şudur: İnsanlara ne kadar çok kurtuluş,

aydınlanma, dünya barışı, kusursuz mutluluk ya da başka bir şeyin sözünü verirseniz o kadar fazla bu söze göre yaşamakta başarısız olurlar ve o kadar fazla kendilerini suçlayıp suçluluk duyarlar. Kendilerini suçlayıp suçluluk duydukça da bunu telafi etmek için o kadar fazla sizin dediklerinizi yaparlar.

Bazıları buna psikolojik taciz diyebilir, ama neşemizi bozacak bu türden terimlere izin vermeyelim.

Piramit ticaret şekilleri bunu gerçekten çok iyi yapar. Boktan birine istemediğiniz ya da ihtiyacınız olmayan ürünler için para verirsiniz ve bir sonraki üç ayı siz de kimsenin istemediği ürünleri alıp satabilmek için üye kaydetmeye umutsuzca harcarsınız.

Ve bu işe yaramaz.

Göz önünde olanı kabul etmek yerine (ürün bir dolandırıcıya daha fazla sahte ürün satması için satılan büyük bir dolandırıcılıktır) kendinizi suçlarsınız, çünkü, bakın, piramidin tepesindeki tipin bir Ferrari'si vardır ve siz de bir Ferrari sahibi olmak istersiniz. Açıkçası burada sorun siz olabilirsiniz, öyle değil mi?

Neyse ki Ferrari'si olan tip yüce gönüllülükle kimsenin istemediği ürünleri satmanıza yardım etmek için bir seminer düzenlemiştir; bu ürünleri alanlar da kimsenin istemediği ürünleri daha fazla kişiye satacaklardır... bu böyle sürer gider.

Ve bu seminerde zamanın çoğu sizi müzikle ve bir ağızdan söylenen şarkılarla uyuşturarak ve bize-karşı-onlar ikiliğini yaratarak geçer ("Başarılı olanlar asla vazgeçmez! Ezikler bunun kendileri için bir işe yaramadığını düşünürler!") ve seminerden gerçekten motive olmuş bir şekilde çıkarsınız, ama bir şeyi ve özellikle de kimsenin istemediği saçmalıkları nasıl satacağınız hakkında hâlâ bir fikriniz yoktur. Satın aldığınız bu para-temelli dine illet olacağınıza tutar kendinize illet olursunuz. Tanrı değerinize göre yaşamayı beceremediğiniz için kendinizi suçlarsınız ve bunun ne kadar berbat bir Tanrı değeri olduğunu düşünmezsiniz bile.

Bu türden bir umutsuzluk döngüsünü bir sürü başka alanda da görebilirsiniz. Fitness ve diyet planları, politik aktivizm, finansal planlama; mesaj her zaman aynıdır: Siz ne kadar fazla yaparsanız size söz verilen tatmine kavuşmanız için o kadar fazla yapmanız söylenecektir. Ama bu tatmin asla gelmez.

Bir saniye için bir mola verin. Baş haberi size verenin ben olmama izin verin: İnsan ıstırabı *Köstebek Avı* video oyununa benzer; bir tür ıstırabın başını ezdiğinizde bir başkası ortaya çıkar. Onları ne kadar hızlı ezerseniz o kadar hızlı ortaya çıkarlar.

Istırap biraz düzelebilir, şekil değiştirir ve her ortaya çıkışında daha az felaket gibi görünür. Ama her zaman oradadır. Bizim bir parçamızdır.

O kendimizdir.

Dini konularda vaaz veren birçok kişi *Köstebek Avı* ıstırabını sizin için bir kerede ortadan kaldıracaklarına söz verirler. Ama hakikat bu ıstırapların bir sonu olmadığıdır. Ne kadar hızlı vurursanız o kadar hızlı geri gelirler. Ve bu nedenle din oyunundaki tipler işlerini bu kadar uzun süre sürdürebilirler: Oyunun hileli olduğunu, insan doğamızın temelde acı yaratmaya tasarlanmış olduğunu söylemektense oyunu kazanmadığınız için sizi suçlarlar. Daha da kötüsü belirsiz bir "onları" suçlarlar. "Onlardan" kurtulabilirsek ıstırabımız da sona erecektir. Ama bu da işe yaramaz. Istırabı bir topluluktan ötekine transfer eder ve genişletir.

Çünkü cidden, biri gerçekten tüm sorunlarınızı çözebilecek olsaydı işsiz kalırdı (ya da hükümetten istifası istenirdi). Liderlerin kendilerini izleyenlerin sürekli tatminsiz olmalarına ihtiyacı vardır; bu, liderlik işi açısından iyidir. Her şey çok iyi olsa kimseyi izleyecek bir neden kalmazdı. Hiçbir din size kendinizi sürekli kutsanmış ve mutlu hissettiremez. Hiçbir millet sürekli güvenli ve hakkaniyetli değildir. Hiçbir politik felsefe herkesin sorununu sürekli çözemez. Hakiki eşitliğe hiçbir zaman erişilemez; biri bir yerde her zaman kötü durumda olacaktır. Hakiki özgürlük gerçekte yoktur, çünkü hepimiz stabilite için biraz otonomimizden fedakârlık yaparız. Hiç kimse, sizi ne kadar severse sevsin, sadece var olmaktan duyduğunuz suçluluğu tam olarak yok edemez. Her şey boktandır. Her zaman öyle oldu ve her zaman da öyle olacak. Bunun çözümü yoktur; sadece boşluk dolduran çareler, küçük iyileşmeler, diğerlerinin boktanlığından belli belirsiz daha iyi formlar vardır. Bundan kaçmaktan vazgeçmeli ve bunu kucaklamalıyız.

Boktan dünyamız böyledir. Ve biz de onun içinde bu şekilde yaşarız.

Kendi Sahte Dininizi Nasıl Başlatırsınız?

6. Adım: Peygamber ya da Kâr!

İşte bu kadar. Sonuna geldiniz. Kendi dininiz var ve artık hasadı yapmanın zamanı geldi. Küçük mürit grubunuz paralarını size veriyorlar; sonunda her zaman istediğiniz her şeye kavuştunuz!

Bir düzine seks kölesi mi istiyorsunuz? Bir sözünüz yeter. Müritlerinize "Aydınlanmanın Altıncı Adımı," deyin, "sadece peygamberin orgazmlarıyla bulunabilir."

Kimsesiz bir yerde devasa bir arazi parçası mı istiyorsunuz? Müritlerinize sadece sizin onlar için cenneti inşa edebileceğinizi söyleyin; gerçekten uzakta olmanız gerekli; tabii bu arada arazinin parasını da onların vermesi gerekli.

Güç ve prestij mi istiyorsunuz? Müritlerinize sizi seçmelerini söyleyin; daha da iyisi mevcut hükümeti güç kullanarak alaşağı edin. İşinizi iyi yaparsanız hayatlarını sizin için vereceklerdir.

Fırsatlar gerçekten sonsuzdur.

Artık yalnız kalmayacaksınız. İlişki sorunlarınız olmayacak. En dizginsiz hayallerinizi gerçekleştirebilirsiniz. Oraya varmak için sadece binlerce kişinin umutlarını ve hayallerini ayaklarınızın altına almanız gerek.

Evet arkadaşım, bunun için çok çalıştınız. Etnisite hakkında kılı kırk yaran argümanlar ya da işinize burnunu sokan sosyal kaygılar olmadan tüm yararları hak ettiniz. Çünkü kendi dininizi başlattığınız zaman olan budur: Neyin etik olduğuna, neyin doğru olduğuna ve neyin hakça olduğuna siz karar verirsiniz.

Belki tüm bu "din başlatma" meselesi sizi mahcup etti. Bunu söylemekten nefret ediyorum, ama zaten bir dinin içindesiniz. Farkında olun ya da olmayın bir grubun inançlarını ve değerlerini paylaşıyor, ritüellerine katılıyor ve kurbanlar sunuyorsunuz; "onlar karşısında bizler" görüşünüz var ve kendinizi entelektüel olarak yalıtıyorsunuz. Hepimiz bunu yaparız. Dini inançlar ve kabile davranışları doğamızın temel bir parçasıdır. Bunlardan kaçınmanın yolu yoktur. Dinlerin üzerinde olduğunuzu, mantık ve akılla hareket ettiğinizi söylerseniz bunu söylemekten üzgünüm, ama yanlışınız vardır; siz de bizden birisiniz. İyi eğitim aldığınızı ve eğitim derecenizin yüksek olduğunu söylerseniz de bu doğru değildir; hâlâ berbat bir durumdasınız.

Hepimizin bir şeye inancı vardır. Bir yerde bir değer bulmamız gereklidir. Böylece psikolojik açıdan hayatta kalır ve bunu sürdürürüz. Böyle umut buluruz. Daha iyi bir gelecek için bir vizyonunuz varsa bile bunu tek başınıza gerçekleştirmeniz zordur. Herhangi bir hayali gerçekleştirmek için destek ağlarına ihtiyacımız vardır; bunun duygusal ve lojistik nedenleri vardır ve sözcüğün tam anlamıyla bir ordu gerektirir.

Bu, dinler tarihinde ifadesini bulduğu ve binler, hatta milyonlar tarafından paylaşıldığı şekliyle bizim değer hiyerarşimizdir. Bu, insan sistemlerini Darwinyen bir rekabet içinde kendine çeker, düzenler, yakıtı olur. Dinler dünyada kaynakları ele geçirmek için birbirleriyle mücadele ederler ve kazanır gibi görünen dinler, değer hiyerarşileri emeği ve kapitali en verimli şekilde kullananlardır. Ve giderek daha fazla sayıda insan kazanan dinin değer hiyerarşisini benimser; bireylere nüfus içinde en fazla değeri gösterir. Kazanan dinler stabilize olur ve kültürümüzün temeli haline gelirler.

Ama sorun şudur: Ne zaman bir din kazansa, ne zaman mesajını uzağa ve geniş bir alana yaysa dev ölçülerde insan duygusunu ve davranışını kendi etkisine alır ve değerleri değişir. Dinin Tanrı değeri artık dine başta ilham veren şeyle örtüşmez. Tanrı değeri yavaşça değişir ve o dinin korunması halini alır: Kazanılan şey kaybedilmek istenmez.

Ve işte yozlaşma da burada başlar. Dini, hareketi, devrimi tanımlayan orijinal değerler statükoyu sürdürmek için bir kenara atılır; bu, organizasyon düzeyinde narsisizm demektir. İsa'dan Haçlı seferlerine, Marksizm'den gulaglara, evlenilen kiliseden boşanma mahkemesine giden yol budur. Dinlerin orijinal değerlerinin yozlaşması o dinin inananlarını çürütür ve yeni, tepkisel dinlerin ortaya çıkarak zamanla orijinal olanı fethetmesine neden olur ve tüm süreç baştan başlar.

Bu anlamda, başarı birçok yönden başarısızlıktan daha kıttır. Öncelikle ne kadar fazla şey kazanırsanız kaybedecek o kadar fazla şeyiniz olur. İkinci olarak da ne kadar kaybederseniz umudunuzu korumak o kadar zorlaşır. Ama en önemlisi umutlarımızı yaşadıkça kaybederiz. Kusursuz bir gelecek için güzel vizyonlarımızın o kadar da kusursuz olmadığını fark ederiz; hayallerimiz ve ilhamlarımız beklenmedik kusurlarla ve öngörülemeyen fedakârlıklarla lekelenir.

Çünkü bir hayali her zaman yıkan şey onun gerçek olmasıdır.

5 BÖLÜM

Umut Boktandır

19. yüzyılın sonlarında, İsviçre Alplerinde yumuşak ve muhteşem bir yazda, kendini herkesten yalıtmış bir filozof, kendi kendini kutsamış bir zekâ ve ruh dinamiti, metaforik anlamda dağının tepesinden inerek kendi parasıyla bir kitap yayınlattı. Bu kitap onun insan ırkına bir armağanıydı ve modern dünyanın eşiğinde dimdik ayakta durarak bu filozofu ölümünden çok sonra bile ünlü yapacak sözcükleri duyurdu.

"Tanrı öldü!" ve fazlasını yazdı. Bu ölümün yankısının yeni ve tehlikeli, hepimize meydan okuyacak bir çağın habercisi olduğunu duyurdu.

Filozof bir bekçi gibi uyararak bu sözcükleri söylemiş ve hepimiz adına konuşmuştu.

Ama kitap kırk taneden az satıldı.

Meta von Salis şafaktan önce ateşi yakarak filozofun çayı için su kaynattı. Ağrıyan eklemleri için battaniyeleri soğutmak amacıyla buza uzandı. Bir gün önceden artan kemiklerle midesini yatıştıracak bir et suyu çorbası yapacaktı. Ve yakında saçının kesilip bıyığının düzeltilmesi gerekecekti; yeni bir jilet almayı unuttuğunu fark etti.

Bu Meta'nın Friedrich Nietzsche'ye baktığı üçüncü yıldı; kadın muhtemelen sonuncusu olduğunu fark etmişti. Onu bir kardeş gibi seviyordu. (Ortak bir arkadaşları evlenmelerini önerdiğinde ikisi de önce gülmüş... sonra mideleri bulanmıştı.) Ancak Meta hayırseverliğinin sonuna varmıştı.

Nietzsche ile bir akşam yemeğinde tanışmıştı. Tuhaflıkları hakkında eski arkadaşı Richard Wagner ile anlattığı hikâyeleri dinlemiş ve piyano çalışını izlemişti. Yazılarının tersine Nietzsche kibar ve ılımlı biriydi. Hevesli bir dinleyiciydi. Şiir sevdalısıydı ve onlarca dizeyi ezberinden söyleyebiliyordu. Saatlerce oturup kelime oyunları oynayabiliyor, şarkılar söyleyebiliyor ve cinaslar yapabiliyordu.

Nietzsche son derece parlak bir zekâya sahipti ve birkaç sözcükle bir oda dolusu insanı şaşırtabiliyordu. Daha sonra dünya çapında üne kavuşacak olan aforizmaları sanki soğuk havadaki nefes gibi ağzından dökülüyordu. "Kendinizden çok fazla bahsetmeniz kendinizi saklama çabanız anlamına gelebilir," diyerek çabucak odadakileri susturabiliyordu.

Meta onun yanında çoğunlukla söyleyecek söz bulamazdı; bunun nedeni herhangi bir üzücü duygu değildi; sanki aklı her zaman adamınkinin birkaç adım gerisindeydi ve onu yakalamak için biraz zamana ihtiyaç duyardı.

Ama Meta entelektüel bir ukala değildi. Kendi zamanı için hayranlık uyandıracak biriydi. Meta İsviçre'de doktora derecesi sahibi ilk kadındı. Dünyanın önde gelen feminist liderlerinden ve aktivistlerinden biriydi. Akıcı bir şekilde dört dil konuşuyordu ve o zamanlar radikal bir fikir olan kadın hakları konusunda tüm Avrupa'da basılmış makaleleri vardı. Gün görmüş, parlak zekâlı ve inatçı bir kadındı. Nietzsche'nin fikirleriyle karşılaştığı zaman sonunda birinin fikirlerinin dünyada kadın haklarını ileriye götürebileceğini düşünmüştü.

Radikal kişisel sorumluluklar alabilmesi için bireyin güçlendirilmesinden söz eden bir adamdı o. Bireysel yetkinliğin her şeyden önemli olduğuna inanıyordu; her insanın kendi tam potansiyeline genişlemesi gerekiyordu ve bu genişleme için çalışmak onun göreviydi. Nietzsche'nin sözleri, Meta'ya kalırsa sonunda kadınları güçlendirecek ve onları ebedi köleliklerinden kurtaracak çekirdek fikirleri ve kavramsal çerçeveleri sunuyordu.

Ama bir sorun vardı: Nietzsche bir feminist değildi. Aslında kadınlara özgürlük hareketini gülünç buluyordu.

Bu Meta açısından fark yaratmadı. O bir mantık adamıydı; ikna edilebilirdi. Kendi önyargısının farkına varmalı ve ondan kurtulmalıydı. Düzenli olarak adamı ziyaret etmeye başladı ve sonunda yakın arkadaş ve entelektüel yoldaş oldular. Yazları İsviçre'de, kışları Fransa ve İtalya'da, arada Venedik'te geçiriyor, Almanya'ya hızlı bir yolculuğun ardından tekrar İsviçre'ye dönüyorlardı.

Yıllar geçtikçe Meta Nietzsche'nin delici gözlerinin ve dev bıyığının ardında bir sürü çelişki olduğunu fark etti. Kendisi kırılgan ve zayıfken takıntılı biçimde güç hakkında yazıyordu. Kendisi bakım ve destek açısından ailesine ve (çoğu kadın) arkadaşlarına tamamen bağımlıyken radikal sorumluluk ve kendine güven konularında yazıyordu. Eleştirmenleri ve akademisyenleri çalışmalarına değer vermedikleri ve okumadıkları için eleştirirken bir yandan da popüler bir başarı kazanamamasının onun parlak zekâsını onayladığıyla övünüyordu; "Benim zamanım daha gelmedi, bazı insanlar ölümlerinden sonra doğarlar," diyordu.

Nietzsche küçümsediği her şeydi aslında: zayıf, bağımlı; bağımsız ve güçlü kadınlara güvenen. Ama çalışmalarında bireysel güç ve kendine güven üzerinde duruyordu; bir kadın düşmanıydı. Hayatı boyunca kadınlara olan bağımlılığı onları açıkça görmesine engel oluyordu. Aslında kâhin gibi bir adamın görüşündeki kara noktalardı bunlar.

"Bir bireyin çektiği en fazla acı" konusunda Nietzsche'yi ilk üyelerden biri olarak onur listesine aday gösteririm. Çocukken sürekli hastaydı: Doktorlar boynuna ve kulaklarına sülükler yapıştırır, saatlerce hareket etmeden durmasını isterlerdi. Zayıflatıcı migrenlere neden olan nörolojik bir hastalığı ömür boyu çekti ve orta yaşlarında delirmesine neden oldu. Işığa çok duyarlıydı, mavi güneş gözlüğü olmadan dışarı çıkamazdı ve otuz yaşında neredeyse kördü.

Genç bir adamken askere yazıldı ve kısa bir süre Fransa-Prusya Savaşı'nda görev aldı. Orada difteri ve dizanteri oldu ve neredeyse ölüyordu. O zamanki tedavi asit lavmanlarıydı ve sindirim sistemi mahvoldu. Hayatının geri kalanında akut sindirim acıları çekecek, düzgün yemek yiyemeyecek ve zayıf düşecekti. Şövalyelik günlerinde aldığı bir yara bedeninin bir bölümünün esnekliğini yitirmesine neden olmuştu ve en kötü günlerinde kımıldayamıyordu bile. Ayağa kalkmak için yardım istemesi gerekiyor, aylarını yatağında yalnız geçiriyor ve acıdan gözünü bile açamıyordu. Daha sonra "kötü bir yıl" diye söz edeceği 1880'in 365 gününün 260'ını yatarak geçirmişti. Hayatının çoğunu kışları Fransa kıyıları, yazları İsviçre

Alpleri arasında göçerek geçirmişti, çünkü kemiklerinin ağrımaması için ılıman iklimlere ihtiyacı vardı.

Meta kısa sürede bu adamdan büyülenen tek entelektüel kadının kendisi olmadığını fark etti. Gelip haftalarca ve hatta aylarca ona bakan kadınlar vardı: Meta gibi bu kadınlar da zamanlarının mücadeleci kadınlarıydı: öğretmenler, zengin toprak sahipleri ve girişimciler. Eğitimli, çok dil bilen ve son derece bağımsız kadınlardı.

Ve feministtiler; ilk feministler.

Onlar da Nietzsche'nin çalışmalarındaki özgürleştirici mesajı görmüşlerdi. Bireyi sakat bırakan sosyal yapılar hakkında yazıyordu; feministler dönemin sosyal yapılarının onları hapsettiğini söylüyorlardı. Kilise'yi zayıfı ve vasatı ödüllendirdiği için eleştiriyordu; feministler de kadınları evliliğe mahkûm etmesinden ve erkeklere hizmet zorunda bırakmasından yakınıyorlardı. Ve insanlık tarihini insanın doğanın hâkimiyetinden kurtulması değil, giderek kendi doğasına yabancılaşması olarak yeniden tanımlıyordu. Ona kalırsa bireyler kendilerini güçlendirmeli ve daha yüksek özgürlük ve bilinç düzeylerine ulaşmalıydılar. Bu kadınlar feminizmi daha fazla özgürleşmenin bir sonraki adımı olarak görüyorlardı.

Nietzsche hepsinin içini umutla doldurdu; onlar da bu sağlığı bozuk, kırık adama baktılar; bir sonraki kitabının, denemesinin, polemiğinin baraj kapılarını açacağını düşündüler.

Ama hayatının büyük bölümünde çalışmaları evrensel olarak kabul görmedi.

Sonra Nietzsche Tanrı'nın ölümünü ilan etti ve başarısız bir üniversite öğretmeninden paryalığa geriledi. İş bulamıyordu ve evsizdi. Kimse onunla bir işi olsun istemiyordu: hiçbir üniversite, yayıncı ve hatta arkadaşlarının çoğu. Çalışmalarını kendi bastırmak için parasını kendi buldu; hayatta kalabilmek için annesinden ve kız kardeşinden borç aldı. Yaşamının idaresini arkadaşlarının ellerine bıraktı. Ve o zaman bile kitabı hiç satmadı.

Ama her şeye rağmen bu kadınlar onun yanında kaldılar. Onu temizlediler, beslediler ve taşıdılar. Bu zayıf adamda potansiyel olarak tarihi değiştirecek bir şey olduğuna inanıyorlardı ve beklediler.

Nietzsche'ye Göre Dünyanın Kısa Tarihi

Diyelim ki bir grup insanı bir arazi parçasına koydunuz ve hiç yoktan bir medeniyet başlatmalarını istediniz.

Şunlar olur:

Bazıları doğal olarak diğerlerinden daha güçlüdür. Bazıları zekidir, bazıları daha iri ve kuvvetlidir. Bazıları karizmatiktir. Bazıları dost canlısıdır ve kolayca ilişki kurarlar. Bazıları çok çalışır ve iyi fikirlerle ortaya çıkarlar.

Doğal avantaja sahip olanlar diğerlerinden daha fazla kaynağa sahip olurlar. Daha fazla kaynakları olduğu için bu yeni toplumda orantısız bir güce erişirler. Bu gücü daha fazla kaynak ve avantaj elde etmek için kullanırlar – bildiğiniz "zenginler daha fazla zengin olur" meselesi. Bunu yeni nesillere aktarırlar ve kısa zamanda tepede küçük bir seçkinler grubu ve altlarda yenilgiye uğramışlardan oluşan bir sosyal hiyerarşi meydana gelir. Tarımın icadından beri tüm insan toplumlarında bu gözlenmiştir ve tüm toplumlar avantajlı seçkinlerle avantajsız kitleler arasındaki bu gerilimle boğuşmak zorunda kalmışlardır.

Nietzsche seçkinleri "toplumun efendileri" olarak niteliyordu; zenginlik, üretim ve politik güç konularında neredeyse tamamen söz sahibiydiler. Çalışan kitlelere "köleler" diyordu ve kölelikle hayatı boyunca küçük bir ücret karşılığında çalışanlar arasında pek fark görmüyordu.

İşlerin ilginçleşmeye başladığı yer şurasıdır: Nietzsche'ye kalırsa toplumun efendileri ayrıcalıklarını son derece hak edilmiş görürler. Seçkin statülerini haklı çıkartacak değer yargıları inşa ederler. Neden ödüllendirilmesinler ki? Tepede olmaları *iyiydi.* Bunu hak ediyorlardı. Onlar en zekiler, en güçlüler ve en yeteneklilerdi. Ve daha fazla hakları vardı.

Nietzsche bu inanç sistemini, tepede olanların bunu hak ettiklerini düşünerek "efendi ahlakı" olarak tanımlıyordu. Efendi ahlakı insanların hak ettiklerini buldukları inancıydı. Eğer özgünlük ve çok çalışmayla bir şey elde etmişseniz onu hak etmişsiniz demekti. Kimse bunu sizden alamazdı; almamalıydı. Siz en iyisiydiniz ve üstünlük göstermiştiniz, bunun için de ödüllendirilmeniz gerekliydi.

Aksine, Nietzsche toplumun "kölelerinin" kendilerine ait daha fazla ahlaki kod ürettiğini düşünüyordu. Efendiler *güçleri* nedeniyle haklı ve erdemli olduklarını düşünürken toplumun köleleri *zayıflıkları* nedeniyle güçlü ve erdemli olduklarını düşünüyorlardı. Köle ahlakına göre en fazla ıstırap çekenler, en avantajsız durumda olan ve sömürülenler bu ıstırap *nedeniyle* daha iyi davranılmayı hak ettiklerini düşünüyorlardı. Köle ahlakına kalırsa en yoksullar ve talihsizler en fazla sempatiyi ve saygıyı hak ediyorlardı.

Efendi ahlakı gücün ve üstünlüğün erdemine inanırken köle ahlakı fedakârlığın ve boyun eğmenin erdemine inanıyordu. Efendi ahlakı hiyerarşinin gerekliliğine inanırken köle ahlakı eşitliğin gerekliliğine inanıyordu. Efendi ahlakı genellikle sağ politikalarla temsil edilirken köle ahlakı genellikle sol politik inançlarda ses buluyordu.

Hepimizin içinde bu ahlaklar vardır. Okulda bir sınıfta olduğunuzu hayal edin; deli gibi ineklediniz ve en yüksek notu aldınız. En yüksek notu aldığınız için de başarınız nedeniyle bir sürü fazladan fayda sağlayarak ödüllendirildiniz. Bu faydalara sahip olmak size hakkaniyetli gelir; çok çalıştınız ve onları siz kazandınız. "İyi" bir öğrencisiniz ve iyi öğrenci olduğunuz için de "iyi" bir insansınız. Bu, efendi ahlakıdır.

Şimdi diyelim ki bir sınıf arkadaşınız var. Babasız büyüyen sekiz kardeşi olsun. Bir sürü yarı zamanlı işte çalışsın, çünkü sözcüğün tam anlamıyla kardeşleri için eve ekmek getirmek zorunda olsun. Sizin çok iyi not aldığınız sınavda çaksın. Bu hakça mıdır? Hayır, değildir. Durumu gereği onun özel bir istisnayı hak ettiğini düşünürsünüz; belki sınavı çalışacak zamanı olduğu daha ileri bir tarihte tekrarlaması gibi. Bunu hak eder, çünkü fedakârlıkları ve dezavantajları nedeniyle "iyi" bir insandır. Bu, köle ahlakıdır.

Newtonyen terimlerle, efendi ahlakı kendimizle bizi sarmalayan dünya arasında ahlaki bir ayrılık yaratmaya ilişkin iç arzumuzdur. Bu, tepedekilerle geri kalanlar arasında ahlaki bir boşluk yaratma arzusudur. Köle ahlakı da bu boşluğu kapatmak ve ıstırabı hafifletmek için içten gelen bir eşitlenme arzusudur. Her ikisi de hisseden beynimizin işletim sisteminin temel bileşenleridir. Her ikisi de güçlü duygular yaratır ve sürdürür. Ve bize umut verir.

Nietzsche'ye kalırsa kadim dünyanın kültürleri (Yunan, Roma, Mısır, Hint vs.) efendi ahlakı kültürleridir. Milyonlarca kulun ve kölenin hesabına gücü ve kusursuzluğu kutlamak için yapılandırılmışlardır. Bunlar savaşçı uygarlıklardır; cesareti, zaferi, kan dökülmesini kutlarlar. Ayrıca, yine Nietzsche'ye göre Yahudi-Hıristiyan yardımseverlik etiği, acıma ve şefkat, köle ahlakına önem atfeder ve Batı medeniyetinde onun yaşadığı döneme kadar baskınlığını sürdürmüştür. Nietzsche açısından bu iki değer hiyerarşisi sürekli bir gerilim ve zıtlaşma halindedir. Ona kalırsa bunlar tarih boyunca tüm politik ve sosyal çatışmaların kökenindedir. Ve bu çatışmanın kötüleşeceğine dair uyarıda bulunur.

Her din gerçekliği insanlara sürekli umut verecek şekilde açıklamak için inanç-temelli bir girişimdir. Darwinyen bir rekabette, bu dinler, inananlarını ne kadar kazananlardan olursalar dünyaya o kadar çok yayılacakları bir şekilde mobilize ve koordine eder, ilham verirler.

Kadim dünyada pagan dinler imparatorların ve savaşçı kralların gezegeni silip süpürmesine, toprak ve insan açısından genişlemesine ve konsolide olmasına neden olacak şekilde efendi ahlakı üzerine kurulmuşlardı. Sonra, iki bin yıl kadar önce köle ahlakı dinleri ortaya çıktı ve yavaşça yerlerini almaya başladı. Bu yeni dinler (genellikle) tek tanrılıydılar ve bir ulusa, ırka ya da etnik gruba bağlı değillerdi. Mesajları eşitlik üzerine olduğu için herkese yayıldı: Tüm insanlar ya *iyi* doğmuşlardı ve sonradan yozlaşmışlardı ya da günahkâr doğmuşlardı ve kurtarılmaları gerekliydi. Her iki açıdan da sonuç aynıdır. Milletine, ırkına, toprağına bakılmaksızın *herkes* Tek Bir Hakiki Tanrı'ya inanmalıdır.

Sonra, 17. yüzyılda, Avrupa'da yeni bir din ortaya çıkmaya başladı. İnsanlık tarihindeki her şeyden güçlü bir şeyin dizginlerinden boşanmasına neden oldu.

Her din yapışkan kanıt sorununa takılır. İnsanlara Tanrı, ruhlar ve melekler hakkında bütün o iyi şeyleri söylersiniz ve de neden olmasın... ama sonra koca bir kent yanar yıkılır ve çocuğunuz balık tutarken bir kolunu kaybeder ve... aaa, Tanrı nerede?

Tarih boyunca otoriteler kendi dinlerini destekleyecek ve/veya inanç temelli değerlerinin geçerliliğini sorgulamaya yeltenecek herkesi cezalandıracak yöntemlerle bu kanıt eksikliğini gizlemeye çalıştılar. Bu nedenle birçok ateist gibi Nietzsche de spiritüel dinleri küçük görür.

Bilim insanları gibi doğal filozoflar, Isaac Newton'ın zamanında ortaya çıkmaya başlayarak en güvenilir inanç-temelli inanışların kendilerini destekleyen en fazla kanıta sahip olanlar olduğunu öne sürdüler. Kanıt bir Tanrı değeri halini aldı ve kanıtla desteklenmeyen her inanış yeni, gözlenebilir gerçeklik hesabına değiştirildi ve bu da yeni bir din yarattı: bilim.

Bilim tartışılır biçimde en etkili dindir, çünkü evrilebilen ve kendini geliştirebilen tek dindir. Herkese açıktır. Bir toprağa ya da coğrafyaya bağlı değildir. Kadim bir toprak parçası ya da insanlarla ilgisi yoktur. Varlığı kanıtlanamayan ya da çürütülemeyen bir doğaüstü ruhun varlığıyla ilgisi yoktur. O sürekli ve değişen kanıt-temelli inanışlardır ve dönüşebilir, büyüyebilir, kanıtların yol gösterdiği şekilde değişebilir.

Bilimsel devrim dünyayı her şeyden fazla değiştirdi. Gezegene yeniden şekil verdi, milyonları hastalıklardan ve yoksulluktan kurtardı ve hayatın her alanını iyileştirdi. Bilimin insanlığın kendisi için ezelden beri yaptığı tek iyi şey olduğunu iddia etmek abartmak olmaz. Bilim tekil olarak insanlık tarihinde tıptan ve tarımdan eğitim ve ticarete, en büyük buluşların ve ilerlemelerin sorumlusudur.

Ama bilim daha da ilgi çekici bir şeye neden oldu: Dünyaya gelişme kavramını getirdi. İnsanlık tarihinin çoğunda gelişme diye bir şey yoktu. Değişim öylesine yavaştı ki herkes hemen hemen aynı ekonomik koşullarda doğup ölüyordu. İki bin öncesinde yaşamış sıradan bir birey hayatı boyunca bugün bizim altı ayda yaşadığımız kadar ekonomik büyüme görüyordu. İnsanlar hayatlarını tüketiyorlardı ve hiçbir şey değişmiyordu – ne yeni gelişmeler ne buluşlar ya da teknolojiler. Aynı arazi parçasının üzerinde, aynı insanların arasında, aynı araçları kullanarak doğup ölüyorlar ve hiçbir şey daha iyiye gitmiyordu. Aslında salgın hastalıklar, açlık, savaşlar ve büyük ordulu, boş kafalı iktidar sahipleri her şeyi daha da berbat ediyorlardı. Bu yavaş, ıstırap dolu ve sefil bir varoluştu.

Ve *yaşarken* daha iyi bir hayata kavuşma olanağı olmayınca insanlar bir *sonraki* yaşamda daha iyisini vaat eden spiritüel sözlerde umut arıyorlardı. Spiritüel dinler gelişti ve gündelik hayatı yönetmeye başladı. Her şey Kilise (ya da sinagog, manastır...) çevresinde dönüyordu. Rahipler ve kutsal kişiler sosyal hayatın hakemleriydiler, çünkü umudun hakemleriydiler. Tanrı'nın ne istediğini sadece onlar söyleyebiliyorlardı ve sadece Tanrı daha iyi bir gelecek ve kurtuluş sözü verebiliyordu. Bu nedenle bu kutsal adamlar toplumda bir değeri olan her şeyi dikte ettiler.

Sonra bilim gelişti ve her türlü şey olmaya başladı. Mikroskop ve matbaa, içten yanmalı motorlar ve pamuk çırçır makineleri, termometreler ve son olarak da tıp gelişti. Birden hayat daha iyiydi. Daha da önemlisi hayatın düzeldiğini *görebiliyordunuz*. İnsanlar daha iyi aletler kullanmaya başladılar; daha fazla besin vardı; daha sağlıklıydılar ve daha fazla para kazanıyorlardı. Son olarak da on yıl öncesine bakıp "Aaaa, biz böyle mi yaşıyorduk!" diyebiliyordunuz.

Geriye bakarak gelişmeyi görebilmek, büyümeyi fark edebilmek insanların geleceğe bakış açısını değiştirdi. Kendilerini nasıl gördüklerini değiştirdi. Ebediyen.

Artık kaderinizin değişmesi için ölmeyi beklemek zorunda değilsiniz. *Burada* ve *şimdi* daha iyiye gidebilirsiniz. Bu bir sürü harika şeyi beraberinde getirdi. Öncelikle özgürlük: Bugün nasıl bir gelişmeyi *seçeceksiniz*? Ama aynı zamanda da sorumluluk: Kendi kaderinizi kontrol edebildiğinize göre o kaderin sorumluluğunu da almanız gerekli. Ve elbette eşitlik: Büyük, baba erkil bir Tanrı kimin neyi hak ettiğini dikte etmeyecekse bunun anlamı kimsenin bir şey hak etmediği ya da herkesin her şeyi hak ettiğidir.

Bunlar daha önce hiç dile getirilmemiş kavramlardı. *Bu* hayatta bu kadar çok büyüme ve değişim ihtimali olunca insanlar öte dünya hakkındaki spiritüel inançlarında umut aramamaya başladılar. Bunun yerine kendi zamanlarının ideolojik dinlerini icat ederek onlara dayandılar.

Bu her şeyi değiştirdi. Kilise doktrinleri yumuşadı. İnsanlar pazar günlerini evlerinde geçirmeye başladılar. Filozoflar açıkça Tanrı'yı sorgulamaya başladılar ve bazıları bunu yaptıkları için canlı canlı yakılmadı. İnsan düşüncesinde ve gelişiminde bir altın çağ yaşandı. Ve inanılmazdır, ama o çağda başlamış olan bu gelişme hızlandı ve bugün de hızlanmaya devam etmektedir.

Bilimsel devrim spiritüel dinlerin baskınlığını erozyona uğratarak ideolojik dinlerin üstünlüğüne geçit verdi. Nietzsche'nin canını sıkan da buydu. Çünkü sağladıkları tüm zenginliğe, elle tutulur faydalara rağmen ideolojik dinler spiritüel dinlerin sahip olduğu bir şeyden mahrumdu: yenilmezlik.

Doğaüstü bir tanrı insanlar ona bir kez inandıktan sonra dünyevi meselelere bağlı olmaz. Kentiniz yerle bir olabilir. Anneniz bir milyon dolar kazanıp tekrar kaybedebilir. Bir bitip bir başlayan savaşlara ve hastalıklara tanık olabilirsiniz. Bu deneyimlerin hiçbiri kutsal bir varlığa inancınızla çelişmez, çünkü doğaüstü varlıklar kanıtlardan muaftır. Ateistler bunu bir sorun olarak görürken bu bir özellik de olabilir. Spiritüel dinlerin dayanıklılıklarına bakılırsa her şeyin cılkı çıkabilir, ama sizin psikolojik dengeniz bundan etkilenmez. Umudunuzu korursunuz, çünkü Tanrı ebedidir ve korunur.

İdeolojilerin durumu böyle değildir. Belirli bir hükümet reformu için on yılınızı harcarsınız ve reform binlerce insanın ölümüne neden olur ve kendinizi suçlarsınız. Sizi yıllarca ayakta tutan umut yerle bir olur. Kimliğinizi kaybedersiniz. Merhaba karanlık, benim eski dostum.

İdeolojilere sürekli meydan okunduğu, değiştikleri, kanıtlandıkları ve çürütüldükleri için üzerine umudunuzu inşa edeceğiniz psikolojik stabiliteyi sağlamazlar. İnanç sistemimizin ideolojik temelleri ve değer hiyerarşileri sarsıldığı zaman kendimizi huzursuzluk veren hakikatin pençeleri arasında buluruz.

Nietzsche bunu herkesten önce kavramıştı. Teknolojik ilerlemenin dünyayı içine atacağı varoluşsal rahatsızlık konusunda uyarmıştı. Bu, "Tanrı öldü" açıklamasının kökenindeki şeydir.

"Tanrı öldü", bugün genellikle yorumlandığı şekliyle terbiyesiz bir ateistik kendini beğenmişlik değildir. Hayır, bu bir ağıt, uyarı, yardım çığlığıdır. *Biz* kendi varlığımızın anlamını ve önemini belirlemek için kim oluyoruz? *Biz* kimiz ki dünyada neyin iyi ve doğru olduğuna karar vereceğiz? Bu yükü nasıl taşıyabiliriz?

Varoluşun doğası gereği kaotik ve bilinemez olduğunu kavrayan Nietzsche kozmik anlamımızı açıklamak ve ona sahip çıkmak için gerekli psikolojik donanıma sahip olmadığımızı düşünüyordu. İdeolojik dinlerin Aydınlanma'nın ışığındaki uyanışlarını (demokrasi, nasyonalizm, komünizm, sosyalizm, sömürgecilik vs.) insanın kaçınılmaz varoluşsal krizinin sadece ertelenmesi olarak görüyordu. Ve *hepsinden* nefret ediyordu. Ona kalırsa demokrasi naif, nasyonalizm aptal, komünizm korkunç, sömürgecilik de saldırgandı.

Çünkü Budist bir bakış açısıyla Nietzsche, herhangi bir dünyevi bağlantının –cinsiyete, ırka, etnisiteye, millete ya da tarihe– bir serap, bizi incecik bir anlam ipiyle huzursuzluk veren hakikatin gazabından uzak tutmaya çalışan, uydurulmuş, inanç-temelli bir tasarım olduğunu düşünüyordu. Ve son olarak da tüm bu tasarımların birbirleriyle çelişmeye ve çözdüklerinden çok daha fazla şiddet yaratmaya zorunlu olduklarını düşünüyordu.

Nietzsche ideolojiler arasındaki gelmekte olan çatışmaların efendi ve köle ahlaklarına temellendiğini öngördü. Bu çatışmalar dünyaya insanlık tarihindeki her şeyden daha fazla yıkım getireceklerdi. Bu yıkımın ulusal sınırlarla ve farklı etnik gruplarla sınırlı olmadığını ve tüm sınırları aşacağını öngördü. Ülkeleri ve halkları aşacaklardı. Çünkü bu çatışmalar, savaşlar Tanrı *için* değildi. Tanrılar *arasındaydı.*

Ve tanrılar da bizlerdik.

Pandora'nın Kutusu

Yunan mitolojisinde dünya sadece erkeklerle başlar. Herkes

içer ve hiç çalışmaz. Büyük ve sürekli bir erkek kardeşlik kulübü partisini andırır bu. Antik Yunanlar buna "cennet"der, ama bana sorarsanız özel bir tür cehennemdir.

Tanrılar bunun epeyce sıkıcı bir durum olduğunu düşünerek içine biraz çeşni katmak isterler. Erkeklere bir yoldaş düşünürler, dikkatlerini çekecek biri; bira şişelerine ateş etmekle ve geceleri futbol oynamakla geçen bu kolay hayata biraz karmaşa ve belirsizlik getirecek biri.

Ve ilk kadını yaratmaya karar verirler.

Bu projeye belli başlı tanrıların hepsi yardım eder. Afrodit güzelliğini verir, Athena bilgeliğini, Hera aile yaratma becerisini, Hermes karizmatik konuşmasını. Birer birer yeni bir telefondaki uygulamalar gibi armağanlarını, yeteneklerini ve entrikalarını kadına verirler.

Ortaya Pandora çıkar.

Tanrılar Pandora'yı dünyaya rekabet, seks, bebekler ve tuvalet oturağı hakkında kavgalar çıkması için yolladılar. Ama bir şey daha yaptılar: Onu bir kutuyla yolladılar. Güzel bir kutuydu; altın kakmalı ve karmaşık, narin süslemeleri vardı. Pandora'dan bunu bir erkeğe vermesini istediler, ama kutunun hiç açılmaması gerektiği talimatını verdiler.

Reklam spotu: İnsanlar aptaldır. Biri kutuyu açtı ve sürpriz, sürpriz; erkeklerin çoğu bunun için kadını suçladılar ve dünyaya türlü kötülük saçıldı: ölüm, hastalıklar, nefret, haset ve Twitter. Artık obur sosis partileri yoktu. Artık insanlar birbirlerini öldürüyorlardı. Daha da önemlisi, artık birbirlerini öldürecek *bir nedenleri* vardı: kadınlar ve kadınlara çekici gelen kaynaklar. İnsanlık tarihi olarak da bilinen aptal penis ölçme yarışmaları başladı.

Savaşlar başladı. Krallıklar ve rekabet başladı. Kölelik akıllarına geldi. İmparatorlar birbirlerinin topraklarını fethetmeye başlayarak binlerce insanı öldürdüler. Koca şehirler inşa edildi ve ardından yıkıldı. Kadınlara malları gibi davranmaya başlayarak aralarında sanki birer keçiymişler gibi değiş-tokuş ettiler ve ticaretini yaptılar.

Kısacası insanlar insan olmaya başladılar.

Her şey boktan görünüyordu, ama bu kutunun dibinde parlak ve güzel bir şey kalmıştı.

Umut.

Pandora'nın kutusu efsanesinin bir sürü yorumu vardır; en bilineni tanrıların bizi her türden kötülükle cezalandırmasıdır, ama bu kötülüklere karşı bir panzehirle de donattılar: umut. Bunu insan türünün ebedi mücadelesinin yin yang'ı gibi düşünün: Her şey her zaman boktandı, ama daha da boktanlaştıkça dünyanın boktan halinin üstesinden gelmek ve dayanabilmek için daha fazla umudu devreye soktuk. Bu nedenle Witold Pilecki gibi kahramanlar bize ilham verir. Kötülüğe karşı koyacak kadar umudu harekete geçirebilmeleri bize kötülüğe karşı koyabileceğimizi gösterir.

Hastalık yayılabilir, ama tedavi de yayılır, çünkü umut bulaşıcıdır. Dünyayı umut kurtarır.

Ama Pandora'nın efsanesinin bir başka daha az popüler yorumu da vardır: Ya umut kötülüğün panzehri değilse? Ya o da kötülüğün bir başka şekliyse. Ya umut kutunun içinde kalmışsa?

Çünkü umut sadece Pilecki'nin kahramanlıklarına esin vermez. Umut Nazi soykırımına ve komünist devrimine de ilham vermiştir. Hitler evrimsel olarak üstün bir insan ırkı yaratmak için Yahudilerin kökünü kurutmayı umut etmiştir.

Sovyetler dünyaya komünizm altında gerçek eşitliği getirmek için küresel bir devrimi umut etmişlerdir. Hadi dürüst olalım, Batılı kapitalistlerin geçtiğimiz yüzlerce yılda yaptığı kötülükler umut adına yapılmışlardır: daha büyük bir ekonomik özgürlük ve zenginlik.

Bir cerrahın neşteri gibi umut bir hayatı kurtarabilir de, sona erdirebilir de. Moralimizi düzeltebilir, ama bizi mahvedebilir de. Güvenin sağlıklı ve zarar veren formları olması gibi, aşkın sağlıklı ve zararlı formları gibi umudun da sağlıklı ve zararlı formları vardır. Ve ikisi arasındaki fark her zaman çok açık değildir.

Buraya kadar umudun psikolojimiz için temel olmasından söz ettim; (a) bize beklediğimiz, heves ettiğimiz bir şey verir; (b) bir şeyi başarmak için kaderimizi kontrol edebildiğimize inandırır; (c) bizimle birlikte mücadele edecek bir camia sağlar. Bunlardan birinden uzunca bir süre yoksun kalınca umudumuzu kaybeder ve huzursuzluk veren gerçeğin boşluğuna düşeriz.

Duygularımızı deneyimlerimiz yaratır. Duygular da değerlerimizi yaratır. Değerlerimiz anlam anlatımızı yaratır. Benzer anlam anlatılarını paylaşanlar dinleri oluşturmak için bir araya gelirler. Bir din ne kadar etkiliyse (ve duygusalsa) onu izleyenler o kadar çalışkan ve disiplinlidir. Onlar çalışkan ve disiplinli oldukça dinin başkalarına yayılması, onlara bir kendini kontrol ve umut duygusu vermesi o kadar mümkündür. Bu dinler büyür, gelişir ve zamanla gruba dahil olanlar ve olmayanlar oluşur; ritüeller ve tabular ortaya çıkar; farklı değerleri olanlarla çatışmalar yaşanır. *Bu çatışmaların sürmesi gereklidir, çünkü grup içindeki insanlar için anlam ve amaç sağlarlar.*

Demek ki umuda çatışmalar neden olur.

Şimdi tersine gidelim: Her şeyin boktan olmasının umuda ihtiyacı yoktur; umut her şeyin boktan olmasını gerektirir. Hayatlarımıza anlam katan umut kaynağıyla bölünme ve nefreti yaratan aynı kaynaktır. Hayatlarımıza en fazla sevinci katan umut aynı zamanda en büyük tehlikeleri de getirir. İnsanları birbirlerine yaklaştıran umutla onları uzaklaştıran umut aynıdır.

Umut demek ki yıkıcıdır. Umut *halen var olanın* reddedilmesine bağlıdır. Çünkü umut bir şeyin kırılmasına ihtiyaç duyar. Kendimizin ve/veya dünyanın bir kısmını reddetmemiz gerekir; anti-*bir şey* olmamız gereklidir.

Bu, insanlık koşulunun inanılmaz derecede kasvetli bir resmidir. Psikolojik makyajımıza göre hayattaki özgün seçimlerimiz ya sürekli bir çatışma ya da nihilizmdir – kabilecilik, yalıtılmışlık. Dine savaş ya da huzursuzluk veren gerçek.

Nietzsche'ye kalırsa bilimsel devrimin yarattığı ideolojilerin hiçbiri uzun vadede dayanamayacaktır. Birer birer ya yavaşça birbirlerini yok edecekler ve/ya da içlerinden çökeceklerdir. Ve birkaç yüzyıl sonra gerçek varoluşsal kriz başlayacaktır. Efendi ahlakı yozlaşacaktır. Köle ahlakı işlemez olacaktır. Kendimizi hayal kırıklığına uğratacağız. İnsan o kadar dayanıksızdır ki ürettiğimiz her şey süreksiz ve güvenilmezdir.

Nietzsche bunun yerine umudun ötesine bakmamız gerektiğine inanıyordu. Değerlerin ötesine bakmamız gerekliydi. "İyi ve kötü"nün ötesinde bir şeye evrilmemiz gerekliydi. Onun açısından bu gelecek ahlakı onun *amor fati,* yani "insanın kaderini sevmesi" adını verdiği bir şeyle başlamalıydı. Şöyle yazdı: "Benim için insani yüceliğin formülü *amor fati*'dir: Kişi hiçbir şeyin değişik olmasını, ileri ya da geri gitmesini istememelidir. Gerekli olana ihtiyaç duymamalı, onu gizlememeli, ama sevmelidir; gerekli olan karşısında tüm idealizm bir yalandan ibarettir."

Amor fati, Nietzsche açısından tüm yaşamın ve deneyimin koşulsuz kabulüdür: çıkışların ve inişlerin, anlamın ve anlamsızlığın. İnsanın ıstırabını sevmesi, acısını kucaklaması anlamına gelir. Daha fazla arzu duymaktan kurtularak arzularıyla gerçeklik arasındaki ayrılığı kapatmasıdır; sadece gerçekliği arzu etmesidir.

Bunun temelde anlamı hiçbir şey umut etmemektir. Umut son kertede boş olduğu için zaten var olanı umut etmektir. Koşulsuz olarak kutsanırsa zihninizin kavramsallaştırdığı her şey temelde kusurlu ve sınırlıdır ve bu nedenle zarar verir. Daha fazla mutluluk umut etmeyin. Daha az ıstırap umut etmeyin. Karakterinizin gelişmesini umut etmeyin. Kusurlarınızdan kurtulmayı umut etmeyin.

Bunu umut edin. Her anda var olan sonsuz fırsat ve baskıyı umut edin. Özgürlükle gelen ıstırabı umut edin. Mutlulukla gelen acıyı. Cehaletten kaynaklanan bilgeliği. Teslimiyetten gelen gücü.

Ve bunlara *rağmen* eyleme geçin.

Bizin mücadelemiz ve gönül çağrımızı budur. Umut olmadan eyleme geçmek. Daha iyisini ummamak. Daha iyi *olmayı*. Bu anda ve bir sonraki anda. Ve bir sonrasında ve bir sonrasında.

Her şey boktandır ve bu boktanlığın nedeni ve sonucu umuttur.

Bunu hazmetmesi zordur, çünkü kendimizi umudun tatlı nektarından arındırmak bir ayyaşın elinden şişeyi almaya benzer. Umut olmadan boşluğa düşeceğimizi ve o boşluğun bizi yutacağını düşünürüz. Huzursuzluk veren hakikat bizi korkutur ve *bu hakikati* uzakta tutmak için kendimiz hakkında hikâyeler, değerler, anlatılar ve mitlerle efsaneler uydururuz.

Ama bizi özgürleştirecek tek şey hakikattir: Hepimiz öleceğimizi, yaptığımız herhangi bir şeyin kozmik ölçekte önemli olmadığını biliriz. Bazıları bu hakikatin onları her türlü sorumluluktan kurtaracağını ve kokain çekip trafikte oyun oynayacaklarını düşünürken aslında bu hakikat onları *sorumlu olmaya doğru* özgürleştireceği için korkutur. Bunun anlamı kendimizi ve birbirimizi sevmemek için bir neden olmamasıdır. Kendimize ve gezegenimize saygı duymamamız için bir neden *yoktur.* Hayatımızın her ânını ebedi tekerrürde yaşıyormuş gibi *yaşamamamız için bir neden yoktur.*

Bu kitabın ikinci yarısı umut olmadan hayatın nasıl görüneceği hakkındadır. İlk söyleyeceğim şey bunun sandığınız kadar kötü olmamasıdır. Bana kalırsa alternatifinden daha iyidir.

Kitabın ikinci yarısı modern dünyaya ve her şeyin boktan olmasına dürüst bir bakışı kapsar. Umudu tamir etmeye değil de onu sevmeye doğru yapılan bir değerlendirmedir. Çünkü dini çatışma döngümüzü kırmamız gerekir. İdeolojik kozalarımızdan çıkmamız gerekir. Hisseden beynin hissetmesine izin vermemiz gerekir, ama onu umutsuzca açlığını çektiği anlam ve değer hikâyelerinden kurtarmalıyız. İyi ve kötü kavramımızın ötesine geçmeliyiz. Olanı sevmeyi öğrenmeliyiz.

Amor Fati

Meta'nın İsviçre'deki Sils Maria'da son günüydü ve olabildiğince çok zamanı açık havada geçirmeye karar verdi. Friedrich'in en sevdiği yürüyüş rotası Silvaplana Gölü'nün doğu kıyısındaki kasabaya yarım kilometrelik yoldu. Göl yılın bu mevsiminde kristal gibi olurdu; ufukta görünen zirveleri beyaz dağlarla çevriliydi. Dört yaz önce bu göl kıyısında yaptıkları yürüyüşlerde aralarındaki bağ gelişmişti. Filozofla son gününü böyle geçirmek ve onu bu şekilde hatırlamak istiyordu.

Kahvaltıdan hemen sonra yola çıktılar. Güneş kusursuzdu ve hava ipek gibiydi. Kadın rehberlik ediyor, adam bastonuyla onun yanında yürüyordu. Depoları, otlakları ve küçük bir şekerpancarı çiftliğini geçtiler. Friedrich, Meta gittikten sonra en entelektüel yoldaşlarının inekler olacağını söyleyerek espri yaptı. İkisi de güldüler, şarkı söylediler ve ceviz topladılar.

Öğlen geniş gölgeli bir ağacın altında mola vererek yemek yediler. İşte o zaman Meta kaygılanmaya başladı. Onun sandığından çok daha fazla heyecanlanmışlardı. Şimdi Friedrich'in hem zihinsel hem fiziksel olarak mücadele ettiğini görebiliyordu.

Geriye dönüş yolu adam için zorluydu. Artık fark edilir biçimde topallıyordu. Kadının ertesi sabah gideceği üzerine uğursuz bir ay gibi çökmüş, kendini sözcüklerinde hissettiriyordu.

Huysuzlaşmıştı ve ağrıları artmıştı. Sık sık duruyorlardı ve kendi kendine konuşmaya başlamıştı.

Böyle değil, diye düşündü Meta. Onu böyle bırakmak istemiyordu, ama buna zorunluydu.

Kasabaya akşama doğru yaklaştılar. Güneş batıyordu ve hava sıkıntılı bir hal almıştı. Friedrich yavaş yavaş yirmi metre daha ilerledi ve Meta onu eve kadar götürmenin tek yolunun onu *durdurmamak* olduğunu biliyordu.

Aynı şekerpancarı çiftliğinin yanından geçtiler, aynı inekleri, adamın yeni yoldaşlarını gördüler.

Friedrich, "Bu ne? Tanrı nereye gitti diyorsun?" diye bağırdı.

Meta arkasına döndü, ne bulacağını daha görmeden biliyordu. Friedrich bastonunu havaya kaldırmış, çıldırmış gibi önünde geviş getiren küçük bir inek grubuna bağırıyordu.

Zorla nefes alarak bastonunu salladı ve çevrelerindeki dağları gösterdi. "Sana şunu söyleyeyim, onu öldürdük. Senle ben. Onun katilleriyiz, ama bunu nasıl yaptık?" diye bağırdı.

İnekler huzurla geviş getiriyorlardı; biri kuyruğuyla sinekleri kovalıyordu.

"Nasıl dağları içtik? Kim bize ufku süpürecek süpürge verdi? Güneşi dünyadan kopardığımızda ne yaptık? Sürekli her yönde düşmüyor muyuz? Ebedi bir hiçsizliğin içinde dolaşmıyor muyuz?"

"Friedrich, bu aptalca," dedi kadın; onun kolunu tutup yürümesi için çekiştirerek. Ama adam kolunu kurtardı, gözlerinde delilik vardı.

"Tanrı nerede? Tanrı *öldü*. Tanrı ölü kalacak ve onu biz öldürdük!" diye beyan etti.

"Lütfen bu saçmalıklara bir son ver Friedrich. Hadi gel, eve gidelim."

"Kendimizi nasıl rahatlatabiliriz? Tüm katillerin katilleri? Hepimizin en kutsal ve güçlü olanı bıçaklarımızın altında ölene kadar kanadı: Kim elimizdeki kanı silecek?"

Meta başını salladı. İşe yaramıyordu. Buydu. Böyle sona erecekti. Yürüyerek uzaklaşmaya başladı.

"Orada bizim için kendimizi arıtacağımız hangi su var? Hangi kutsama festivallerini, hangi kutsal oyunları icat etmek zorundayız? Bu borcun büyüklüğü bizim için fazla değil mi? Sadece buna değer görünmekle bile kendimizin tanrılara dönüşmesi gerekmiyor mu?"

Sessizlik... Uzaktan bir möğö sesi duyuldu.

"İnsan bir halattır; canavarla Süpermen arasında bağlanmıştır; boşluğun üzerindeki halattır. İnsanda yüce olan bir amaç değil de köprü olmasıdır: (Daha büyük bir şeye açıklık olmasından başka) İnsanda ne sevilebilir?"

Bu sözler kadını etkiledi. Döndü ve gözlerini adama dikti. Bu "insanın daha büyük bir şeye açılması" fikri onu yıllar önce adama çekmişti. Onu entelektüel olarak baştan çıkartan bu düşünceydi; onun için feminizm ve kadın özgürlüğü (kendi ideolojik dini) bu "daha büyük bir şeydi". Ama Nietzsche için sadece daha başka bir yapı, başka bir kavram, başka bir insan başarısızlığı, başka bir ölü tanrı olduğunu fark etmişti.

Meta devam edecek ve büyük şeyler yapacaktı. Almanya ve Avusturya'da kadınların oy hakkı için yürüyüşler düzenleyecekti. Kendi projelerine, kendi kurtuluşlarına, kendi özgürlüklerine sahip çıkmaları için dünyada binlerce kadına ilham verecekti. Sessizce ve anonim olarak dünyayı değiştirecekti. Nietzsche'den ve başka "büyük adamlardan" daha fazla insana özgürlük getirecekti, ama bunu gölgede kalarak tarihin sahne arkasında yapacaktı. Bugün gerçekten de daha çok Friedrich Nietzsche'nin arkadaşı olarak tanınır, bir kadın hakları yıldızı olarak değil; yüzlerce yıl sürecek ideolojik çöküşü doğru tahmin etmiş bir adamın yardımcı oyuncusu olarak.

Gizli bir halat gibi pek görülmediği ve hemencecik unutulduğu halde dünyayı bir arada tutacaktı.

Yine de devam etti. Edeceğini biliyordu. Gitmek ve uçurumu aşmayı denemek zorundaydı; hepimizin bunu yapması gerekir; o kendisi için yaşadığını bilmeden başkaları için yaşayacaktı.

Nietzsche "Meta," dedi.

"Evet?"

"Nasıl yaşayacaklarını bilmeyenlere bayılıyorum. Öteki yana geçebilecek olanlar onlar."

II. KISIM

Her Şey Boktandır

BÖLÜM 6

İnsanlığın Formülü

Bakış açınıza göre filozof Immanuel Kant ya yaşamış en sıkıcı adamdır ya da üretkenlik korsanının (hacker) ıslak rüyasıdır. Kırk yıl boyunca her sabah beşte kalkıp üç saat boyunca yazmıştır. Sonra aynı üniversitede dört saat ders verir; aynı lokantada öğle yemeğini yer. Öğleden sonra aynı parkta uzun bir yürüyüş yapar; aynı yolu kateder; aynı saatte evinden çıkar ve girer. Bunları kırk yıl, günbegün yapmıştır.

Kant verimliliğin kişileşmiş halidir. Alışkanlıkları o kadar mekanikti ki komşuları onun dairesinden çıkışına göre saatlerini ayarlayabileceklerini söyleyerek şaka yaparlardı. Gündelik yürüyüşüne öğleden sonra üçte çıkardı; çoğu akşamlar bazı dostlarıyla yemek yerdi; biraz daha çalıştıktan sonra her gece tam onda yatağına girerdi.

Devasa bir can sıkıntısı gibi görünse de Kant dünya tarihinin en önemli ve etkili düşünürlerinden biridir. Prusya, Königsberg'deki tek odalı bir dairede dünyanın rotasını birçok kraldan, başkandan, başbakandan ve generalden daha fazla değiştirmiştir.

Demokratik bir toplumda yaşıyorsanız ve bireysel özgürlük korunuyorsa bunun için kısmen Kant'a teşekkür etmeniz gerekir. Tüm insanların doğuştan gelen bir gururu olduğunu ve bunun gözetilip saygı duyulması gerektiğini ilk söyleyen odur. Küresel bir kurumun ve dünyanın çoğuna barışı garanti etmesinden (daha sonra Birleşmiş Milletler'in oluşumuna ilham verecek) söz eden ilk insandır. Onun alanı ve zamanı nasıl algıladığımız konusundaki düşünceleri daha sonra Einstein'ın izafiyet teorisini keşfetmesine esin verecektir. Hayvan haklarının mümkün olduğundan ilk o söz etmiştir. Estetik ve güzellik felsefesini yeniden icat etmiştir. Birkaç yüz sayfada iki yüz yıl süren rasyonalizm ile ampirizm arasındaki tartışmayı sonlandırmıştır. Bütün bunlar yetmediyse ahlak felsefesini tepeden tırnağa yeniden tanımlamış, Aristoteles'ten beri Batı medeniyetinin temelini oluşturan fikirleri geçersiz kılmıştır.

Kant entelektüel bir reaktördür. Düşünen beynin kasları olsaydı Kant entelektüel evrenin dünya şampiyonu olurdu.

Kant dünya görüşü konusunda da yaşamında olduğu kadar katıydı. Ona kalırsa açık doğrular ve yanlışlar vardı; bu değer sistemi insan duygularını ya da hisseden beynin yargılarını aşıyordu ve öyle işliyordu. Ayrıca söylediklerine sadık yaşamıştır. Krallar onu sansürlemeyi denemiş, rahipler mahkûm etmiştir; akademisyenler ona haset duymuşlardır, ama bunların hiçbiri onu yavaşlatmamıştır.

Kant hiçbir şeye aldırmıyordu. Bunu cümlenin en hakiki ve derin anlamında söylüyorum. Benim okuduğum kadarıyla umuttan ve üzerinde durduğu kusurlu insani değerlerden kaçınan tek düşünürdür; huzursuzluk veren hakikate karşı çıkmış ve onun korkunç imalarını kabul etmeyi reddetmişti;

sadece mantık ve saf akılla uçuruma bakmıştı; tek silahı kendi parlak zihniydi; tanrıların önünde durmuş ve onlara meydan okumuştu...

... ve bir şekilde kazanmıştı.

Ancak Kant'ın Herkülvari mücadelesini anlamak için öncelikle geriye dönmeli, psikolojik gelişme, olgunluk ve yetişkinlik hakkında bir şeyler öğrenmeliyiz.

İnsanlar Nasıl Büyür?

Dört yaşlarındayken annemin uyarılarına karşın parmağımı sıcak bir sobaya değdirdim. O gün önemli bir ders öğrendim: Gerçekten sıcak şeyler boktandır, çünkü sizi yakarlar. Onlara bir daha asla dokunmamanız gerekir.

Aynı sıralarda önemli bir keşifte daha bulundum: Dondurma buzlukta, benim parmak uçlarımda yetişeceğim bir yükseklikte duruyordu. Bir gün annem başka bir odadayken (zavallı annem) dondurmayı aldım, yere oturup parmaklarımla yedim.

On yıl kadar sonra öğreneceğim orgazma en yakın şeydi. Küçük dört yıllık beynimin bir cennet kavramı varsa onu bulmuştum. Bir kap donmuş kutsallık; benim kendi küçük Elysium'um (Antik Yunan'da iyi insanların öldükten sonra gittikleri yer). Dondurma erimeye başladıktan sonra birazını yüzüme sürdüm ve tişörtüme akmasına izin verdim. Bunların hepsi ağır çekim oluyordu elbette. O tatlı, lezzetli iyilikle gerçekten yıkanıyordum. *Ah, evet, yüce şekerli süt, benimle sırlarını paylaş, bugün yüceliği öğreneceğim.*

Sonra annem mutfağa girdi ve cehennemin çok gerekli, ama

bununla sınırlı kalmayan bir banyoyu da içeren kapıları açıldı.

O gün birkaç ders öğrendim. Dondurma çalmak ve mutfağın zeminine oturarak kendinizi dondurmaya batırmak annenizi feci halde kızdırıyordu. Kızgın anneler boktandır; azarlar ve cezalandırırlar. O gün de kızgın soba örneğinde olduğu gibi neyi *yapmamam* gerektiğini öğrenmiştim.

Ama üçüncü ve devasa bir ders daha vardı; bu tür dersler o kadar meydandadır ki oluştukları anda farklarına bile varmayız ve ötekilerden çok daha önemlidirler: Dondurma yemek yanmaktan daha iyiydi.

Bu ders önemlidir, çünkü bir değer yargısıdır. Dondurma kızgın sobalardan daha iyidir. Ağzımdaki şekerli tadı elimdeki ateşe tercih ederim. Bu, bir tercih ve öncelik verme keşfidir. Hisseden beynimin dünyadaki bir şeyin bir diğerinden daha iyi olmasına karar vermesi, erken dönem değer hiyerarşimin oluşmasıdır.

Bir arkadaşım ebeveynliği şöyle tanımlamıştı: Temelde birkaç onyıl bir çocuğun peşinde dolaşarak kendini kazayla öldürmesine engel olmaktır ve bir çocuğun kendini ne kadar çok yoldan kazayla öldürebileceğine şaşarsınız.

Küçük çocuklar sürekli kendilerini kazayla öldürebilecekleri yeni yollar bulurlar, çünkü psikolojilerini yöneten güç keşiftir. Hayatımızın bu döneminde çevremizdeki dünyayı keşfederiz, çünkü hisseden beynimiz neyin hoşumuza gidip neyin bize zarar verdiği, neyin iyi neyin kötü olduğu, neyi izlemek neden kaçınmak gerektiği konusunda bilgi toplar. Birincil değerlerimizin ne olduğunu öğrenerek değer hiyerarşimizi oluştururuz ve böylece neyi umut etmemiz gerektiğini bilmeye başlarız.

Zamanla keşif dönemi sona erer. Dünyada keşfedecek bir

şey kalmadığı için değil. Tam tersine: Büyüdükçe keşfedecek *çok fazla şey* olduğunu fark ederiz. Her şeye dokunup tadına bakamazsınız. Herkesle tanışamazsınız. Her şeyi göremezsiniz. Çok fazla potansiyel deneyim vardır ve kendi varoluşumuza bu fazla gelerek çekinmemize neden olur.

Böylelikle beyniniz her şeyi denemeye daha az, çevremizdeki dünyanın sonsuz karmaşasında yolumuzu bulacağımız bazı kuralları benimsemeye daha fazla odaklanmaya başlar. Bu kuralların çoğunu ebeveynlerimizden ve öğretmenlerimizden öğreniriz ve birçoğunu da kendimiz keşfederiz. Örneğin açık ateşlerin çevresinde epeyce bir bok yedikten sonra sadece sobanın değil, tüm ateşlerin tehlikeli olduğuna dair küçük bir zihinsel kuralınız olur. Annenizi yeterince kızdırdıktan sonra buzdolabını yağmalamanın ve tatlı çalmanın sadece dondurmayla sınırlı kalmadığını ve her zaman kötü bir şey olduğunu öğrenirsiniz.

Bunun sonucu olarak da zihinlerimizde kimi genel kurallar oluşmaya başlar: Canınızın yanmaması için tehlikeli şeylerin çevresinde dikkatli olmak; size iyi davranmaları için ebeveynlerinize dürüst davranmak; sizinle paylaşmaları için kardeşlerinizle paylaşmak...

Bu yeni değerler daha sofistikedir, çünkü soyutturlar. "Hakkaniyeti" gösterip "sakınmanın" resmini çizemezsiniz. Küçük çocuk dondurma harikadır, dondurma istiyorum, diye düşünür. Daha büyüyünce dondurma harika, ama bir şeyler çalmak ebeveynlerimi kızdırıyor, beni cezalandırıyorlar, bu nedenle dolaptaki dondurmayı almayacağım, diye düşünür. Yetişkinler kararlarına öyleyse/o zaman kuralları uygulayarak neden-sonuç zincirleri oluştururlar; bunu küçük çocuklar yapamaz.

Bunun sonucunda bir yetişkin kesinlikle kendi hazzının peşinden koşar da ıstıraptan kaçınırsa bu sıklıkla sorun yaratır. Eylemlerin sonuçları vardır. Kendi arzularınızı yerine getirirken çevrenizdekilerinkini de gözetmek zorunda kalırsınız. Toplumun ve otoritenin kurallarına göre davranırsanız bazen ödüllendirilirsiniz.

Bu, eylemde olgunluktur: karar verme mekanizmasının kapsamını genişleterek daha üst seviyede ve soyut değerlere göre davranmak. Dünyaya böyle uyum sağlar ve görünüşe göre deneyimin sonsuz permütasyonuyla böyle başa çıkarız. Bu, çocuklar açısından önemli bir bilimsel sıçramadır ve sağlıklı, mutlu bir şekilde gelişmenin temelidir.

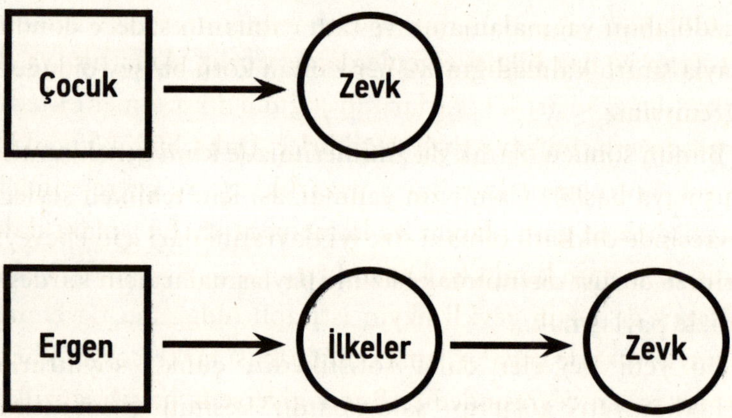

Şekil 6.1: Bir çocuk sadece kendi zevkini düşünürken yetişkinler amaçlarına ulaşmak için kurallar ve ilkelerle davranmayı öğrenirler.

Küçük çocuklar küçük tiranlar gibidirler. Bir anda onlar için zevkli ya da ıstıraplı olan herhangi bir şeyi elde etmek için çabalarlar. Empati duyguları yoktur. Sizin hayatınızın nasıl olduğunu hayal edemezler. Tek bildikleri dondurma istedikleridir.

Küçük bir çocuğun kimliği bu nedenle çok küçük ve kırılgandır. Sadece neyin haz verdiği ve ıstıraptan nasıl kaçınıldığı hakkındadır. Susie çikolatayı sever. Köpeklerden korkar. Boya kitaplarını sever. Genellikle kardeşine kötü davranır. Susie'nin kimliği bu kadardır, çünkü düşünen beyni henüz onun için uyumlu hikâyeler yaratacak denli gelişmemiştir. Ancak yeterince büyüdüğünde hazzın ne için, ıstırabın ne için olduğunu sorgular ve kendisi için anlamlı hikayeler geliştirerek bir kimlik oturtur.

Istırap ve haz bilgisi ergenlerde de vardır. Ama haz ya da ıstırap duygusu artık kararlarının çoğunu dikte etmemektedir. Artık değerlerimizin temeli değildirler. Daha büyük çocuklar kişisel duygularını kurallara, pazarlıklara ve çevrelerindeki sosyal düzene göre planlar ve karar verirler. Bu onlara daha geniş ve sağlam kimlikler kazandırır.

Ergen de neyin zevkli neyin ıstıraplı olduğunu öğrenmek için aynı şekilde çabalar, ama onun çabası farklı sosyal kurallar ve roller çevresindedir. Bunu giyersem havalı gözükür müyüm? Böyle konuşursam insanlar benden hoşlanır mı? Bu müziği seviyormuş gibi yaparsam popüler olur muyum?

Bu bir ilerlemedir, ama hayata bu ergen yaklaşımının da zayıflıkları vardır. Her şey bir anlamda pazarlık konusudur. Bitmek bilmez pazarlıklar: Paramı alabilmek için patronumun söylediğini yapacağım; annemi ararsam bana bağırmaz; geleceğimi berbat etmemek için ödevimi yapmalıyım. Çatışma çıkmasın diye yalan söyleyip iyi davranırmış gibi yapmalıyım.

Hiçbir şey kendisi için yapılmaz. Her şey hesap işidir ve genellikle korkudan ya da olumsuz sonuçları nedeniyle yapılır. Her şey haz veren bir netice elde etmekte *araçtır.*

Ergen değerlerinin sorunu onlara tutunursanız kendi dışınızda bir şey için bir duruş belirleyemeyecek olmanızdır. Yüreğinizde bir çocuk, elbette daha akıllı ve sofistike bir çocuk olarak kalırsınız. Her şey hâlâ hazzı artırmak ve ıstırabı azaltmak çevresinde döner; ergen bunu yapacak bir-iki numara bilecek akla ulaşmıştır.

Ergen değerleri sonunda kendi kendilerini hayal kırıklığına uğratırlar. Hayatınızı bu şekilde yaşarsanız asla kendi hayatınızı yaşayamazsınız. Çevrenizdeki insan yığınının arzularına göre yaşarsınız.

Duygusal olarak sağlıklı bir birey olabilmek için bu sürekli pazarlıktan, herkese haz veren bir sonuca ulaşmak için araç muamelesi yapmaktan vazgeçerek daha üst seviyede ve soyut rehberlik prensiplerini öğrenmeniz gereklidir.

Nasıl Yetişkin Olunur?

"Nasıl yetişkin olunur?" sorusunu Google'da ararsanız çoğunlukla iş görüşmeleri, maddi durumunuzu idare etmek, kendinize bakmak ve boktan biri olmamak hakkında şeyler bulursunuz. Bunlar önemlidir ve bir yetişkinden beklenen şeylerdir. Ama bence bunlar sizi bir yetişkin yapmaz. Sadece bir çocuk olmanıza engel olurlar ve bu da aynı şey değildir.

Çoğu insanın bunları yapmasının nedeni kural ve pazarlık temelli olmalarıdır. Yüzeysel bir sonuca ulaşmanın yollarıdır.

İyi bir işe sahip olmak için iş görüşmesine hazırlanırsınız. Evinizi temiz tutmayı öğrenirsiniz, çünkü bunun insanların sizin hakkınızda ne düşündükleriyle doğrudan ilgisi vardır. Maddi durumunuzu idare edersiniz, çünkü bunu yapmazsanız yolda bir yerde canınıza okunacaktır. Kurallarla ve sosyal düzenle pazarlık yapmak bu dünyada iyi işleyen bireyler olmamızı sağlar.

Zamanla hayattaki en önemli şeylerin pazarlık yoluyla kazanılmayacağını öğreniriz. Babanızla sevgisi, arkadaşlarınızla yoldaşlıkları, patronunuzla size olan saygısı için pazarlık yapamazsınız. İnsanlarla sevgi ve saygı pazarlığı yapmak kendinizi boktan hissetmenize neden olur. Tüm projenin altına mayın döşer. Birini size saygı duyması için köşeye sıkıştırırsanız size asla saygı duymayacaktır. Birini size güvenmeye ikna ederseniz aslında size asla gerçekten güvenmeyecektir.

Hayatta en kıymetli ve önemli şeyler tanımı gereği pazarlığa yatkın değillerdir. Ve onların pazarlığını yapmayı denemek onları yok eder. Mutluluk için işbirliği yapamazsınız; bu olanaksızdır. Ama insanlar genellikle bunu yapmayı denerler, özellikle de kişisel gelişim tavsiyeleri aradıklarında aslında şunu söylerler: Bana oynamam gereken oyun kurallarını söyle ve ben de onlara göre hareket edeyim. Aslında onların mutlu olmalarına engel olan şeyin mutluluğun kuralları olduğunu fark etmezler.

Hayatta pazarlık ve kurallarla ilerleyenler *maddi* dünyada ilerleme kaydedebilirler, ama *duygusal* dünyalarında sakat ve yalnız kalırlar. Bunun nedeni pazarlık değerlerinin yarattığı ilişkilerin manipülasyon üzerine inşa edilmesidir.

Yetişkinlik bazen soyut bir prensibin sadece kendisi ve sizin için iyi olduğunu fark etmektir; bugün size ve başkalarına acı verse de dürüst olmak yine de yapılacak en doğru şeydir. Yetişkin dünyada çocuğun hazzından ya da acısından daha fazla şey olduğunu keşfeder. Ergenin sürekli onay, doğrulanma ve tatmin duygusundan daha fazlası vardır. Demek ki bir yetişkin olmak doğru olanı sadece doğru olduğu için yapma becerisini geliştirmektir.

Bir yetişkin dürüstlüğe değer verdiğini, çünkü bunun iyi neticeleri olduğunu söyleyecektir. Ama iş zor konuşmalara gelince beyaz yalanlar söyler, hakikati abartır ve pasif-agresif davranır. Bir yetişkin dürüstlük kendi hazzından ya da ıstırabından daha önemli olduğu için dürüsttür. Dürüstlük istediğinizi elde etmekten ya da bir amaca ulaşmaktan daha önemlidir. Doğası gereği kendiliğinden iyi ve değerlidir. Dürüstlük bir *sonuçtur*, başka bir sonuca ulaşmak için araç değildir.

Bir ergen sizi sevdiğini söylediğinde onun sevgi kavramı karşılığında bir şey almak, sevginin duygusal bir değişimi gerçekleştirmesi, her ikinizin de sunabileceğiniz her şeyi ortaya koyması ve en iyi sonuç için birbirinizle pazarlık yapmanızdır. Bir yetişkin özgürce ve karşılığında bir şey beklemeden sever, çünkü bunun sevgiyi gerçek kılan tek şey olduğunu bilir. Karşılığında bir şey beklemeden verir, çünkü bunu yaparsa öncelikle bir armağanın amacını gerçekleştirmemiş olur.

Yetişkinliğin ilkeli değerleri koşulsuzdur – yani başka şeyler aracılığıyla elde edilmezler. Kendileri birer amaçtır.

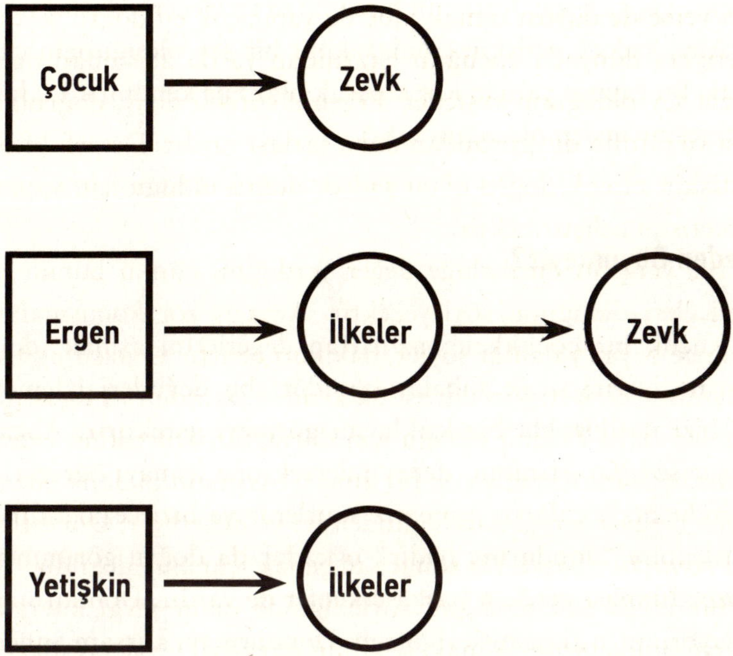

Şekil 6.2: Bir yetişkin ilkeleri öyle gerektirdiği için kendi hazzından vazgeçebilir.

Dünyada bir sürü çocuk kalmış yetişkin vardır. Bir sürü de ihtiyarlamakta olan ergen vardır. Ama birçok da genç yetişkin bulunur. Bunun nedeni bir noktayı geçince olgunluğun yaşla hiçbir ilgisinin olmamasıdır. Önemli olan kişinin *niyetleridir.* Bir çocuk, ergen ve yetişkin arasındaki fark kaç yaşında olduklar ya da ne yaptıkları değil, onu *neden* yaptıklarıdır. Çocuk kendini iyi hissettirdiği için dondurmayı çalar ve neticelerinden haberi yoktur. Ergen çalmaz, çünkü gelecekteki sonuçlarının daha kötü olacağını bilir, ama bu kararının nedeni geleceğiyle bir pazarlık yapmasıdır: Gelecekteki daha büyük bir acının önüne geçmek için hazzının birazından vazgeçer.

Ama sadece yetişkin çalmak kötü bir şey olduğu için çalmaz. Bu yaptığı yanına kâr kalacak olsa bile kendini kötü hissetmesine neden olacağını bilir.

Neden Büyümeyiz?

Küçük bir çocukken haz/ıstırap değerlerini aşmak (dondurma iyidir; sıcak sobalar kötüdür) bu değerleri izlemeyi ve bizi nasıl yolda bıraktıklarını görmeyi gerektirir. Ancak başarısızlığın ıstırabını deneyimlersek onu aşmayı öğreniriz. Dondurmayı çalarız; annemiz sinirlenir ve bizi cezalandırır. Birdenbire "dondurma iyidir" o kadar da doğru görünmez; göze alınması gereken başka etkenler de vardır. Dondurmayı seviyorum ve annemi seviyorum. Dondurmayı alırsam annem kızacak. Ne yapmalıyım? Zamanla çocuk yapması gereken pazarlıklar olduğunu öğrenir.

Bu erken dönem iyi bir ebeveynliğin de merkezindedir: bir çocuğun haz/ıstırap yönelimli davranışları için doğru sonuçları geliştirmek. Dondurmayı çalarsa cezalandırmak, bir lokantada sessizce oturduğu için ödüllendirmek. Onlara hayatın kendi güdülerinden ve arzularından daha karmaşık olduğunu öğretmek. Bunu yapmayan ebeveynler çocuklarını inanılmaz derecede önemli bir şeyde yarı yolda bırakmış olurlar, çünkü çocuğun dünyanın kaprislerine hizmet etmeyeceğini öğrenmesi uzun sürmez. Bunu bir yetişkin olarak öğrenmek son derece acı verir – bireyin bu dersi gençken öğrenmesinden çok daha acılıdır. Toplum ve arkadaşları tarafından bu gerçeği anlamamış olduğu için cezalandırılır. Kimse bencil bir şımarıkla arkadaş olmak istemez. Kimse başkalarının duygularına aldırmayan ve kural tanımayan biriyle çalışmak istemez. Hiçbir toplum buzdolabından metaforik (ve gerçek) olarak dondurma çalan birini kabul etmez. Bunları öğrenmemiş çocukla alay edilir; gülünç düşürülür; yetişkin dünyada bu davranışı nedeniyle cezalandırılır ve bu da daha fazla acıya ve ıstıraba neden olur.

Ebeveynler çocuklarını başka bir şekilde de zora sokabilirler: Onları taciz ederler. Tacize uğrayan çocuk kendi acı ve haz yönelimli davranışlarının ötesine gelişemez, çünkü cezalandırılmasının mantıklı bir sırası yoktur ve daha derin, daha soyut değerlerin gelişmesi mümkün değildir. Tahmin edilebilecek başarısızlıklar yerine onun deneyimi rastlantısal ve zalimdir. Dondurmayı çalarsa başına aşırı derecede sert bir şey gelebilir. Bazen de hiçbir şey olmaz. Böylelikle hiçbir ders öğrenilmez. Daha üst değerler geliştirilmez. Gelişim sağlanamaz. Çocuk kendi davranışlarını kontrol etmeyi hiçbir zaman öğrenemez ve süregiden ıstırabıyla başa çıkacak mekanizmalar geliştiremez. Bu nedenle tacize uğramış ve aşırı şımartılmış çocuklar birer yetişkin oldukları zaman genellikle aynı sonuçla karşılaşırlar: Çocukluk değer sistemlerine sıkışıp kalırlar.

Son olarak da bir yetişkin olmak güven gerektirir. Çocuk davranışının öngörülebilir sonuçları olacağını bilmelidir. Çalmanın sonucu her zaman kötü olmalıdır. Sıcak sobaya dokunmak da kötü sonuçlara neden olur. Bu neticelere güvenebilmek çocuğun bunlar çevresinde kurallar ve ilkeler oluşturmasını sağlar. Bunun aynısı çocuk büyüyüp de topluma dahil olduğunda da geçerlidir. Güvenilir kurumları ya da liderleri olmayan bir toplumda kurallar ve roller gelişemez. Güven olmadan kararları dikte edecek güvenilir ilkeler de yoktur ve her şey geriye, çocukluk bencilliğine geri döner.

İnsanlar ergen değer sistemine çocukluk değer sistemine takılı kalmalarıyla aynı nedenle kısılırlar: travma ve/veya ihmal. Zorbalık mağdurları özellikle göz önünde bulundurulması gereken örneklerdir. Gençlik yıllarında zorbalık mağduru olmuş biri kimsenin onu koşulsuz olarak sevmeyeceğini ve saygı duymayacağını varsayar; tüm duygular pratik konuşmalar ve kurnaz eylemler aracılığıyla zorla kazanılmalıdır. Belli bir şekilde giyinmeniz, konuşmanız ve davranmanız gereklidir.

Bazı insanlar bu pazarlık oyununda çok gelişirler. Sevimli ve karizmatiktirler ve doğal olarak başkalarının onlardan istediklerini sezerek bu role uygun davranırlar. Bu manipülasyon onları anlamlı bir şekilde başarısızlığa uğratmaz ve dünyada düzenin böyle yürüdüğüne inanmaya başlarlar. Hayat büyük bir okul spor salonudur.

Ergenlere pazarlık yapmanın sonu olmayan bir döngü olduğunu öğretmek gerekir. Hayatta gerçek bir değeri ve anlamı olan şeyler koşulsuzdur, pazarlık ya da değiş-tokuşla ilgileri yoktur. Ergenin pazarlıklarına boyun eğmeyen iyi öğretmenlere ve ebeveynlere ihtiyacı vardır. Bunu en iyi ona örnek olarak, koşulsuzluğu kendiniz koşulsuz olarak öğretebilirsiniz. Bir ergene güvenmeyi öğretmenin en iyi yöntemi ona güvenmektir. Saygı duymayı öğretmenin en iyi yöntemi ona saygı duymaktır. Bir ergene sevmeyi öğretmenin en iyi yolu onu sevmektir. Onu sevmeye veya güvenmeye ya da saygı duymaya zorlamamalısınız – bunu yapmak bu şeyleri koşullu kılar; siz sadece bunları vermelisiniz; bir noktada onun pazarlıklarının işe yaramadığını göreceğine ve hazır olduğu zaman koşulsuzluğun değerini anlayacağına güvenmelisiniz.

Ebeveynlerin ve öğretmenlerin başarısız olmalarının nedeni kendilerinin ergen değerlerine sıkışmış olmalarıdır. Onlar da dünyayı bir alışveriş olarak görürler. Onlar da seks için sevginin, duygu için sadakatin, boyun eğme için saygının pazarlığını yaparlar. Aslında çocuklarıyla duygu, sevgi ya da şefkat için pazarlık yaparlar. Bunun normal olduğunu zannederler ve çocuk da bunun normal olduğunu sanarak büyür. Ve boktan, sığ, alışverişe dayalı ebeveyn-çocuk ilişkisi çocuk büyüyüp de dünyayla ilişki formları geliştirdiğinde sürer, çünkü o da bir öğretmen ya da ebeveyn olur ve kendi ergen değerlerini çocuğuna geçirir; tüm bu berbat şeyler bir nesil daha sürer.

Biraz büyüdükleri zaman bu ergen-zihinli insanlar tüm insani ilişkilerin bitimsiz bir ticaret anlaşması, samimiyetin iki kişinin karşılıklı çıkarlarını gözetme sanatından ibaret ve herkesin kendi bencil sonuçlarını elde etmek için bir araç olduğunu zannederek dünyaya çıkarlar. Ve kendi alışverişe dayalı yaklaşımlarının sorunlarının kökeni olduğunu göreceklerine, tek sorunun bu alışverişi doğru yapmayı anlamalarının uzun zaman alması olduğunu zannederler.

Koşulsuz davranmak zordur. Birini onun da sizi seveceğinden emin olamadan seversiniz, ama yine de seversiniz. Canınızın yanacağını bile bile birine güvenirsiniz. Çünkü koşulsuzluk belli bir dereceye kadar inanç gerektirir; daha fazla acıya neden olsa da, siz ya da karşınızdaki açısından işe yaramasa da inanç buradaki doğru şeydir.

Erdemli bir yetişkinlik için inanç sahibi olmak sadece acıya dayanma becerisiyle sınırlı kalmaz; umudu yitirmek ve daha iyi ya da hoş veya çok eğlenceli şeyleri sürekli arzulamaktan da vazgeçmek gerekir. Düşünen beyniniz size bunun mantıksız olduğunu söyler; varsayımlarınızın kaçınılmaz olarak bir şekilde yanlış olduğunu bildirir. Ama yine de yaparsınız. Hisseden beyniniz sert bir dürüstlüğü erteler ve acısından, birini sevmenin savunmasızlığından ve alçakgönüllülükten korkar. Ama yine de yaparsınız.

	ÇOCUKLUK	ERGENLİK	YETİŞKİNLİK
DEĞERLER	Haz/ıstırap	Kurallar ve roller	Erdemler
İLİŞKİLERİ GÖRME BİÇİMİ	Güç mücadeleleri	Performans	Savunmasızlık
KENDİLİK DEĞERİ	Narsisistik "ben en iyisiyim" ile "ben en kötüsüyüm" arasında geniş salınımlar	Başkasına bağımlı: değerini dışta bulan	Bağımsız: geniş anlamda değerini içte bulan
MOTİVASYON	Kendini büyütme	Kendini kabul etme	*Amor fati*
POLİTİKALAR	Ekstremist/ nihilist	Pragmatik ideolojik	Pragmatik ideolojik olmayan
BÜYÜMEK İÇİN İHTİYACI OLAN...	Güvenilir kurumlar ve güveneceği insanlar	Sonuçlardan bağımsız olacak cesaret ve koşulsuz davranışlara inanç	Tutarlı kendilik farkındalığı

Yetişkin davranışları son safhada hayranlık uyandırıcı ve değerli olmalıdır. Çalışanlarının hataları nedeniyle düşüşü üzerine alan patron; çocuklarınınki için kendi mutluluğundan vazgeçen anne; sizi üzecek olsa bile duymanız gerekeni söyleyen dost.

Bu insanlar dünyayı bir arada tutarlar. Onlar olmasaydı gerçekten boku yemiştik.

Dünyanın tüm büyük dinlerinin insanları bu koşulsuz

değerlere doğru yönlendirmeleri bir tesadüf değildir. Bu, Hz. İsa'nın koşulsuz bağışlayıcılığı ya da Buda'nın soylu sekiz yolu veya Hz. Muhammed'in kusursuz adaleti olabilir. En saf formlarında, dünyanın büyük dinleri, insanın yetişkin değerlerine doğru yukarı çeken umut içgüdüsünü dengelerler.

En azından orijinal niyetleri budur.

Ne yazık ki dinler genişledikçe kaçınılmaz olarak alışverişçi, ergen ve narsist çocuk değerlerinden yana olmuşlardır; insanlar kişisel çıkarları uğruna dini prensipleri saptırmışlardır. Her insan dini bir noktada bu ahlaki kırılganlığa boyun eğer. Doktrini ne kadar güzel ve saf olsa da sonunda insani bir kurumdur ve tüm insani kurumlar zamanla yozlaşır.

Aydınlanma filozofları büyümenin dünyaya sağlayacağı fırsatlardan heyecan duymuşlardır; spiritüelliği dinden çıkartarak işin ideolojik bir dinle yapılmasına karar vermişlerdir. Erdem fikrini bir kenara atarak yerine ölçülebilir, somut amaçlara odaklanmışlardır: daha fazla mutluluk ve az ıstırap yaratmak; insanlara daha fazla kişisel serbestlik ve özgürlük sunmak; şefkatin, empatinin ve eşitliğin promosyonunu yapmak.

Bu ideolojik dinler de tıpkı kendilerinden önceki spiritüel dinler gibi insan kurumlarının kusurlu doğasının kurbanı olmuşlardır. Mutluluk için değiş-tokuşa girişirseniz mutluluğu yok edersiniz. Özgürlüğü dayatırsanız onu inkâr edersiniz. Eşitlik yaratmaya uğraşırsanız eşitliğin altına mayın döşersiniz.

Bu ideolojik dinlerin hiçbiri eldeki ana konuyla uğraşmamışlardır: koşulsuzluk. Bundan söz etmezler ya da Tanrı değeriniz neyse bir noktada ona yaklaşmak için insan hayatını pazarlık konusu yapacağınızı itiraf etmezler. Doğaüstü bir tanrıya, soyut bir prensibe, dipsiz bir arzuya ibadet ederseniz ve bunu yeterince uzun yaparsanız bu ibadetin amaçları uğruna ya kendi insanlığınızdan ya da başkalarınınkinden vazgeçersiniz. Ve sizi ıstıraptan kurtarması beklenen şey bu kez gerisin geri ıstırap içinde bırakır. Umut-yıkım döngüsü yenilenir.

Ve Kant burada işin içine girer...

Hayatın Tek Kuralı

Hayatının erken döneminde Kant huzursuzluk veren hakikat karşısında umudu korumak için oynanan oyunları anlamıştı. Ve zalim kozmik oyunun farkına varan herkes gibi umutsuzluğa kapıldı. Ama oyunu kabul etmedi. Varoluşa kendiliğinden bir değer olmadığına inanmayı reddetti. Yaşamlarımıza rastlantısal bir anlam vermek için ebediyen hikâyeler uydurmak zorunda olduğumuza inanmayı reddetti. O çok kaslı düşünen beynini umutsuz bir değerin nasıl olacağını anlamak için işe koştu.

Kant basit bir gözlemle işe başladı. Tüm evrende gerçekten kıt ve özgün olan tek bir şey vardı: bilinç. Bizi tüm evrenden ayıran şey mantık yürütme becerimizdi – çevremizdeki dünyayı alıp mantık yürütme aracılığıyla onu iyileştirebilirdik. Bu onun için özel, son derece özeldi ve neredeyse bir mucizeydi, çünkü varlığın sonsuz yelpazesinde (bildiğimiz kadarıyla) bir tek *bizler varlığı yönlendirebilirdik*. Bilinen evrende bir tek bizler özgünlüğün ve yaratıcılığın özgün kaynaklarıydık. Bir tek bizler kaderimizi yönlendirebilirdik. Kendinin farkında olan bir tek bizler vardık. Ve bildiğimiz kadarıyla evrende akıllı bir kendini düzenleme mekanizmasına sadece bizler sahiptik.

Kant akıllı bir şekilde, mantıksal olarak evrendeki en üstün değerin *kendinden değer çıkartabilen şey* olduğu sonucuna vardı. Varoluşun tek hakiki anlamı *anlam oluşturabilme becerisiydi.* Tek önemli şey öneme karar verebilen şeydi.

Ve bu anlamı seçebilme yetisi, önemi hayal edebilme, amaç uydurabilme bilinen evrende kendini yayabilen tek güçtü; aklını yayabilir ve giderek artan seviyelerde organizasyonu evren içinde yaratabilirdi. Kant mantık olmazsa evrenin ziyan olacağını, boş ve amaçsız hale geleceğini düşünüyordu. Akıl ve bu aklı uygulayacak özgürlük olmadan bizler birer kayadan farksızdık. Kayalar değişmez. Değerleri, sistemleri ve organizasyonları yoktur. Farklılaşmazlar, iyiye gitmezler ya da yaratmazlar. Sadece *oradadırlar.*

Ama bilinç – bilinç evreni yeniden düzenleyebilir ve organizasyon artarak kendi üzerine eklenir. Bilinç bir sorunu, belirli miktarda karmaşık bir sistemi ele alarak daha *büyük bir karmaşa* yaratabilir. Bin yılda küçük bir mağarada oturmaktan milyarların aklını birbirine eklemleyen dijital hükümranlıklar inşa ettik. Başka bir bin yılda rahatça yıldızların arasında olabilir, gezegenlere ve alan/zamanın kendisine yeniden şekil verebiliriz. Şeylerin büyük şemasında her bireysel eylemin anlamı olmayabilir, ama mantıklı bilincin korunması ve promosyonu her şeyden önemlidir.

Kant'a kalırsa en temel ahlaki görevimiz hem kendimizdeki hem de başkalarındaki bilincin korunması ve büyümesiydi. Her zaman bilinci en öne geçiren bu prensibine "İnsanlık Formülü" adını verdi ve bir şekilde... yani; her şeyi her zaman açıklıyordu. Temel ahlaki kurumlarımızı açıklıyordu. Klasik erdem kavramını açıklıyordu. Gündelik yaşamlarımızda hayali bir umut vizyonuna takılmadan nasıl davranacağımızı açıklıyordu. Nasıl boktan biri olunmayacağını açıklıyordu.

Bu yeterli değilmiş gibi her şeyi tek bir cümlede açıklıyordu. İnsanlık Formülü şöyle der: "İnsanlığı, kendinde ve başkalarında hiçbir zaman sırf bir araç olarak değil, aynı zamanda hep bir amaç olarak görecek gibi eyle."

Bu kadar. İnsanlık Formülü insanları ergen pazarlıkçılığından yetişkin erdemine yönlendiren biricik ilkedir.

Umudun sorunu temelde alışverişe yatkın olmasıdır – hayali ve hoş bir gelecek için insanın şimdiki eylemleri arasındaki pazarlıktır. Bunu yemezsen cennete gidersin. Şu kişiyi öldürürsen başın belaya girer. Çok çalış ve paranı biriktir, çünkü bu seni mutlu edecektir.

Pazarlıkçı umudu aşmak için insanın *koşulsuz* davranması gereklidir. Birini bir karşılık beklemeden sevmelisiniz, yoksa bu hakiki sevgi değildir. Birine bir şey bekleyerek saygı gösterirseniz bu hakiki saygı değildir. Sırtınıza bir şaplak ya da adınızın yanına bir yıldız beklemeden dürüst konuşmalısınız; yoksa bu dürüstlük değildir.

Kant bu koşulsuz eylemleri bir tek ilkede toparladı: insanlığı hiçbir zaman sırf bir araç olarak değil, her zaman kendinde bir amaç olarak görecek şekilde eylemek.

Ama bu gündelik hayatta nasıl görünür? Basit bir örnek:

Diyelim ki açım ve bir tost istiyorum. Arabama atlayıp bir Meksika restoranına gidiyorum ve her zamanki beni çok mutlu eden çift kat jambonlu canavarı ısmarlıyorum. Bu durumda o tostu yemek benim "nihai" amacımdır. Diğer her şeyi bu nedenle yaparım: arabama binmek, onu sürmek, benzin almak... tostu almak için yaptığım tüm bu şeyler "araçtır";

"amacıma" ulaşmak için yapmam gereken şeyler.

Araçlar koşullu olarak yaptığımız şeylerdir. Onların pazarlığını yaparız. Arabama binmek ve onu sürmek, benzine para vermek istemezsem, ama tostu istersem onu yemek için başka şeyler yapmam gerekir.

Bir sonucu kendisi için isteriz. Kararlarımızın ve davranışlarımızın belirleyici motive edici etmenidir. Karım bir tost istediği ve onu mutlu etmek için tost yiyorsam o tost benim amacım değildir; daha büyük bir amacın aracıdır: karımı mutlu etmek. Ve ancak karımı mutlu edersem gece onu baştan çıkartabilirim; bunun da daha büyük bir amacı vardır ve bu durumda sekstir.

Sanırım son örnek kaşlarınızı çatmanıza neden oldu ve benim boktan biri olduğumu düşündünüz. Kant'ın sözünü ettiği de tam da *budur.* Onun İnsanlık Formülü'ne göre herhangi bir insana (ya da bilince) *başka bir amaca hizmet için* davranmak tüm yanlış davranışların temelidir. Yani bir tosta karımın amacına hizmet ederek davranmak iyidir. Arada bir karınızı mutlu etmek iyidir! Ama karımı sekse ulaşmak için araç olarak görürsem bu Kant'ın yazdığı gibi yanlışın bir tonudur.

Aynı şekilde yalan söylemek yanlıştır, çünkü bir başkasının bilinçli davranışını kendi amacınıza hizmet etmek için yanlış yönlendirirsiniz. Bu kişiye kendi amacınıza hizmet eden bir araç muamelesi yaparsınız. Başka bir mantıklı ve bilinçli varlığın beklentilerini kendi kişisel amacınız için saptırırsınız. Aynı testi yapan ya da kuralları izleyen herkese kendi kişisel amacınıza araç muamelesi yaparsınız. Şiddet de aynısıdır: Başka bir kişiye daha büyük bir politik ya da kişisel amacı gözeterek davranırsınız. Kötüdür okur, kötü!

Kant'ın İnsanlık Formülü sadece neyin kötü olduğuyla ilişkili ahlaki sezgilerimizi betimlemekle kalmaz, eylemleri ve davranışları kendileri için iyi olan yetişkin erdemlerini de açıklar. Dürüstlüğün kendisi iyidir, çünkü insanlara sadece araç gibi *davranmayan* tek iletişim şeklidir. Cesaret iyidir, çünkü kendinize ve başkalarına korkunuzu yatıştıracak bir araç olarak davranmazsınız. Alçakgönüllülüğün kendisi iyidir, çünkü başkalarına kendi amacınıza hizmet edecek şekilde davranacak körlüğün içine düşmezsiniz.

Tüm arzulanan insan davranışlarını tanımlamak için tek bir kural olsa İnsanlık Formülü muhtemelen bu kural olurdu. Ama güzelliği şuradadır: Öbür ahlaki sistemlerin ya da kodların tersine bu formül umuda yaslanmaz. Dünyaya dayatacak büyük bir sistem ya da inanç-temelli doğaüstü, kuşku ve kanıt yoksunluğundan korunan inançlar yoktur.

İnsanlık Formülü sadece bir prensiptir. Gelecekteki bir ütopyadan söz etmez. Cehennemi bir geçmişe ağıt yakmaz. Kimse bir diğerinden daha iyi ya da kötü veya daha haklı değildir. Tek önemli olan bilince saygı duyulması ve korunmasıdır. Hikâyenin sonu.

Çünkü Kant geleceğe karar verme ve onu dikte etme işine girişirseniz umudun yıkıcı potansiyelini serbest bırakacağınızı anlamıştı. İnsanları onurlandırmak yerine onları değişmeye zorlayacak ve kendi içinizdeki kötülüğü aramak yerine başkalarındakini yok etmeye girişecektiniz.

O bunun yerine dünyayı iyiye götürmenin tek mantıklı yolunun kendimizi iyiye götürmek olduğuna karar verdi – büyüyerek ve daha erdemli olarak, basit bir karar vererek ve her an kendimize ve başkalarına amaç gibi davranarak, asla araç olarak görmeyerek. Dürüst olalım. Aklımızı dağıtıp kendimize zarar vermeyelim. Sorumluluktan kaçmayalım ve korkuya boyun eğmeyelim. Açıkça ve korkusuzca sevelim. Umut dolu hayal kırıklıklarının kabile güdülerine kapılmayalım. Çünkü gelecekte bir şey yoktur. Sadece her an yaptığınız seçimler vardır.

Koşullu mu koşulsuz mu davranacaksınız? Başkalarına amaç olarak mı, araç olarak mı davranacaksınız? Çocuksu bir narsisizm içinde mi kalacaksınız, yoksa yetişkin değerlerini mi benimseyeceksiniz?

Umut burada denklemde bile değildir. Daha iyi bir hayatı umut etmeyin. Sadece daha iyi bir hayat *olun.*

Kant kendimize saygımızla dünyaya saygımız arasında doğrudan bir bağ olduğunu anlamıştı. Kendi ruhumuzla ilişkimiz başkalarıyla etkileşimimizde uyguladığımız bir şablondur ve kendimizle bir gelişme kaydetmeden başkalarıyla ilgili gelişme de kaydedemeyiz. Sadece haz ve basit tatmin peşinde bir hayat geçirirsek *kendimize* hazza giden yolda bir araç gibi davranırız. Bu nedenle kişisel gelişim daha fazla mutluluk değil daha fazla kendine saygıya uzanan yoldur. Kendimize değersiz ve boktan olduğumuzu söylemek bunları başkalarına söylemek kadar yanlıştır. Kendimize yalan söylemek başkalarına söylemek kadar etiğe aykırıdır. Kendimize zarar vermek bir başkasına zarar vermek kadar iğrençtir. Kendini sevmek ve özen göstermek pratik yaparak öğrenilecek bir şey değildir. Elinizde kalan tek şey bu olsa bile etik olarak içinize yerleştirmeniz gereken bir şeydir.

İnsanlık Formülü'nün dalga etkisi vardır: Kendinize daha dürüst olduğunuz zaman başkalarına da daha dürüst olacaksınız; sizin onlara dürüst olmanız onlara kendilerine daha dürüst olmak konusunda ilham verecek ve onların büyüyüp olgunlaşmasına yardım edecektir. Kendinize bir amaca hizmet eden araç gibi davranmadığınız zaman başkalarına da araç değil, amaç olarak davranacaksınız. Kendinizle ilişkinizi temizlemenin başkalarıyla ilişkilerinizi temizlemek gibi bir yan ürünü vardır ve bu onların da kendileriyle ilişkilerini temizlemesine yardım eder vs...

Dünyayı böyle değiştirirsiniz; her şeyi kapsadığını iddia eden bir ideolojiyle, bir kitle dinini benimseyerek ya da hayallerinizi yanlış bir şekilde geleceğe yerleştirerek değil, her bireyin şimdide ve burada olgunluğa ve ağırbaşlılığa kavuşmasıyla. Her zaman kültüre ve deneyime göre değişen farklı dinler, farklı değer sistemleri, nereden gelip nereye gittiğimize dair farklı fikirler olacaktır. Ama Kant'ın da inandığı gibi her andaki yalın vakar ve saygı sorunsalı evrensel olmalıdır.

Modern Olgunluk Krizi

Modern demokrasi ortalama insanın bencil ve hayalperest olduğu varsayımıyla icat edilmiştir ve bizi kendimizden korumanın tek yolu birbirine kilitli ve bağımlı bir sistem yaratarak bir kişinin ya da grubun nüfusun geri kalanını ağır bir yenilgiye uğratmasıdır.

Politika alışverişe dayalı ve bencil bir oyundur ve demokrasinin en iyi yönetim biçimi olmasının tek nedeni bunu açıkça ifade eden tek sistem olmasıdır. İktidarın yoz ve çocuk kalmış kişileri kendine çektiğini kabul eder. İktidar doğası gereği liderleri alışverişe zorlar. Bu nedenle bunu yönetmenin tek yöntemi sistemin tasarımına yetişkin değerleri dahil etmektir.

İfade özgürlüğü, basın özgürlüğü, özel hayatın korunması ve

adil yargılanma hakkı – bunların hepsi İnsanlık Formülü'nün sosyal kurumlara uyarlanmasıdır ve öyle uyarlanmışlardır ki tehdit edilmeleri ya da değiştirilmeleri son derece zordur.

Demokratik bir sistemi tehdit etmenin sadece bir yolu vardır: Bir grup kendi değerlerinin sistemden daha önemli olduğuna karar verirse demokrasi dinini bir başkasıyla, muhtemelen daha az erdemli bir dinle değiştirir... ve politik aşırılık artar.

Politik aşırılık yanlıları, zor kontrol edilebilen ve pazarlık eden kişiler oldukları için tanımları gereği çocuksudurlar. Bir sürü bebektir onlar. Aşırılık yanlıları dünyanın belli bir şekilde olmasını arzular ve kendilerininkinden başka herhangi bir değeri ya da çıkarı kabul etmezler. Kendi bencil değerlerinin ötesinde daha üst bir erdemi ya da prensibi kabul etmezler. Başkalarının beklentilerini yerine getirmeleri için onlara güvenilemez. Son derece otorite yanlısıdırlar, çünkü birer çocuk oldukları için güçlü bir ebeveynin devreye girip "her şeyi düzeltmesini" isterler.

En tehlikeli aşırılık yanlıları çocuksu değerlerini pazarlık diline ya da evrensel prensiplere tercüme edebilenlerdir. Sağcı bir aşırılık yanlısı her şeyden çok "özgürlük" istediğini ve bunun için fedakârlık yapmaya hazır olduğunu söyler. Ama asıl istediği kendi haritasında yer almayan değerlerle uğraşmak için özgürlüktür. Başka insanları marjinalleştirmek ya da değiştirmek için özgürlük ister. Kendi özgürlüğü adına başkalarınınkini kısıtlamaya ya da yok etmeye isteklidir.

Sol aşırı uç da aynı oyunu oynar, sadece dil farklıdır. Solcu bir aşırılık yanlısı herkes için "eşitlik" istediğini söyler, ama asıl söylediği kimsenin acı çekmesini, zarar görmesini ya da kendini aşağıda hissetmesini istemediğidir. Kimsenin ahlaki boşlukla karşılaşmasını istemez. Bu ahlaki boşlukları ortadan kaldırmak amacıyla başkalarına acı vermeye ve rakip olmaya hazırdır.

Sağda da solda da aşırılık son birkaç on yılda tüm dünyada politik olarak öne geçti. Birçok akıllı insan bu konuda bir sürü karmaşık ve üst üste binen açıklama yaptılar. Ve muhtemelen de bir sürü karmaşık ve üst üste binen neden vardır.

Ama bir tane daha öne sürmeme izin verin: *Kültürümüzün olgunluğu bozulmaktadır.*

Zengin ve gelişmiş dünyada, bir varlık krizi ya da maddi kriz içinde değiliz; karakter, erdem, araçlar ve amaçlar krizi yaşamaktayız. Temel politik hizipleşme artık yirmi birinci yüzyılda sol-sağ çekişmesi değildir; sağın ve solun güdüsel, çocuksu değerlerinin karşısında hem sağın hem de solun ödün veren ergen/yetişkin değerleri sorunudur. Komünizm karşısında kapitalizm, özgürlük karşısında eşitlik krizi değil olgunluk ve çocuksuluk, amaçlar ve araçlar krizi içindeyiz.

7

BÖLÜM

Istırap Evrensel Bir Sabittir

Araştırmacılar denekleri birer birer küçük bir odaya soktular. İçeride tek bir bej bilgisayar konsolu, siyah ekranı ve iki düğmeden başka bir şey yoktu.

Talimatlar basitti: Otur, ekrana bak ve mavi bir ışık noktası görürsen üzerinde "mavi" yazan düğmeye bas. Mor bir ışık görürsen de "mavi olmayan" yazana bas.

Kulağa kolay geliyor, öyle değil mi?

Her deneğin bin ışığa bakması gerekliydi. Evet, *bin*.

Bir denek işini bitirdiği zaman araştırmacılar başka bir deneği odaya alarak süreci tekrar ediyorlardı: bej konsol, siyah ekran, bir ışık noktası. Bir sonraki... Bu farklı üniversitelerden yüzlerce denekler tarafından tekrarlandı.

Bu psikologlar yeni bir psikolojik işkence türü mü araştırıyorlardı? Bu insan sıkıntısının sınırlarını araştırmak amacıyla mı yapılıyordu? Hayır, araştırmanın kapsamına saçmalığı son derece uygundu. Bu, sismik önermeler hakkında bir araştırmaydı, çünkü hafızalardaki herhangi bir akademik araştırmadan daha çok bugünün dünyasında gözlemlediğimiz şeyi açıklıyordu.

Psikologlar "yaygınlığın etkilediği kavram değişimi" adını verdikleri bir şeyi araştırıyorlardı. Ama bu bizim amacımız açısından son derece çirkin bir ad olduğundan ben keşiflerinden "mavi nokta etkisi" adıyla söz edeceğim.

Noktalarla ilgili mesele şuydu: Çoğu maviydi. Bazıları mordu. Bazıları da morla mavi arasında bir ışıktı.

Araştırmacıların bulgularına göre çoğunlukla mavi noktalar gösterdikleri zaman denekler hangi noktanın mavi olduğu, hangisinin olmadığı konusunda epeyce doğru sonuçlar veriyorlardı. Ama araştırmacılar mavi noktaları sınırladıklarında ve daha çok morun maviye çalan tonunu gösterdiklerinde denekler mor ışıklı noktaları mavi sanıyorlardı. Gözleri renkleri seçemiyor ve sayıları aslında ne olursa olsun belli bir sayıda mavi nokta arıyorlardı.

Tamam da, mesele, insanlar durmadan bir şeyleri görmeyi kaçırırlar, öyle değil mi? Ayrıca saatlerce ışıklı noktalara bakarsanız gözleriniz kamaşır ve başka başka şeyler görmeye başlarsınız, öyle değil mi?

Ama burada mesele mavi noktalar değildir; insanların algılarını beklentilerine nasıl uydurduklarının ölçülmesidir. Araştırmacılar laboratuvar çalışanlarını komaya sokacak kadar mavi nokta verisi topladıktan sonra daha önemli algılara geçtiler.

Örneğin deneklere bir dereceye kadar tehditkâr, dostça ya da tarafsız görünen suratlar gösterdiler. Önce epeyce tehditkâr surat resmi gösterdiler. Deney ilerledikçe mavi ışıklı noktalarda olduğu gibi bu suratları giderek azalttılar; aynı şey oldu: Tehditkâr suratlar azaldıkça denekler dostça ya da tarafsız yüzleri tehditkâr olarak yanlış okumaya başladılar. Sanki insanların beyninde görmeyi umdukları önceden verili bir mavi nokta sayısı olduğu gibi, görmeyi umdukları sayısı önceden belli tehditkâr surat vardı.

Araştırmacılar daha da ileri gittiler –neden olmasın–; ortada tehdit yokken tehdit görmek bir şeydir, peki ama ya ahlaki yargılar? Ya dünyada olduğundan daha fazla kötülük olduğuna inanmak?

Bu kez araştırmacılar deneklere iş ilanları okuttular. Bazıları etik değildi ve bulanık şeyler içeriyordu. Bazıları kusursuz ve iyiydi. Bazıları da ikisinin arasındaydı.

Bir kez daha işe etik olan ve olmayan ilanların bir karışımını göstererek başladılar ve etik olmayanlara karşı gözlerini açık tutmalarını istediler. Sonra giderek daha az sayıda etik olmayan ilan okutmaya başladılar. Bunu yaptıkça mavi ışıklı nokta etkisi kendini göstermeye başladı. İnsanlar son derece etik ilanları bile etik değil diye nitelediler. Daha fazla sayıda ilanın çitin etik tarafında yer aldığını fark etmektense insanların zihinleri *çitin yerini değiştirerek* bazı ilanların ve önerilerin etik olmadığı algısını korumaya yöneldi. Temelde yaptıklarının farkında olmayarak neyin etik olmadığını yeniden tanımlamışlardı.

Araştırmacıların not ettikleri gibi bu yanlılık... hemen her şeyde son derece sarsıcı önermelerin nedeniydi. Düzenlemeleri gözden geçirmek için tasarlanmış hükümet komiteleri, yasanın çiğnenmesinin yokluğunda bile sanki ortada bir kanunsuzluk varmış gibi algılarlar. Bir organizasyonun içindeki etik olmayan uygulamaları kontrol etmek için oluşturulmuş güçler, kötü şeyler için suçlanacak kötü insanlar olmadığında bile sanki varmış zannederler.

Mavi nokta etkisinin önermesine göre temelde, çevremiz ne kadar güvenli ve rahat olsa da ne kadar fazla tehdit ararsak o kadar fazla tehdit buluruz. Ve günümüzün dünyasında olan da budur.

Eskiden şiddet mağduru olmak, birinin size fiziksel olarak zarar vermesiydi. Bugün herkes *şiddet* sözcüğünü kendisini rahatsız eden sözcükler için ve hatta hoşlanmadıkları birinin varlığı için bile kullanır oldu. Travma mağdurun işlevlerine devam etmesini engelleyecek kadar ciddi bir deneyimken bugün tatsız bir sosyal karşılaşma ve birkaç saldırgan sözcük "travma" oldu ve "güvenli alanlara" ihtiyaç duyuluyor. *Soykırım* belli bir etnik ya da dini grubun kitle imhasıyken bazıları yerel lokantaların mönüsündeki bazı yemek adlarını İspanyolca yazmasını *beyaz soykırım* diye niteler hale geldi.

Bu mavi nokta etkisidir. İşler iyileştikçe ortada hiç tehdit yokken tehdit algılarız ve canımız sıkılır. Bu, gelişme paradoksunun kalbidir.

On dokuzuncu yüzyılda, Emile Durkheim, sosyolojinin ve erken dönem sosyal bilimlerin öncüsü, kitaplarından birinde bir düşünce deneyi yaptı: Ya suç olmasa? Herkesin son derece saygılı olduğu ve şiddetten uzak durduğu, herkesin eşit olduğu bir toplum olsa? Kimse yalan söyleyip birbirini incitmese? Yozlaşma olmasa? Ne olurdu? Çatışmalar ortadan kalkar mıydı? Stres buharlaşır mıydı? Mutlu insanlar kırlarda papatyalar toplayarak ve şarkı söyleyerek mi dolaşırlardı?

Durkheim hayır der; bunun tam tersi olur. Bir toplum ne kadar rahat ve etik olursa o kadar fazla küçük şeyler zihnimizde büyür ve göze batar. Herkes birbirini öldürmekten vazgeçse illa da bu konuda kendimizi iyi hissetmeyiz. Daha önemsiz konularda eşit derecede mutsuz oluruz.

Gelişmeci psikoloji de benzer bir şeyden söz eder: İnsanları sorunlardan ve rekabetten korumak onları daha mutlu ve güvenli yapmaz; daha kolay kendilerini güvensiz hissederler. Hiçbir mücadele ve adaletsizlikle karşılaşmadan büyüyen biri yetişkin hayatının en küçük tersliklerini dayanılmaz bulur ve bunu kanıtlamak için çocuksu bir öfkeye kapılır.

Demek ki sorunlarımıza verdiğimiz duygusal tepkiler sorunun boyutuyla belirlenmez. Zihnimiz deneyimlemeyi umduğumuz stres derecesine göre sorunlarımızı büyütür (ya da küçültür). Maddi ilerleme ve güvenlik illa da bizi rahatlatarak gelecekten umutlu olmamızı sağlamaz. Tam tersine belki de sağlıklı bir rekabeti ve mücadeleyi ortadan kaldırarak insanların daha fazla çabalamasına neden olur. Daha bencil ve çocuksu olurlar. Ergenlikte gelişip yetişkinliğe doğru yönelemezler. Herhangi bir erdeme kavuşamazlar. Küçük tepecikler onlara dağlar gibi gelir. Ve dünya sonsuz bir dökülmüş süt akıntısıymış gibi durmadan birbirlerine bağırırlar.

Istırapla Aynı Hızda Yolculuk Etmek

Yakın zamanda internette havalı bir Albert Einstein alıntısı okudum: "Bir insan ne olduğunu aramalıdır; olması gerektiğini düşündüğü şeyi değil." Çok iyiydi. Altında bilim insanı gibi görünen küçük bir resmi de vardı. Alıntı etkileyici ve kulağa akıllı geliyordu. Telefonumda bir sonraki şeye geçmeden önce biraz oyalanmamı sağladı.

Sadece bir tek sorun vardı: Bunu söyleyen Einstein değildi.

Ortalıkta çok dolaşan bir başka Einstein alıntısı da şudur:

"Herkes bir dâhidir. Ama bir balığı ağaca çıkma becerisiyle değerlendirirseniz hayatını bir aptal olduğuna inanarak geçirir."

Bu da Einstein'a ait değildir.

Şuna ne dersiniz? "Teknolojinin insanlığımızı ele geçireceği günden korkuyorum. Dünyada sadece bir aptallar nesli kalacak."

I-ıh, bu da onun değildir.

Einstein internette en fazla kötüye kullanılan figürdür. Kültürümüzün "akıllı arkadaşı" gibi bir şeydir; bizi olduğumuzdan daha akıllı göstermek için bizimle anlaşır gibi görünür. Kötü bir fotoğrafı Tanrı'dan akıl hastalıklarına ve enerji şifasına kadar her konudaki alıntılarının yanına yapıştırılır. Bunların hiçbirinin bilimle bir ilgisi yoktur. Zavallı adam mezarında ters dönüyor olmalı.

İnsanların projeleri Einstein'ın üzerine öyle şeyler saçar ki neredeyse efsanevi bir figür haline gelmiştir. Örneğin Einstein'ın matematikte zayıf olduğu bir yalandır. Küçük yaşında matematik ve fende çok başarılı bir öğrencidir; on iki yaşında tek bir yazda cebir ve Öklid geometrisi öğrenmiş, on üç yaşında yüksek lisans öğrencilerini bile bocalatan Immanuel Kant'ın *Saf Aklın Eleştirisi* adlı kitabını okumuştur. Kimilerinin ilk işlerine başladıkları yaşlarda deneysel fizik doktorası sahibi olmuştur, yani okul konusunda gayet iyidir.

Albert Einstein'ın ilk başlarda büyük ilhamları yoktu; sadece öğretmek istiyordu. Ama İsviçre'de genç bir Alman göçmeni olarak üniversitelerde iş bulamadı. Zamanla babasının bir arkadaşının yardımıyla bir patent ofisinde işe girdi; o kadar sıkıcı bir işti ki bütün gün oturup tuhaf fizik teorileri düşünüyordu – yakında dünyayı yerinden oynatacak olan teoriler.

1905 yılında izafiyet teorisini yayınlatınca dünya çapında üne kavuştu. Patent ofisinden ayrıldı. Aniden başkanlar ve hükümetlerin yöneticileri onunla takılmak istemeye başladılar.

Uzun ömründe Einstein, pek çok kez fiziğin devrim geçirmesini sağladı; Nazilerden kaçtı; ABD'yi nükleer silahlara duyulan ihtiyaç ve tehlikeleri konusunda uyardı ve dilini çıkarttığı çok ünlü bir fotoğrafın sahibi oldu. Ama bugün onu hiçbir zaman söylememiş olduğu bir sürü kusursuz internet alıntısıyla tanırız.

Newton'ın zamanında fizik her şeyin uzay ve zaman terimleriyle ölçülebileceğine temelleniyordu. Örneğin çöp tenekem şimdi benim yanımda duruyor. Uzayda özel bir konumu var. Onu alır da öfkeli bir ayyaş gibi odanın öte yanına fırlatırsam teorik olarak uzay içindeki konumunu zaman içinde hesaplayabiliriz; hızı, yörüngesi, momentumu ve duvarda açtığı gediğin büyüklüğü gibi bir sürü gerekli şeyi belirleyebiliriz. Bu değişkenler çöp tenekesinin zaman ve uzaydaki hareketini ölçerek hesaplanabilir.

Zaman ve uzay bizim "evrensel sabitler" adını verdiğimiz şeydir. Değişmezler. Her şeyin onlara bağlı olarak ölçülebileceği ölçütlerdir. Bu kulağa sağduyu gibi geliyorsa öyle olduğu içindir.

Sonra Einstein ortaya çıkıp şunu dedi: "Sağduyunuzu boş verin. Bir şey bildiğiniz yok Jon Snow (Taht Oyunları'ndaki karakterlerden biri)," ve dünyayı değiştirdi. Çünkü Einstein zamanın ve uzayın evrensel sabitler *olmadığını* ispatladı. Aslında uzay-zaman algımız gözlemlerimizin kapsamına bağlı olarak değişebiliyordu. Örneğin bana on saniye gibi gelen bir süreyi siz beş saniye gibi deneyimleyebilirdiniz; benim bir kilometrem size birkaç yüz metre gibi gelebilirdi.

LSD ile epeyce bir süre geçirmiş olan biri bu sonucun bir şey ifade ettiğini bilir. Ama o zamanların fizik dünyasında kulağa delilik gibi gelmişti.

Einstein uzayın ve zamanın gözleyene göre değiştiğini gösterdi – *göreceliydiler*. Evrensel sabit *ışık hızıydı*; her şey ona bağlı olarak ölçülebilirdi. Hepimiz sürekli hareket halindeydik ve ışık hızına yaklaştığımız ölçüde zaman "yavaşlıyordu"; bu, daha fazla uzay kontratı anlamına da gelir.

Örneğin, diyelim ki bir tek yumurta ikiziniz var. İkiz olduğunuz için elbette aynı yaştasınız. Galaksiler arası bir maceraya atılmaya karar verdiniz ve farklı uzay gemilerine bindiniz. Sizinkisi bir saniyede elli kilometre ile giderken ikizinizinki ışık hızına yakın, bir saniyede 299.000 km hızla gitsin. Bir süre uzayda dolandınız, bir sürü havalı şey yaptınız ve yirmi dünya yılı sonra buluşmaya karar verdiniz.

Eve döndüğünüz zaman şoke edici bir şey meydana gelmiştir. Siz yirmi yıl yaşlanmışken ikiziniz hemen hemen hiç yaşlanmamıştır. O da yirmi yıllığına "gitmiştir", ama uzay gemisinde bunu bir yıl gibi deneyimlemiştir.

Evet, ben de "Ne olmuş yani?" dedim.

Einstein'ın bir keresinde söylediği gibi: "Dostum, bunun bir anlamı bile yok." Ama vardır (ve Einstein bunu hiç söylemedi).

Einstein örneği önemlidir, çünkü evrende sabit ve stabil olduğunu varsaydığımız şeyin yanlış olabileceğini gösterir ve bu yanlış varsayımların dünyayı nasıl deneyimlediğimiz üzerinde dev bir etkisi vardır. Uzay ve zamanın evrensel sabitler olduğunu varsayarız, çünkü bu *bizim* dünyayı nasıl algıladığımızı açıklar. Ama evrensel sabitler değillerdir; bir başka gizemli, açık olmayan sabite göre değişebilen değişkenlerdir ve bu da her şeyi değiştirir.

Görecelilik hakkında bu baş ağrıtan açıklamalara giriştim, çünkü benzer bir şeyin bizim psikolojimizde de olduğunu düşünüyorum: Deneyimimizin evrensel sabiti olduğunu sandığımız şey hiç de sabit değildir. Ve gerçekten de doğru ve gerçek olduğunu varsaydığımız birçok şey algımız nedeniyle görecelidir. Psikologlar her zaman mutluluğu çalışmazlar. Aslında psikoloji, tarihinin çoğunda pozitife odaklanmamıştır; insanların ne kadar berbat durumda olduğuna, nelerin zihin hastalıklarına ve duygusal çöküşlere yol açtığına ve insanların en büyük acılarıyla nasıl başa çıkacaklarına odaklanır.

Ancak 1980'lerde birkaç öncü akademisyen kendilerine, "Dur bir dakika! Benim mesleğim bir şekilde moral bozucu. İnsanları ne mutlu eder? Hadi bunun üzerinde çalışalım!" demiştir. Bu çok benimsendi, çünkü hemen ardından düzinelerce "mutluluk" kitabı rafları doldurdu ve milyonlarcası sıkılmış, korkmuş, varoluşsal krizler içindeki orta sınıfa satıldı.

Psikologlar mutluluk üzerinde çalışmaya başladıkları zaman ilk yaptıkları bir anket düzenlemek oldu. Büyük insan gruplarına çağrı cihazları verdiler –unutmayın, 1980'lerden, 90'lardan söz ediyoruz– ve ne zaman cihaz çalsa ankete katılanlar duracak ve şu iki sorunun yanıtını yazacaktı:

1. Ondan bire kadar bir ölçekte o anda ne kadar mutluydu?

2. Hayatında ne oluyordu?

Araştırmacılar hayatın her dönemindeki yüzlerce kişiden binlerce reyting aldılar ve hem şaşırtıcı hem de son derece sıkıcı bir sonuç gördüler: Hemen herkes genellikle "7" yanıtını vermişti. Bakkalda süt alırken? Yedi. Oğlumun futbol maçında? Yedi. Patronuma bir müşteriye büyük bir satış yapmaktan söz ederken? Yedi.

Felaketler meydana geldiğinde de –annenin kanser olması, evin kredi borcunun bir taksitini ödeyememek, küçük çocuğun tuhaf bir maçta kolunu kaybetmesi– mutluluk seviyesi bir süreliğine 2-5 aralığına düşüyor ve bir süre sonra yeniden yedi oluyordu.

Bu, işte bonus almak, hayalleri kurulan bir tatile çıkmak, evlilikler gibi son derece pozitif durumlarda bir süreliğine yükseliyor, sonra öngörüleceği gibi tekrar yediye dönüyordu.

Bu araştırmacıları büyüledi. Kimse sürekli mutlu ya da mutsuz değildi. İnsanlar dış koşullardan bağımsız olarak hafif, ama tam da tatmin edici olmayan bir mutluluk durumunda yaşıyorlardı. Başka bir şekilde ifade edersek işler genellikle fena değildi, ama her zaman daha iyiye gidebilirlerdi.

Hayat yedi seviyesindeki mutluluğumuz çevresinde inip çıkıyordu. Ve bu sürekli yedi bize küçük bir oyun oynadığı için ardı ardına düşüyorduk.

Oyun beynimizin bize söylediğiydi: "Biliyor musun, birazcık daha olsaydı sonunda ona çıkabilir ve orada kalabilirdim."

Çoğumuz hayatının çoğunu sürekli hayalindeki onun peşinde geçirir.

Daha mutlu olmak için yeni bir işe ihtiyacım var dersiniz ve yeni bir işe girersiniz. Birkaç ay sonra yeni bir evin sizi mutlu edeceğini düşünür ve yeni bir ev alırsınız. Birkaç ay sonra da bir deniz tatili harika olacaktır ve muhteşem bir tatile çıkarsınız. Sonra "Neye ihtiyacım var, biliyor musun? *Bir kokteyl!* Burada *kokteyl* bulamaz mıyım?!" diye strese girersiniz, çünkü o kokteylin sizi ona çıkartacağını düşünürsünüz. Ama kokteylinizi bitirdikten sonra bir başkasını ısmarlarsınız, sonra bir üçüncü ve sonra... ne olacağını bilirsiniz: Akşamdan kalma olarak ve üç seviyesinde uyanacaksınız.

Einstein'ın bir keresinde tavsiye ettiği gibi: "Şeker karışımlı kokteyllerle sarhoş olmayın; içki âlemine gidecekseniz size yanınıza alka-seltzer almanızı öneririm ya da gerçekten zengin biriyseniz belki de iyi bir şampanya."

Hepimiz kendimizin evrensel sabit olduğuna inanırız; değişmediğimize ve deneyimimizin hava gibi değiştiğine. Bazı günler iyi ve güneşli, bazıları da bulutlu kötüdür. Gökyüzü değişir, ama biz aynı kalırız.

Bu doğru değildir ve hakikat bunun tersidir. Istırap hayatın değişmez sabitidir. Ve insan algısı ve beklentileri kendilerini önceden belirlenmiş bir ıstıraba uyacak şekilde donatır; göklerimiz ne kadar güneşli olursa olsun zihnimiz her zaman hafif bir şekilde hayal kırıklığına uğrayacak kadar bulut hayal eder.

Bu ıstırap sabiti "hedonik koşu bandı" adı verilen şeyde son bulur; hayali onunuzun peşinde koşar durursunuz. Ama ne yaparsanız yapın elinizde yedi kalır. Acı her zaman vardır. Tek değişen onu nasıl algıladığınızdır. Hayatınız "iyiye gittiği anda" beklentileriniz kayar ve yeniden hafif tatminsiz olursunuz.

Ama acı başka yönlerde de çalışır. Büyük dövmemi yaptırışımı hatırlıyorum; ilk birkaç dakika son derece acı duydum, sekiz saat bu şeye nasıl dayanacağıma inanamadım. Ama üçüncü saatin sonunda dövme sanatçısı çalışırken uyuyakaldım.

Hiçbir şey değişmemişti; aynı iğne, aynı kol, aynı sanatçı. Ama algım değişmişti, acı normal gelmeye başlamıştı ve içimdeki yediye geri dönmüştüm.

Bu, mavi nokta etkisinin bir başka permütasyonudur. Bu, Durkheim'ın "kusursuz" toplumudur. Bu, Einstein'ın psikoloji remiksli göreceliliğidir. Bu, hayatında fiziksel şiddet yaşamamış birinin aklını yitirerek bir kitaptaki birkaç rahatsızlık veren cümleyi "şiddet" olarak nitelemesidir.

Mavi nokta etkisi her yerdedir. Tüm algıları ve yargıları etkiler. Her şey kendini bizim hafif tatminsizliğimize göre ayarlar ve şekillenir.

Ve mutluluğun peşinde koşmanın sorunu da *buradadır.*

Mutluluk peşinde koşmak modern dünyanın bir değeridir. Sizce Zeus insanların mutlu olup olmamasına aldırıyor muydu? Eski Ahit'in Tanrısının insanları mutlu etmek gibi bir tasası var mıydı? Hayır, onlar insanların etlerini yiyecek çekirge sürüleri göndermeyi planlamakla fazlasıyla meşguldüler.

Eski günlerde hayat zordu. Sürekli açlıklar, salgın hastalıklar ve seller vardı. Nüfusun çoğu ya köleydi ya da bitmeyen savaşlarda asker; geri kalanı geceleri şu ya da bu tiran için birbirlerinin boğazını kesmekle meşguldü. Ölüm her yerde kol geziyordu. Çoğu insan otuz yaşından fazla yaşamıyordu. Ve insanlık tarihinin çoğunda insanların büyük çoğunluğu için işler böyleydi: bokluklar ve zona ve açlık.

Bilim öncesi dünyada ıstırap kabul gören bir olgu olmakla kalmıyor, genellikle kutlanıyordu da. Kadim dünyanın filozofları mutluluğu bir erdem olarak görmüyorlardı. Tam tersine, insanın kendini inkâr etme kapasitesini bir erdem olarak görüyorlardı, çünkü kendini iyi hissetmek arzulanır olduğu kadar da tehlikeliydi. Bunda da haklıydılar, çünkü sersemin birinin ortaya çıkması bir an sonra kentin yarısının yanmış olduğunu görmesine yetiyordu. Einstein'ın söylemediği gibi: "İçerken meşalelerle oynamayın, yoksa bu, gününüzü cehenneme çevirir."

Bilim ve teknoloji çağına kadar mutluluk "bir şey" değildi. İnsanlık hayatın iyiye gideceği yöntemleri keşfettikten sonra sorulan ilk mantıklı soru, "Neyi iyileştirmeliyiz?" oldu. Zamanın birçok filozofu insanlığın nihai amacının mutluluğun promosyonunu yapmak olduğuna karar verdiler; yani acıyı azaltmak.

Bu yüzeyde kulağa iyi ve soylu geliyordu. Kim biraz ıstıraptan kurtulmak istemez? Hangi herif *bunun* kötü bir fikir olduğunu öne sürecektir?

O herif benim, çünkü bu kötü bir fikirdir.

Çünkü ıstıraptan kurtulamazsınız; ıstırap insanlık koşulunun evrensel sabitidir. Bu nedenle ıstıraptan kurtulma girişimi, insanın kendini *tüm* zararlardan koruması sadece geri tepebilir. Istıraptan kurtulmaya çalışmak sadece ıstıraba olan duyarlılığınızı artırır, ıstırabınızı hafifletmez. Her yerde tehlikeli hayaletler görmeye, her otoritede zulüm ve baskı sezmeye, her sarılışın ardında nefret ve hayal kırıklığı aramaya başlarsınız.

Ne kadar gelişme kaydedilirse edilsin, hayatlarımız ne kadar barışçıl, rahat ve mutlu olursa olsun, mavi nokta etkisi bizi belli bir miktarda ıstırap ve tatminsizlik ile vurur. Piyangoda milyonlar kazananlar uzun vadede mutlu olmazlar. Ortalamada aynı şekilde hissetmeye başlarlar. Korkunç kazalarda sakatlananlar uzun vadede daha mutsuz olmazlar. Onlar da ortalamada aynı şekilde hissetmeye başlarlar.

Çünkü ıstırap hayatın kendisinin deneyimidir. Pozitif duygular geçici olarak ıstırabı ortadan kaldırır; negatifler de geçici olarak artırır. Birinin ıstırabını uyuşturmak demek tüm duygularını ve hislerini uyuşturmak demektir. Bu, yaşamaktan sessizce vazgeçmekle eşanlamlıdır.

Ya da bir kez Einstein'ın harika bir şekilde söylediği gibi:

Bir derenin hiçbir engelle karşılaşmadığı sürece rahat bir şekilde akması gibi insan ve hayvan doğası da öyledir ki asla neyin irademiz için hoş olduğunu fark etmez ya da onun bilincinde olmayız; bir şey hissedersek irademiz şaşırır, bir tür şok deneyimler. Öte yandan irademize ters düşen, onu hayal kırıklığına uğratan ve ona direnen her şey, yani tatsız ve ıstıraplı olan her şey kendini bize hemen, doğrudan ve büyük bir açıklıkla dayatır. Örneğin tüm bedenimizin sağlığının bilincinde olmayız, ama ayakkabımız ayağımızı vursa başarılı etkinliklerimizin bütünlüğünü düşüneceğimize bizi rahatsız eden şu ya da bu önemsiz şeye kafamızı takarız.

Tamam, bunu Einstein söylemedi. Kendisi de bir Alman olan ve saçı komik görünen Schopenhauer söyledi. Anafikir sadece ıstırap deneyiminden kaçınmanın mümkün olmadığı değil, ıstırabın kendisinin deneyim olduğudur.

Bu nedenle umut son safhada kendine karşı yıkıcıdır *ve* kendini sürdürür: Neleri başarırsak başaralım, ne kadar huzura ve zenginliğe kavuşursak kavuşalım, zihnimiz hemen beklentilerini sabit bir terslik duygusuna göre ayarlayacaktır ve böylelikle devam etmemizi sağlayan yeni bir umudun, dinin, çatışmanın formülasyonuna zorlanacaktır. Tehditkâr yüzlerin olmadığı yerde tehditkâr yüzler görürüz. Etik olmayan iş önerileri olmadığı halde bunları görürüz. Günümüz ne kadar güneşli olursa olsun gökyüzünde bir bulut buluruz.

Bu nedenle, mutluluğun peşinde koşmak sadece kendine karşı yıkıcı değil olanaksızdır da. Sırtınıza bağlanmış bir sopanın ucundaki havucun peşinden gitmeye benzer. İleriye gittikçe daha fazla ileriye gitmeniz gerekir. Havuç eğer amacınızsa ister istemez sizi oraya ulaştıracak araçlara başvurursunuz. Ve mutluluğun peşinde koşarak paradoksal biçimde onu daha ulaşılmaz kılarsınız.

Mutluluk peşinde koşmak uzun zamandır kültürümüzü tanımlayan zehirli bir değerdir. Kendine karşı yıkıcı ve yanlış yönlendiricidir. İyi yaşamak ıstıraptan kaçınmak demek değildir; doğru nedenlerle ıstırap çekmek demektir. Eğer sadece var olduğumuz için ıstırap çekmeye zorlanacaksak iyi bir şekilde ıstırap çekmeyi de öğrenebiliriz.

Hayattaki Tek Seçenek

1954 yılında, neredeyse yetmiş beş yıllık işgalin ve yirmi yıllık savaşın ardından, Vietnamlılar sonunda Fransızları ülkelerinden kovmayı başardılar. Bu tam anlamıyla iyi bir şeydi. Tek kötü şey liberal ve kapitalist Batılı güçlerle komünist Doğu Bloğu arasında küresel bir dini savaş olan Soğuk Savaş'tı. Ve Ho Chi Minh, Fransızların kıçına tekmeyi basan adam bir komünist çıkınca herkes korktu ve bunun 3. Dünya Savaşı'nı başlatacağını düşündü.

Büyük bir savaştan korkan bir grup devlet lideri İsviçre'de şık bir masanın çevresinde toplandılar ve nükleer silahları yok etme bölümünü atlayarak dosdoğru Vietnam'ı ortasından ikiye bölmeye karar verdiler. Kimseye bir zararı dokunmamış olan bir ülkenin neden ikiye bölünmeyi hak ettiğini bana sormayın. Ama belli ki herkes Kuzey Vietnam'ın komünist, Güney Vietnam'ın kapitalist olmasına karar vermişti. Herkes mutlu mutlu yaşayabilirdi artık.

(Tamam, belki de yaşayamazdı.)

Sorun şuydu: Batılı güçler Ngo Dinh Diem adında bir adamı Güney Vietnam'dan seçimler yapılana kadar sorumlu tuttular. Başta herkes bu Diem'i seviyordu. İnançlı bir Katolik'ti, Fransız eğitimi almıştı, bir süre İtalya'da yaşamıştı, birçok dili konuşuyordu. Onunla tanışan ABD Başkan Yardımcısı Lyndon Johnson, Diem'i "Asya'nın Winston Churchill'i" olarak niteledi; bizden biriydi yani!

Diem aynı zamanda karizmatik ve hırslıydı. Sadece Batılı liderleri değil Vietnam İmparatoru'nu da etkiledi. Diem güvenle kendisinin sonunda Güneydoğu Asya'ya demokrasi getireceğini bildirdi. Herkes de ona inandı.

Böyle olmadı. İktidara geldikten bir yıl sonra Diem kendisininki hariç tüm politik partileri yasaklattı. Ülkede referandum zamanı geldiği zaman seçim bölgelerinin sorumlusu olarak kardeşini atadı. Buna inanamayacaksınız ama Diem seçimleri kazandı! Üstelik de oyların akıllara ziyan %98.2'siyle!

Bu Diem denilen adamın bokun teki olduğu ortaya çıktı. Kuzey Vietnam'ın lideri olan Ho Chi Minh de boktan biriydi elbette. Ve ben üniversitede bir şey öğrendiysem jeopolitik teorinin ilk kuralı şudur: İki boktan insan birbirlerine komşu olarak yaşarsa milyonlarca insan ölür.

Ve böylelikle Vietnam iç savaşa sürüklendi.

Size Diem hakkında şaşırtıcı bir şey söylemek isterdim, ama şu bildiğiniz zorbalardan biriydi. Yönetimi aile bireyleri ve yoz serserilerle doldurdu. Ülke açlık içindeyken ve binlerce insan ya göç ederken ya da açlıktan ölürken o ve ailesi şaşaalı bir lüks içinde yaşıyorlardı. O kadar kendini beğenmiş ve beceriksizdi ki ABD Güney Vietnam'ın çökmemesi için kademeli olarak müdahale etmeye başladı; bu da Amerikalıların Vietnam Savaşı dedikleri şeyi başlattı.

Ama Diem ne kadar boktan biri olursa olsun Batılı güçler adamlarının tarafını tuttular. Neticede onlardan biri, liberal kapitalist dinin bir neferiydi ve komünist kıyımı karşısında sağlam durmuştu. Diem'in onların diniyle kendisininki kadar ilgili olmadığını öğrenmeleri yıllar sürdü ve sayısız can aldı.

Birçok zorba gibi Diem'in de en sevdiği zaman geçirme etkinliklerinden biri kendisiyle hemfikir olmayanları bastırmak ve öldürmekti. Bu durumda Diem inançlı bir Katolik olduğu için Budistlerden nefret ediyordu. Sorun Vietnam'ın o sıralarda hemen hemen %80'inin Budist olmasıydı ve bu durum nüfusa pek uymadı. Diem Budizm'le ilişkili flamaları ve bayrakları yasakladı. Budist tatillerini yasakladı. Budist topluluklara hükümet hizmetlerini götürmeyi kabul etmedi. Ülkedeki tapınakları yağmalattı ve yıktırdı; yüzlerce Budist keşiş sefil oldu.

Budist keşişler barışçıl protestolar düzenlediler, ama elbette bunlar bastırıldı. Daha büyük protestoları Diem yasadışı ilan etti. Polis kuvvetleri Budistlerden dağılmalarını istediğinde ve Budistler kabul etmediğinde polis üzerlerine ateş açtı. Ve barışçıl bir yürüyüşte silahsız keşişlere el bombalarıyla saldırdılar.

Batılı gazeteciler bu dini baskının süregittiğini biliyorlardı, ama ilk olarak Kuzey Vietnam'la süren savaşla ilgiliydiler ve bu öncelikleri değildi. Pek azı sorunun gerçek boyutlarının farkındaydı ve daha da azı bunu haber yapmakla ilgilenmişlerdi.

Derken 10 Haziran 1963 tarihinde gazetecilere bir sonraki gün Saigon'da, başkanlık sarayına birkaç blok ötedeki kalabalık bir kavşakta "önemli bir şey" olacağına ilişkin şifreli bir mesaj geldi. Gazeteciler bunun üzerinde durmayarak gitmemeye karar verdiler. Ertesi gün az sayıdaki gazetecinin yanında sadece iki fotoğrafçı oraya gitme zahmetine girmişti ve birisi de fotoğraf makinesini unutmuştu.

Öteki Pulitzer Ödülü'nü kazandı.

O gün bayraklarla süslü küçük bir turkuvaz araba birkaç yüz keşiş ve rahibeden oluşan, dini özgürlük isteyen grubun başını çekiyordu. Keşişler şarkı söylüyorlardı. İnsanlar durup yürüyüşü izlediler, sonra işlerine döndüler. Kalabalık bir günde kalabalık bir caddeydi. Ve bu noktada Budist protestoları yeni bir şey değildi.

Grup Kamboçya konsolosluğunun önündeki kavşağa varınca durdu; kavşağın tüm trafiği tıkanmıştı. Rahipler turkuvaz arabanın çevresinde yarım daire biçiminde oturdular; sessizce bakıyor ve bekliyorlardı.

Arabadan üç keşiş çıktı. Biri kavşağın merkezine yere bir yastık koydu. İkinci rahip, Thich Quang Duc adında daha yaşlı bir adam yastığa gitti, lotus pozisyonunda oturdu, gözlerini yumdu ve meditasyon yapmaya başladı.

Arabadaki üçüncü keşiş bagajı açtı ve bir bidon benzin çıkardı, Quang Duc'un oturduğu yere taşıdı ve başından aşağı benzini döktü; yaşlı adam yakıt içinde kaldı. İnsanlar ağızlarını kapattılar. Bazıları yüzünü ve kokudan sulanmaya başlayan gözlerini örttüler. Kalabalık kent kavşağına uğursuz bir sessizlik çökmüştü. Yayalar durdu. Polis ne yaptığını unuttu. Havada bir ağırlık vardı. Önemli bir şey olacaktı. Herkes bekliyordu.

Benzine batmış entarisi ve ifadesiz yüzüyle Quang Duc kısa bir dua etti, uzandı, bir kibrit aldı ve lotus pozisyonunu bozmadan ya da gözlerini açmadan asfalta sürtüp kendini yaktı.

Ânında çevresinde bir ateş duvarı yükseldi; entarisi, bedeni yanmaya başladı, teni simsiyah oldu. Yanmış et, yakıt ve dumandan oluşan iğrenç bir koku havayı sardı. Kalabalıktakiler çığlıklar attı, çoğu dizlerinin üzerine çökerek dengesini tümden yitirdi. Bazıları da taş kesmiş, şok içinde, olan bitenler nedeniyle hareket edemez hale gelmişti.

Quang Duc yanarken tamamen hareketsiz kaldı.

New York Times'ın muhabiri David Halberstam sonra sahneyi şöyle betimlemişti: "Ağlayamayacak kadar şoke olmuştum; ne düşünebiliyordum ne de not alıp soru sorabiliyordum... yanarken tek bir kasını bile oynatmadı, bir ses çıkarmadı; duruşu çevresindeki ağlayan insanlarınkiyle tam bir tezat içindeydi."

Quang Duc'un kendini yakışının haberi hemen yayıldı ve dünyadaki milyonlarca insanı öfkelendirdi. O gece Diem radyodan ulusa hitap etti; olaydan çok sarsılmış olduğu sesinden anlaşılıyordu. Budist liderlerle yeniden pazarlığa başlamak ve barışçıl bir çözüm bulmak için ülkesine söz verdi.

Ama çok geçti. Diem bu olayı toparlayamadı. Neyin nasıl değiştiğini söylemek zordu, ama hava değişmişti ve sokaklar daha canlıydı. Bir kibrit çakışıyla ve bir kamera sesiyle Diem'in ülke üzerindeki demir yumruğu zayıflamıştı ve bunu Diem de dahil herkes hissedebiliyordu.

Sonra binlerce insan iktidara karşı ayaklanarak sokaklara döküldü. Askeri komutanlar onun sözünü dinlememeye başladılar. Danışmanları ona karşı çıktı. Zamanla ABD bile ona verdiği desteği haklı gösterememeye başladı. Başkan Kennedy, Diem'in en üst düzey generallerinin onu görevden almasını onayladı.

Yanan keşişin imgesi bir baraj duvarını yıkmıştı ve kısa sürede ortalığı sel bastı.

Birkaç ay sonra Diem ve ailesi öldürüldüler.

Quang Duc'un ölümünün fotoğrafları sosyal medya diye bir şey yokken tüm dünyaya yayıldı. İmge bir şekilde insani Rorschach testine dönüştü ve herkes bu imgede kendi değerlerini görüp bunları yansıtmak için mücadeleye girişti. Rusya ve Çin'deki komünistler yandaşlarını Batı'nın kapitalist emparyalistlerine karşı harekete geçirmek için bu fotoğrafları yayınladılar. Avrupa Doğu'daki vahşet için ayağa kalktı. ABD'deki savaş karşıtı protestocular fotoğrafı Amerika'nın savaştaki rolünü protesto etmek için kullandılar. Muhafazakârlar ise ABD müdahalesinin gerekliliğinin kanıtı olarak kullandılar. Başkan Kennedy bile "tarihte hiçbir fotoğrafın dünyada bu kadar duygu seline neden olmadığını" söylemek zorunda kaldı.

Quang Duc'un kendini yakmasının fotoğrafı insanlarda ilksel ve evrensel bir şeyi tetiklemişti. Bu politika ya da dinin ötesindeydi. Yaşanmış deneyimimizin çok daha temel bir bileşenine dokunmuştu: inanılmaz derecede büyük acılara dayanabilme yetisi. Ben bir yemekte bile birkaç dakikadan fazla hareketsiz oturamam. Bu adamsa canlı canlı yanmış ve kılını kıpırdatmamıştı. Gözünü kırpmamıştı. Çığlık atmamıştı. Gülümsememiş, ürpermemiş, ardında bırakmaya karar verdiği dünyaya son kez bakmak için gözlerini açmamıştı.

Eyleminde bir saflık vardı; ve mutlak bir kararlılık gösterisiydi. Zihnin madde, iradenin içgüdü üzerindeki gücünün son kertedeki örneğiydi bu.

Ve ne kadar dehşet verici olursa olsun, bir şekilde... ilham vericiydi.

2011'de Nassim Taleb adını kendi koyduğu bir kavram hakkında yazdı: "Anti-kırılganlık". Taleb'e kalırsa bazı sistemlerin stres altında *zayıflaması* gibi, bazıları da dış güçlerden kaynaklanan stres altında *güç kazanıyordu.*

Bir vazo kırılgandır. Kolayca parçalanır. Klasik bankacılık sistemi kırılgandır, politika ve ekonomideki beklenmedik bir kayma çökmesine neden olur. Belki kayınvalidenizle ilişkiniz de kırılgandır; söylediğiniz her şey sövgülere ve dramlara neden olacak şekilde patlamasına neden olur. Kırılgan sistemler ergen duygularının güzel küçük sistemleri gibidir: Sürekli korunmaları gerekir.

Bir de sağlam sistemler vardır. Bunlar değişime de dayanırlar. Bir vazo kırılganken ve üfleseniz parçalanırken bir petrol varili son derece sağlamdır. Haftalarca oraya buraya atar durursunuz ve hiçbir şey olmaz. Yine o eski petrol varilidir.

Bir toplum olarak zamanımızın ve paramızın çoğunu kırılgan sistemleri daha sağlam hale getirmeye harcarız. İşinizin daha sağlam olması için iyi avukatlar tutarsınız. Hükümetler finans sisteminin daha sağlam olması için düzenlemeler yaparlar. Trafik ışıkları ve mülkiyet hakları gibi toplumu daha sağlamlaştıracak kurallar ve yasalar yaparız.

Ama Taleb şöyle der: Üçüncü bir sistem tipi daha vardır, o da "anti-kırılgan" sistemdir. Kırılgan bir sistem kırılırken ve sağlam bir sistem değişime dayanırken anti-kırılgan sistem stres kaynaklarından ve dış baskılardan *kazanır.*

Yeni kurulmuş işler anti-kırılgan işlerdir: Hızla başarısızlığa uğrayacak ve bu başarısızlıklardan kazanacak yöntemler ararlar. Uyuşturucu tüccarları da anti-kırılgandırlar: İşler ne kadar boka sararsa insanlar o kadar bok yemeyi isterler. Sağlıklı bir aşk ilişkisi anti-kırılgandır: Talihsizlikler ve ıstıraplar ilişkiyi zayıflatacağına güçlendirir. Gaziler sık sık savaş kaosunun askerler arasında hayatlarını değiştiren ilişkiler kurup güçlendirmesinden söz ederler; bu kaos bu bağların çözülmesine neden olmaz.

İnsan bedeni nasıl kullandığınıza bağlı olarak iki yöne de gidebilir. Poponuzu kaldırır ve aktif olarak acıyı ararsanız beden anti-kırılgandır; bunun anlamı siz ona yüklendikçe onun daha sağlam olacağıdır. İdman ve fiziksel çalışmayla kaslarınızı ve kemik yoğunluğunuzu artırır, dolaşımınızı iyileştirir ve gerçekten güzel bir popo sahibi olursunuz. Ama stresten ve ıstıraptan kaçınırsanız (örneğin bütün gün koltukta yatıp TV izlerseniz) kaslarınız zayıflar, kemikleriniz kırılganlaşır ve zayıflarsınız.

İnsan zihni de aynı prensiple çalışır. Nasıl kullandığınıza bağlı olarak kırılgan ya da anti-kırılgan olabilir. Kaos ve düzensizlik zamanlarında zihnimiz bundan bir anlam çıkarmaya çalışır; ilkeler oluşturur, zihinsel modeller yaratır, geçmişi değerlendirir ve geleceği öngörür. Buna "öğrenme" denir ve bizi daha iyi yapar; başarısızlık ve düzensizlikten kazanmamıza olanak verir.

Ama ıstıraptan, stres, kaos, trajedi ve düzensizlikten kaçınırsak zayıflarız. Gündelik engellere toleransımız azalır ve hayatımız dünyanın bir kerede başa çıkabildiğimiz küçük bir parçasına sıkışır.

Çünkü ıstırap evrensel sabittir. Hayatınız ne kadar "iyileşse" ya da "kötüleşse" de ıstırap her zaman olacaktır. Ve zamanla yönetilebilir hale gelecektir. Soru, tek soru buna razı olup olmamanızdır. Istıraba razı mı olacaksınız, yoksa ondan kaçınacak mısınız? Kırılganlığı mı, anti-kırılganlığı mı seçeceksiniz?

Yaptığınız ve olduğunuz, özen gösterdiğiniz her şey bu seçimin bir yansımasıdır: ilişkileriniz, sağlığınız, işteki sonuçlarınız, duygusal dengeniz, bütünlüğünüz, içinde yaşadığınız topluma angajmanınız, hayat deneyimleriniz, kendinize güveninizin ve cesaretinizin derinliği, saygı duyma, güvenme, bağışlama, takdir etme, dinleme, öğrenme ve şefkat duyma yetiniz.

Bunlardan herhangi biri hayatınızda kırılgansa bunun nedeni acıdan kaçınmayı seçmiş olmanızdır. Haz, arzu ve kendini tatmin etme çocuksu değerlerini seçmişsiniz demektir.

Bir kültür olarak acıya toleransımız hızla azalmaktadır. Bu azalma bize daha fazla mutluluk getirmekte başarısız olmasının yanı sıra büyük miktarlarda duygusal kırılganlık yaratır ve her şeyin bu kadar kötü görünmesinin nedeni de budur.

Bu beni Thich Quang Duc'un kendini ateşe vermesine ve alevlerin içinde bir patron gibi oturmasına geri getirir. Çoğu modern Batılı meditasyonu bir rahatlama tekniği olarak bilir. Yoga pantolonunuzu giyer, sıcak ve minderlerle dolu bir odada on dakika oturur, telefonunuzdan size iyi olduğunuzu, her şeyin iyi, her şeyin harika olduğunu, yüreğinizin sesini izlemenizi... vs.vs.vs. söyleyen yatıştırıcı bir sesi dinlersiniz.

Ama gerçek Budist meditasyonu insanın kendini hoş uygulamalarla rahatlatmasından çok daha yoğundur. Yoğun meditasyon sessizce ve merhametsizce oturup kendinizi izlemenizi gerektirir. İdealinde her düşünce, her yargı, her eğilim, her kımıldama, duygu, varsayım izi zihin gözünüzün önünden geçerek yakalanır, kabul edilir ve boşluğa geri bırakılır. İşin kötüsü de bunun sonu yoktur. İnsanlar sık sık meditasyonda "iyi olmadıklarından" sızlanırlar. İyi olmak diye bir şey yoktur. Tüm mesele de budur. Meditasyonda berbat olmanız gerekir. Bunu kabul etmeli, kucaklamalı ve sevmelisiniz.

İnsan yeterince uzun süre meditasyon yaparsa her türlü şey ortaya çıkar: tuhaf fanteziler ve onlarca yıllık pişmanlıklar, tuhaf cinsel dürtüler ve inanılmaz bir sıkıntı, ezici yalıtılmışlık ve yalnızlık duyguları. Ve bunları da gözlemek, kabul etmek ve bırakmak gerekir. Bunlar da geçecektir.

Meditasyon merkezinde bir anti-kırılganlık pratiğidir: Zihninizi gözlemeye ve ıstırabın bitmeyen girdabını ve akışını tutmaya, "benliği" bu girdaba kaptırmamaya eğitirsiniz. Bu nedenle görünüşte son derece basit olan bir şeyde herkes bu kadar berbattır. Neticede bir minderin üzerinde oturur ve gözlerinizi yumarsınız. Ne kadar zor olabilir ki? Böyle oturacak, meditasyon yapacak ve orada kalacak cesareti bulmak neden bu kadar zordur? Kolay olması gerekirken herkes bunu yapmakta son derece başarısızdır.

İnsanların çoğu bir çocuğun ev ödevlerinden kaçındığı gibi meditasyondan kaçınır. Çünkü meditasyonun gerçekte ne olduğunu bilirler: ıstırabınızla yüzleşmek, tüm dehşeti ve zaferleriyle zihninizin ve yüreğinizin içini gözlemek.

Ben genellikle bir saat meditasyon yaptıktan sonra vazgeçerim ve tüm yapabildiğim iki günlük sessizlik inzivasıdır. Bunun sonunda zihnim pratik olarak dışarıya gitmem ve oynamam için bağırır. Bu uzunlukta tefekkür tuhaf bir deneyimdir: ıstırap verecek bir sıkıntıyla zihniniz üzerindeki herhangi bir kontrolünüzün sadece bir illüzyondan ibaret olduğunu fark etmenin dehşeti. Buna bir de rahatsızlık verici duyguları ve anıları eklerseniz (belki bir-iki çocukluk travması) gerçekten çok boktan bir şeye dönüşebilir.

Şimdi bunu her gün, tüm gün boyunca *altmış yıl* yaptığınızı düşünün. İçinizdeki işaret ışığının çelik gibi odaklanışını ve yoğun çözülüşünü düşünün. Kendi anti-kırılganlığınızı hayal edin.

Thich Quang Duc hakkında son derece çarpıcı olan, politik bir protestoda kendini yakması değildir (gerçi bu da son derece çarpıcıdır). Asıl çarpıcı olan bunu yapış şeklidir: hareketsiz. Sükûnetle. Huzurlu.

Buda ıstırabın iki okla birden vurulmak gibi olduğunu söyler. İlk ok *fiziksel* acıdır – tene batan metal, bedene çarpan güç. İkinci ok *zihinsel* acıdır; vurulmamıza atfettiğimiz anlam ve duygu; olanı hak edip etmediğimize ilişkin aklımızda dönüp duran anlatı. Genellikle zihinsel ıstırabımız herhangi bir fiziksel ıstıraptan çok daha kötüdür. Ve genellikle daha uzun sürer.

Buda'ya kalırsa meditasyon pratiği aracılığıyla kendimizi sadece ilk okla vurulmaya eğitebilirsek kendimizi herhangi bir zihinsel ya da duygusal acı karşısında yenilmez kılabiliriz.

Yeterince odaklanma pratiği sayesinde, yeterince anti-kırılganlık ile bir hakaretin duygusu, teninizi delip geçen bir nesne ya da bedeninizi ateş içinde bırakan bidonlarca benzin vızıldayarak yüzünüzden geçen bir sinekle aynı geçici duyguyu yaratacaktır.

Istırap kaçınılmazken acı çekmek her zaman bir seçimdir.

Deneyimlediğimiz şeyle onu nasıl yorumladığımız arasında her zaman bir ayrım vardır.

Hisseden beynimizin hissettiğiyle düşünen beynimizin düşündüğü arasında her zaman bir boşluk vardır. Ve bu boşlukta her şeye dayanabilecek gücü bulabilirsiniz.

Çocukların acıya toleransı düşüktür, çünkü çocuğun tüm inanç sistemi acıdan kaçınma çevresinde döner. Çocuk açısından acıdan kaçınamamak bir anlam ya da amaç bulmayı başaramamak anlamına gelir. Bu nedenle, en mütevazı ıstırap bile çocuğun nihilizm kuyularına düşmesine neden olur.

Ergenin acı eşiği daha yüksektir, çünkü amaçlarına ulaşması için acının genellikle gerekli bir pazarlık aracı olduğunu bilir. "Gelecekteki bir tür yarar uğruna acıya katlanma" nosyonu ergenin umut vizyonu içinde zorluklara katlanmasına ve engelleri aşmasına olanak verir: Okulda ıstırap çekerim, çünkü iyi bir kariyerim olmasını istiyorum; ailemle tatilin tadını çıkartmak için terbiyesiz teyzeme katlanmam gerek; sabahın köründe kalkıp idman yapacağım, çünkü seksi görünmek istiyorum.

Sorun ergen kötü bir pazarlık yaptığını hissettiğinde ortaya çıkar, ıstırap beklentilerini aşar ve ödül ürkütülen kurbağaya değmez. Böylelikle ergen de tıpkı çocuk gibi bir umut krizine kapılır: O kadar fedakârlık yaptım, ama karşılığında çok az şey aldım! Anlamı neydi? Bu, ergeni nihilizmin derinliklerine iter ve huzursuzluk veren hakikati tatsız biçimde ziyaret eder.

Yetişkinin acı eşiği son derece yüksektir, çünkü hayatın anlamlı olması için ıstırap gerektiğini bilir; hiçbir şeyi kontrol edemez ya da pazarlığını yapamaz; sonuçlardan bağımsız olarak elinden gelenin en iyisini yapmalıdır.

Psikolojik gelişme nihilizmden bir kaçıştır; hayatın önüne çıkardıklarını hazmedebilmek için giderek daha sofistike ve soyut değer hiyerarşileri oluşturmaktır.

Çocuksu değerler kırılgandır. Dondurma ortadan kalktığı anda varoluşsal bir kriz gelir ve bunu huysuzluk izler. Ergen değerleri daha sağlamdır, çünkü ıstırap gereksinimini içerirler, ama hâlâ beklenmedik ve/veya trajik olaylara hassastırlar. Ergen değerleri aşırı koşullarda kaçınılmaz olarak ve uzun süreliğine parçalanırlar.

Hakiki yetişkin değerleri anti-kırılgandır: Beklenmedikten fayda sağlarlar. Bir ilişki ne kadar boktanlaşırsa dürüstlük o kadar işe yarar hale gelir. Dünya ne kadar korkunçlaşırsa onunla yüzleşmek için o kadar cesarete ihtiyaç vardır. Hayat karmaşıklaştıkça tevazu o kadar önemli bir değer haline gelir.

Bunlar umuttan-sonra varoluşun erdemleridir; gerçek yetişkinliğin değerleri. Zihnimizin ve yüreklerimizin Kutup Yıldızlarıdır. Dünya üzerinde ne kadar türbülans ve kaos olursa olsun gökyüzünde el değmeden, her zaman parlayarak, her zaman bize karanlıkta yol göstererek asılıdırlar.

Acı Bir Değerdir

Birçok bilim insanı ve teknoloji meraklısı bir gün ölümü “tedavi edecek” yetkinliğe ulaşacağımıza inanır. Genetiğimiz modifiye ve optimize edilecek. Nanobotlar bizi tıbbi olarak tehdit eden her şeyin izini sürerek yok edecekler. Biyoteknoloji beden parçalarımızı yenileriyle değiştirip tamir etmemize olanak sağlayacak, böylelikle sonsuza dek yaşayabileceğiz.

Kulağa bilimkurgu gibi geliyor, ama kimileri bunun bizim yaşam süremizde olacağına bile inanıyor.

Ölüm ihtimalini ortadan kaldırmak, biyolojik kırılganlıklarımızı aşmak, acıyı dindirmek yüzeyde son derece heyecan vericidir. Ama bana kalırsa bu psikolojik bir felakettir.

İlk olarak ölüm olmazsa hayatta hiçbir yoksunluk da olmaz. Yoksunluk ortadan kalkarsa değer belirleme yetisi de kalkar. Her şey eşit derecede iyi ya da kötü olarak görünür; zamanınıza ve dikkatinize eşit derecede değer ya da değmez, çünkü... sonsuz zamanınız ve dikkatiniz vardır. Aynı TV dizisini izleyerek yüzlerce yıl geçirebilirsiniz ve bunun bir önemi yoktur. İlişkilerinizin bozulup çökmesine izin verirsiniz, çünkü neticede bu insanlar ebediyen etrafta olacaklardır, neden canınızı sıkasınız ki? Her türlü müsamaha, sapış mübahtır, çünkü basitçesi "Beni öldürmeyecek ya!" der geçersiniz.

Ölüm psikolojik olarak gereklidir, çünkü yaşamda engeller yaratır. Kaybedecek bir şey vardır. Bunun değerini onu kaybetme potansiyelini deneyimleyene kadar bilmezsiniz. Ne için mücadele etmeye, neden vazgeçmeye ya da fedakârlık yapmaya istekli olduğunuzu bilmezsiniz.

Acı değerlerimizin para birimidir. Kayıp acısı olmadan herhangi bir şeyin değerini belirlemek olanaksızdır.

Acı tüm duygularımızın merkezindedir. Negatif duygular acı deneyimlediğimiz için oluşurlar. Pozitif duygular acının yatışmasının sonuçlarıdır. Acıdan kaçınarak kendimizi daha kırılgan yaptığımızda bunun sonucu olayın önemiyle son derece orantısız duygusal tepkilerdir. Hamburgerimizde çok fazla marul var diye kıyameti kopartırız. Ne kadar haklı olduğumuzu söyleyen bir YouTube videosu izledikten sonra kendilik değerimiz tepe yapar. Dokunmatik ekranımızda yukarı-aşağı tarama yapmamız gibi hayat da yüreklerimizi yukarı-aşağı savuran bir dağ trenine dönüşür.

Ne kadar anti-kırılgan olursak duygusal tepkilerimiz o kadar ağırbaşlı olur; kendimizi kontrol ettikçe değerlerimiz o kadar ilkeli olur. Anti-kırılganlık büyüme ve olgunlukla eşanlamlıdır. Hayat bitmez bir acı kaynağıdır ve büyüme bu kaynaktan kaçınma değil, onun derinlerine dalarak başarıyla rotamızı bulmamızdır.

Mutluluğun peşinde koşmak, o zaman, büyümekten, olgunlaşmaktan ve erdemden kaçınmaktır. Benliğimize ve zihnimize karanlık bir sonuca hizmet eden araçlar gibi davranır. Kendimizi iyi hissetmek için bilincimizi feda etmektir. Daha fazla konfor için vakarımızdan vazgeçmektir.

Kadim filozoflar bunu biliyorlardı. Platon, Aristoteles ve çileciler mutluluk değil karakterin önemli olduğu bir yaşamdan söz ettiler; acıyı çekebilme ve gerekli fedakârlıkları yapabilme becerisini geliştirmekten – onların zamanında hayat tam da böyleydi: uzun süren bir fedakârlık. Kadim cesaret, dürüstlük, tevazu erdemlerinin hepsi farklı anti-kırılganlık pratiği formlarıdır: Bunlar kaos ve zorluklardan *kazanırlar.*

Aydınlanma'ya, bilim ve teknoloji, sürekli ekonomik büyüme çağına kadar düşünürler ve filozoflar Thomas Jefferson'ın "mutluluğun peşinde koşmak" adını verdikleri şeyi düşünmediler. Aydınlanma düşünürleri bilimin ve getirdiği iyileşmelerin yoksulluğu, açlığı ve hastalıkları *teskin ettiğini* görünce acıdaki bu iyileşmeyi onun *ortadan kaldırılması* olarak ele aldılar. Birçok halk entelektüeli ve bilirkişisi bu hatayı yapmaya devam ederler: Gelişmenin bizi acıdan kurtardığına inanırlar, oysa olan bu ıstırabın fiziksel formdan psikolojik forma aktarılışıdır.

Aydınlanma'nın doğru anladığıysa ortalamada bazı ıstırapların diğerlerinden daha iyi olmasıdır. Diğer her şeyin eşit olduğunu varsayarak doksan yaşında ölmek yirmi yaşında ölmekten daha iyidir. Sağlıklı olmak hasta olmaktan daha iyidir. Kendi amaçlarınızın peşinde koşacak kadar özgür olmak kölelikten daha iyidir. Aslında "iyi olmayı" acınızın ne kadar arzulanabilir olduğunun terimleriyle ifade edebilirsiniz.

Ama eskilerin bildiğini unutmuş görünüyoruz: Dünyada ne kadar zenginlik olursa olsun hayatlarımızın kalitesini karakterimizin kalitesi belirler ve karakterimizin kalitesini belirleyen de acımızla olan ilişkimizdir.

Mutluluğun peşinde koşmak bizi dosdoğru nihilizm ve uçarılığa götürür. Çocuklaşırız ve toleranssız, bitmez bir şekilde *daha fazlasını* arzularız; bu, doldurulamaz bir boşluk, dindirilemez bir susuzluktur. Yozlaşma ve bağımlılığın, kendine acıma ve kendini yıkıma uğratmanın kökenidir.

Acıyı izlediğimiz zaman acının hayatımıza getireceğini *seçebiliriz*. Ve bu seçim acıyı anlamlı kılar, böylelikle hayatı anlamlı kılar.

Çünkü ıstırap hayatın evrensel değişmeziyse bu ıstırap sayesinde gelişmek de hayatın değişmezidir. Tek gerekli olan başka yöne bakmamamızdır. Ona angaje olmamız ve onda anlam ve değer bulmamızdır.

Istırap tüm değerlerin kaynağıdır. Kendi acımızı uyuşturmamız bu dünyada anlamı olan her şeyi uyuşturmaktır. Acı zamanla en derin değerlerimiz ve inançlarımız olacak ahlaki boşlukları açar.

Bir amaç uğruna acı çekmeyi inkâr edersek hayatlarımızda bir amaç olmasını da inkâr etmiş oluruz.

BÖLÜM 8

Duygu Ekonomisi

1920'lerde kadınlar sigara içmiyorlardı – içerlerse fena şekilde yargılanıyorlardı. Bu bir tabuydu. Üniversite mezunu olmak ya da Kongre'ye seçilmek gibi sigara içmek de o zamanlar erkek işiydi. "Sevgilim, kendine zarar verebilirsin. Daha da kötüsü güzel saçını yakabilirsin."

Bu, tütün endüstrisi için bir sorundu. Nüfusun yüzde ellisi sigaralarını moda olmadığı ya da kibar görünmediği için içmiyordu. Bu olmazdı. Amerikan Tütün Şirketi'nin başkanı George Washington Hill'in söylediği gibi, "ön bahçemizde bir altın madeni var" idi. Endüstri kadınlara sigara pazarlamayı kerelerce denemişti, ama hiçbir şey işe yaramamıştı. Kültürel önyargının kökleri çok derinlerdeydi.

Sonra, 1928'de, Amerikan Tütün Şirketi çılgın fikirleri ve daha da çılgın pazarlama kampanyaları olan Edward Bernays'i işe aldı. Bernays'in pazarlama taktikleri o zamanlar reklam endüstrisindeki kimselerinkine benzemiyordu.

On dokuzuncu yüzyılın başlarına kadar pazarlama bir

ürünün gerçek, elle tutulur yararlarını mümkün olan en basit ve kısa şekilde iletmekten ibaretti. İnsanların bir ürünü olgulara ve bilgiye göre aldığı varsayılıyordu. Birisi peynir almak isterse ona neden sizin peynirinizin daha üstün olduğunu açıklamanız gerekirdi ("En taze Fransız keçi sütü, on iki gün tütsülenmiş, buzdolabında taşınmış"). İnsanlar kendileri için mantıklı alım kararları veren mantıklı aktörler olarak görünüyorlardı. Klasik varsayımdı bu: Düşünen beyin görev başındaydı.

Ama Bernays sıra dışıydı. İnsanların çoğunlukla mantıklı kararlar verdiklerine inanmıyordu. Tam tersine inanıyordu. İnsanlar duygusal ve güdüseldiler ve bunu gerçekten iyi gizliyorlardı. Hisseden beynin görev başında olduğuna inanıyordu, ama bunu kimse tam olarak fark edememişti.

Tütün sanayii bireysel kadınları sigara satın alıp içmeye mantıklı argümanlar aracılığıyla ikna etmeye çalışırken Bernays bunu duygusal ve kültürel bir mesele olarak gördü. Kadınların sigara içmelerini istiyorsa düşüncelerine değil değerlerine hitap etmeliydi. Kadınların *kimliklerine* hitap etmeliydi.

Bunun için Bernays bir grup kadını işe alarak New York Şehri'ndeki Paskalya Pazarı Yürüyüşü'ne katılmalarını istedi. Bugün koltukta uyuklarken dronların filme çektiği büyük yürüyüşlere TV'de göz atabilirsiniz, ama o zamanlar bunlar büyük sosyal olaylardı.

Bernays'in planladığına göre uygun bir anda bu kadınlar duracak ve aynı anda sigaralarını yakacaklardı. Sigara içen kadınların hoş fotoğraflarını çekecek fotoğrafçılar tutmuştu; bunları daha sonra belli başlı ulusal gazetelere dağıtacaktı. Gazetecilere bu hanımların sadece sigara değil "özgürlük meşaleleri" yaktıklarını söyletti; sigara içmeleri bağımsızlıklarını ve kendi kendilerine hükmettiklerini gösteriyorlardı.

Hepsi yalan haberdi elbette, ama Bernays bunu politik bir protesto gibi sahnelemişti. Bunun ülkedeki kadınlarda uygun duyguları tetikleyeceğini biliyordu. Feministler kadınlara oy hakkını dokuz yıl önce elde etmişlerdi. Kadınlar evin dışında çalışıyorlar ve ülkenin ekonomik hayatına daha fazla katılıyorlardı. Saçlarını daha kısa kesip daha çarpıcı giyinerek dikkat çekiyorlardı. Bu kadın nesli, bir erkekten bağımsız davranacağını düşünen ilk kadın nesliydi. Ve çoğu bu konuda güçlü fikirlere sahipti. Eğer Bernays "sigara içmek özgürlüktür" mesajını kadın özgürlüğü hareketine sokabilirse... tütün satışları iki katına çıkacak ve o da zengin bir adam olacaktı.

Taktiği işe yaradı. Kadınlar sigara içmeye başladılar ve o zamandan beri akciğer kanseri konusunda erkeklerle eşit fırsata sahipler.

Bernays bu türden kültürel darbelere düzenli olarak 1920, 30 ve 40'larda devam etti. Pazarlama endüstrisinde tam olarak bir devrim yaratarak sürece halkla ilişkiler diye bir alan kattı. Seksi ünlülere sizin ürününüzü kullanmaları için para ödemek mi? Bu Bernays'in fikriydi. Aslında bir şirketin incelikli bir şekilde reklamını yapan sahte gazete makaleleri yaratmak mı? Onundu. Bir müşterisine dikkat çekmek için kamuya açık ilgi çekici olaylar düzenlemek mi? Onun. Bugün maruz kaldığımız hemen her pazarlama formu ve reklamcılık Bernays ile başladı.

Ama işte Bernays hakkında ilginç bir şey: Sigmund Freud'un yeğeniydi.

Freud'un adı bilinç arabasını asıl kullananın hisseden beynimiz olduğunu söylediği için kötüye çıkmıştı. Freud insanların güvensizliklerinin ve utançlarının onlara kötü kararlar verdirdiğini, mahrum kaldıklarını hissettikleri şeyler için kendilerine fazla hoşgörü gösterdiklerini ya da bunu ikâme yoluna gittiklerini söylemişti. Freud yapışkan kimliklerimiz olduğunu, zihnimizde kendimize hikâyeler anlattığımızı, bu hikâyelere duygusal olarak bağlı olduğumuzu ve onları korumak için mücadele ettiğimizi söylemişti. Freud neticede hepimizin güdüsel, bencil ve duygusal hayvanlar olduğumuzu söylemişti.

Freud hayatının çoğunu parasızlık içinde geçirdi. Tipik bir Avrupalı entelektüeldi: yalıtılmış, bilgili, derinden felsefi. Ama Bernays Amerikalıydı. Pratikti, hedefe odaklıydı. Boşver felsefeyi! Zengin olmak istiyordu. Ve oldu da; Freud'un fikirlerini pazarlama merceğinden geçirerek büyük bir şekilde sundu. Freud aracılığıyla pazardaki kimsenin kendisinden önce anlamadığı bir şeyi anladı: İnsanların güvensizliklerini kaşırsanız onlara almalarını söylediğiniz her şeyi alırlar.

Kamyonetler erkeklere güç ve güvenilirlik sağlayan araçlar olarak pazarlandı. Makyaj kadınlar için daha fazla sevilmenin ve ilgi çekmenin yöntemiydi. Bira eğlenmenin ve bir partide dikkat merkezi olmanın yolu olarak sunuldu.

Bunların hepsi Pazarlama 101'dir elbette. Ve bugün işin bir parçası olarak kabul edilirler. Pazarlama okurken ilk öğrendiğiniz müşterilerin "acı noktalarını" bulmaktır... ve sonra incelikli bir şekilde onların kendilerini daha kötü hissetmelerini sağlamaktır. İnsanların utanç ve güvensizliklerine çomak sokarsınız, sonra sizin ürününüzün onları utançtan ve güvensizlikten kurtaracağını söylersiniz. Başka bir şekilde ifade edersek pazarlama müşterinin ahlaki boşluklarını bulur ve onları dolduracak bir yol önerir.

Bu bir yandan bugün deneyimlediğimiz tüm ekonomik çeşitliliğin ve zenginliğin sebebidir. Başka bir yandan da pazarlama mesajları yetersizlik duygusu aşılamaya tasarlanmış olunca ve her gün binlerce pazarlama mesajı herkese çarpınca, bunun psikolojik olumsuz sonuçları olması *gerekir* ve bu da iyi bir şey olamaz.

Dünyanın Dönmesini Duygular Sağlar

Dünya tek bir şey üzerinde döner: duygular.

Bunun nedeni herkesin kendini iyi hissettiren şeylere para harcamasıdır. Para nereye akarsa güç de oraya akar. Dünyadaki insanların duygularını ne kadar etkileyebilirseniz o kadar pazla para ve güç biriktirirsiniz.

Paranın kendisi insanlar arasındaki ahlaki boşlukları eşitlemeye yarayan bir değiş-tokuş formudur. Paranın kendi özel, evrensel mini-dini vardır ve hepimiz bunu satın alırız, çünkü yaşamlarımızı biraz daha kolay kılar. Birbirimizle alışveriş halindeyken değerlerimizi evrensel bir şeye çevirir. Siz kabukluları ve istiridyeleri seversiniz. Ben can düşmanlarımın kanıyla toprağı gübrelemeyi severim. Siz benim ordumda savaşırsınız ve eve döndüğümüz zaman sizi kabuklular ve istiridyelerle zengin ederim. Anlaştık mı?

Ekonomi böyle ortaya çıkmıştır. Hayır, gerçekte bir sürü öfkeli kral ve imparator can düşmanlarını kılıçtan geçirmek istemişlerdir; ordularına bunun karşılığında bir şey vermeleri gerekmiştir; parayı askerlerin eve döndüklerinde (dönebilirlerse) "harcayacakları" (eşitleme) bir borç formu (ahlaki boşluk) olarak ortaya çıkarmışlardır.

Çok fazla bir şey değişmedi elbette. Dünya o zaman da duygular üzerinde dönüyordu, şimdi de. Tek değişen, birbirimize bok atma yöntemlerimizdir. Teknolojik gelişme duygu ekonomisinin bir gösterimidir. Mesela kimse konuşan bir waffle icat etmeyi denemedi. Neden? Çünkü bu son derece tuhaf olurdu; pek besleyici olmayacağından söz etmeye bile gerek yok. Bunun yerine teknolojiler insanların kendilerini daha iyi hissedecekleri (ya da daha kötü hissetmelerine engel olacak) şeyleri araştırır ve icat ederler. Tükenmez kalem, daha rahat bir koltuk ısıtacağı, evinizin boru sistemi için daha iyi bir conta – insanların gelişmesine yardım edecek ya da acıyı uzak tutacak şeyler. Bu tür şeyler insanların kendilerini iyi hissetmelerini sağlar. Herkes heyecanlanır. Para harcarlar. Sonra da ekonomik refah dönemi, bebek.

Pazarda değer yaratmanın iki yöntemi vardır:

1. **Yenilikler (Acının kalitesini yükseltmek).** Değer yaratmanın birinci yolu bir acının yerine daha tolere edilir/arzulanır bir başka acıyı geçirmektir. Bunun en etkili ve görünür örnekleri tıp ve ecza alanındaki yeniliklerdir. Çocuk felci aşısı hayat boyu sürecek zayıflatıcı ve hareketsiz kılacak bir acının yerine birkaç saniyelik bir iğne batmasını getirmiştir… Kalp ameliyatları… ölümün yerine birkaç haftada ameliyattan iyileşmeyi geçirmişlerdir.

2. **Saptırma (Acıdan kaçınma).** Pazarda değer yaratmanın ikinci yöntemi insanların acılarını *uyuşturmalarına* yardım etmektir. Acının kalitesini yükseltmek insanlara daha iyi acılar verirken acıyı uyuşturmak acıyı geciktirir ve genellikle de daha kötü yapar. Saptırmalar haftasonu

plaj tatilleridir; arkadaşlarla dışarı çıkmak, özel biriyle sinemaya gitmek, alkol kullanmak. Saptırmalarda yanlış olan bir şey yoktur; hepimiz zaman zaman ihtiyaç duyarız. Sorun hayatlarımızı ele geçirmeye başladıklarında ve irademizin kontrolünden çıktıklarında ortaya çıkar. Birçok saptırma beynimizdeki kimi devrelerle oynayarak bağımlılık yaratır. Acıyı ne kadar uyuşturursanız o kadar kötüleşir ve onu daha fazla uyuşturmak istersiniz. Bir noktada acı öyle bir noktaya gelir ki ondan kaçınmanız da saplantılı bir hal alır. Kendinizi kontrol edemezsiniz ve hisseden beyniniz düşünen beyninizi arabanın bagajına kapatır ve neye bağımlıysanız ondan bir kez daha alana kadar bırakmaz. Aşağı doğru gidiş başlar.

Bilimsel devrim ilk başladığında birçok ekonomik gelişme yeniliğe bağlıydı. O zamanlar insanların büyük çoğunluğu yoksulluk içindeydi. Herkes hasta, aç, üşüyordu ve çoğunlukla yorgundu. Çok azı okuma biliyordu. Çoğunun dişleri kötüydü. Hiç de eğlenceli değildi. Sonraki birkaç yüzyılda, makinelerin ve kentlerin icadıyla, iş bölümüyle, modern tıp, hijyen ve hükümet temsilcileriyle yoksulluk ve zor çalışmalar biraz rahatladı. Aşılar ve tıp milyonlarca hayat kurtardı. Makineler işgücünü azalttı ve açlık azaldı. İnsan ıstırabının kalitesini artıran teknolojik yenilikler kuşkusuz iyi bir şeydir.

Peki göreli olarak büyük bir insan grubu sağlıklı ve varlıklıysa ne olur? Bu noktada ekonomik gelişmenin çoğu yenilikten sapmaya, acının kalitesini artırmaktan ondan kaçınmaya kaydı. Bunun nedenlerinden biri gerçek yeniliğin riskli, zor olması ve sık sık da bir ödülünün olmamasıdır. Tarihteki birçok önemli yenilikler mucitlerini parasız ve zorluk içinde bırakmıştır. Biri bir şirket kuracak ve risk alacaksa saptırma yöntemi daha iyi bir bahistir. Bunun sonucu olarak birçok teknolojik "yenilik" aslında saptırmaları yeni, daha etkili (ve gizliliği ihlal eden) hale getiren yöntemler olarak kaldı. Girişimci bir kapitalist olan Peter Thiel'ın söylediği gibi: "Uçan arabalar istedik, yerine Twitter'a sahibiz."

Bir ekonomi önemli şeylerden saptırmalara çark edince kültür de kaymaya başlar. Yoksul bir ülke gelişerek tıbba, telefonlara ve başka yenilikçi teknolojilere kavuştukça insanlar giderek kendilerini daha iyi hissetmeye başlarlar ve herkesin acısı daha kaliteli bir acıyla yer değiştirir. Ama ülke Birinci Dünya ülkesi seviyesine ulaşınca bu kendini iyi hissetme sabitlenir ve bazen de azalır. Yerine akıl hastalıkları, depresyon ve kaygı yerleşir.

Bunun olmasının nedeni toplumu açmanın ve ona modern yenilikler getirmenin insanları daha daha dayanıklı ve antikırılgan yapmasıdır. Daha fazla zorluklara dayanırlar; daha etkili çalışırlar; daha iyi iletişim kurar ve toplum içindeki işlevlerini daha iyi yerine getirirler.

Ama bu yenilikler entegre olduğunda ve herkesin elinde bir cep telefonu olduğu zaman büyük ve modern saptırmalar pazara girer. Bunlar pazara girdiği zaman da psikolojik bir kırılganlık sokulmuş olur ve her şey boktan görünür.

Ticaret çağı yirminci yüzyılın başlarında, Bernays'in insanların bilinçsiz duygu ve arzularına pazarlama yapılacağını keşfetmesiyle başladı. Bernays'in penisilin ve kalp ameliyatıyla ilgisi yoktu. O sigaralarla, tabloid basınla ve güzellik ürünleriyle ilgileniyordu – insanların ihtiyacı olmayan şeyler. O zamana kadar kimse insanları hayatta kalmaları için elzem olmayan ürünlere ciddi miktarda para harcamaya ikna edememişti.

Pazarlamanın icadı modern çağın altına hücumunu gerçekleştirerek insanların mutluluk peşinde koşmasını doyurmaya çalıştı. Pop kültür ortaya çıktı ve ünlülerle atletler aptalcasına zengin oldular. İlk kez lüks malların kitle üretimine geçildi ve orta sınıflara reklamı yapıldı. Rahatlık teknolojilerinde büyük bir patlama yaşandı: mikrodalga yemekleri, hazır yemekler, yatan rahat koltuklar, yapışmaz tavalar vs. Hayat o kadar kolay, hızlı ve verimli olmuştu ki birkaç yüzyıl gibi kısa bir sürede insanlar bir telefon ederek yapması iki ay süren şeyleri yapabilmeye başladılar.

Ticaret çağında hayat, öncekine rağmen daha karmaşık olmasına rağmen bugüne kıyasla göreceli olarak basitti. Homojen bir kültürün içinde geniş ve gelişen bir orta sınıf doğdu. Aynı TV kanallarını izler, aynı müzikleri dinler, aynı yemekleri yer, aynı tip koltuklarda gevşer ve aynı gazeteleri ve dergileri okur olduk. Bu çağda bir süreklilik ve uyum vardır, bu da bir tür güvenlik duygusu getirir. Bir süreliğine özgürdük. Ve bu rahatlatıcıydı. En azından Batı'da sürekli nükleer silahlarla yok olma tehdidi olmasına karşın bu dönemi idealleştirdik. Sanırım bu sosyal uyum duygusu nedeniyle bugün insanlar bu kadar nostaljiktir.

Sonra internet geldi.

İnternet hakiki bir yeniliktir. Her şey aynı kalsa da yaşamlarımızı daha iyi yapar. Çok daha iyi.

Sorun... sorun *biziz.*

İnternetin niyetleri iyidir: Silikon Vadisi'ndeki ve başka yerlerdeki mucitler ve teknisyenler dijital gezegen için büyük umutlara sahiplerdi. Onlarca yıl dünyadaki insanları ve enformasyonu kusursuzca birbirine bağlama vizyonu doğrultusunda çalıştılar. İnternetin insanları özgürleştireceğini, gardiyanları ve hiyerarşileri ortadan kaldıracağını, herkese aynı bilgiye ulaşmada ve kendini ifade etmede eşit fırsat tanıyacağını düşündüler. Herkese bir ses ve bu sesi paylaşacak basit ve etkili araçlar verilirse dünyanın daha iyi ve özgür bir yer olacağını düşündüler.

1990 ve 2000'lerde neredeyse ütopik bir iyimserlik seviyesi gelişti. Teknisyenler yüksek eğitimli bir küresel nüfusun parmak uçlarında bulunan sonsuz bilgeliğe dokunacağını düşündüler. Uluslar, etnik topluluklar ve hayat tarzları arasında daha fazla empati ve anlayış geliştirme fırsatı gördüler. Barış ve bolluğa aynı ilgiyi paylaşan birleşik ve bağlantılı bir küresel hareketi düşlediler.

Ama unuttular.

Kişisel umutlarına ve dini hayallerine o kadar kendilerini kaptırdılar ki unuttular.

Dünyanın enformasyon üzerinde dönmediğini unuttular.

İnsanlar gerçeklere ve olgulara temellenen kararlar vermiyorlardı. Paralarını verilere göre harcamıyorlardı. Daha üstün bir felsefi gerçeklik nedeniyle birbirlerine bağlanmıyorlardı.

Dünya *duygular* üzerinde dönüyordu.

Ve ortalama insana sonsuz insan bilgeliği rezervuarı verirseniz en derin inançlarıyla çelişen enformasyonu aramazlar. Hakiki, ama tatsız olanı aramazlar.

Çoğumuz tatlı, ama doğru olmayanı ararız.

Öylesine bir ırkçı düşünceniz mi var? İki tık ötede ırkçılardan oluşan bir sürü forum vardır; bu tür eğilimlerden neden utanmamanız gerektiğini söyleyen ve kulağa doğru gelen savlarla doludur. Karınız sizi terk etti ve tüm kadınların doğuştan bencil ve kötü olduklarını mı düşünmeye başladınız? Bu kadın düşmanı duyguları destekleyen siteler bulmak için fazlaca bir Google araştırması yapmanız gerekmez.

En kötü duygularımızı ve karanlık eğilimlerimizi ayıklamak yerine küçük şirketler doğruca bundan para kazanmaya yönelirler. Böylece çağımızın en büyük icadı yavaşça en büyük sapkınlığa dönüştü.

İnternet sonuçta bize ihtiyacımız olanı vermek için tasarlanmamıştır. Bunun yerine istediğimizi verir. Ve bu kitaptan insan psikolojisi hakkında bir şey öğrendiyseniz bunun kulağa geldiğinden daha tehlikeli olduğunu çoktan anlamışsınızdır.

#SahteÖzgürlük

Süper başarılı bir iş insanı için tuhaf zamanlar olmalı. Bir yandan işler her zamankinden daha iyi. Dünyada öncekinden daha fazla zenginlik var; kârlar tüm zamanların rekorlarını kırıyor; üretkenlik ve büyüme fazla. Yine de gelir eşitsizliği tavan yapmış durumda; politik kutuplaşma her aile toplantısını rezil ediyor ve tüm dünyada sanki bir yozlaşma salgını var.

İş dünyasında bir coşku varken tuhaf bir defans türü de var ve nereden kaynaklandığı belli değil. Fark ettiğim kadarıyla bu defans nereden kaynaklanırsa kaynaklansın aynı formu alıyor. Şöyle diyor: "İnsanlara istediklerini veriyoruz."

İster petrol şirketleri ister sizin verilerinizi çalan tuhaf Facebook reklamları olsun, her şirket deli gibi insanlara istediklerini verdiklerinin çığırtkanlığını yapmakla meşgul – daha hızlı veri indirmek, daha rahat klimalar, daha az benzin tüketimi– bu ne kadar yanlış olabilir ki?

Ve bu doğrudur. Teknoloji insanlara istediklerini her zamankinden daha hızlı ve randımanlı verir. Hepimiz şirket efendilerinin etik yüzüstü kapaklanışlarını Google'dan aramaya bayılırken tek yaptıklarının pazarın arzularını yerine getirmek olduğunu unutuyoruz. Bizim taleplerimizi yerine getiriyorlar. Facebook, BP ya da siz bunu okurken hangi dev şirket şeytan sayılıyorsa ondan kurtulsak bile hemen bir yenisi çıkarak yerini alacaktır.

Belki de sorun kazandıkları paralara kahkahalarla gülerken purolarının külünü silkeleyen ve kedileri okşayan bir sürü hırslı yöneticiden ibaret değildir.

Belki bizim istediğimiz boktandır.

Örneğin oturma odamda devasa bir şekerleme paketi istiyor olabilirim. Asla ödeyemeyeceğim bir parayı borç alarak sekiz milyon dolarlık bir malikâne almak istiyor olabilirim. Önümüzdeki yıl her hafta yeni bir plaja uçarak sadece biftek yemek istiyor olabilirim.

İstediklerim korkunçtur. Çünkü istediklerimden hisseden beynim sorumludur ve hisseden beynim de bir şişe tekilayı kafasına dikmiş bir şempanze gibidir.

Bu nedenle "insanlara istediklerini ver" etik olarak çok alçakçadır. "İnsanlara istediklerini ver" onlara yapay bir böbrek ya da arabalarının aniden alev almasını engelleyecek bir şey gibi yenilikler verdiğinizde işe yarar. *Bu* insanlara istediklerini verin. Ama insanlara istedikleri çok fazla eğlenceliği vermek oynaması tehlikeli bir oyundur. Çünkü bir sürü insan çirkin şeyler ister. İkincisi, çoğu insan aslında istemediği şeyleri istemeye kolayca manipüle edilebilir (bkz: Bernays). Üçüncü olarak da giderek daha fazla eğlencelikle acıdan kaçınmak bizi daha zayıf ve kırılgan yapar. Dördüncü olarak da sizin kahrolası Skynet reklamlarınızın nereye gidersem peşimde dolaşmasını ve hayatımı veri ele geçirmek için kurcalamasını istemiyorum. Bakın, bir keresinde karıma Peru'ya yolculuk etmekten söz etmem bir sonraki altı hafta boyunca Machu Picchu'nun resimleriyle bombardıman edilmem anlamına gelmemeli. Ve gerçekten, konuşmalarımı dinlemekten ve size biraz para veren herkese verilerimi satmaktan vazgeçin.

Neyse – nerede kalmıştım?

Tuhaf bir şekilde Bernays bunların hepsinin geleceğini görmüştü. Adam bir tür dâhiydi; uygunsuz reklamları, mahremiyetin kötüye kullanılmasını, geniş kitlelerin düşüncesiz tüketimle boyun eğen bir köleliğe razı edilmesini görmüştü. Ancak o bunlardan yanaydı; bu da onu şeytani bir dâhi yaptı.

Bernays'in politik inançları da çarpıcıydı. Sanırım "diyet faşizmi" adını verebileceğiniz bir şeye inanıyordu: Bernays kitlelerin tehlikeli olduğuna ve kuvvetli merkezi bir devlet tarafından kontrol edilmesi gerektiğine inanıyordu. Ama kanlı totaliter rejimlerin tam olarak ideal olmadığını da kabul ediyordu. Onun için yeni pazarlama bilimi, hükümetlere onları sakatlamadan ve işkence etmeden, sağda, solda ve merkezde olacak şekilde vatandaşlarını etkileyecek ve yatıştıracak bir olanak sunuyordu.

Bernays çoğunluk için özgürlüğün imkânsız ve tehlikeli olduğuna inanıyordu. Amcası Freud'un yazılarını okuduğu için bir toplumun tolere edeceği en son şeyin herkesin hisseden beyninin gösteriyi idare etmesi olduğunu biliyordu. Toplumların düzene, hiyerarşiye ve otoriteye ihtiyaçları vardı ve özgürlük bu şeyler için etik değildi. Pazarlama onun açısından inanılmaz derecede yeni bir araçtı ve insanlara aslında seçim yapabilecekleri birkaç yeni diş macunundan başka bir şey sunmazken *özgürlüğe sahipmişler* hissini uyandırabiliyordu.

Neyse ki Batılı hükümetler (çoğunlukla) nüfuslarını reklam kampanyalarıyla yönetecek kadar alçalmıyorlardı. Bunun yerine tam tersi oluyordu. Şirketler dünyası insanlara istediklerini vermekte o kadar iyiydiler ki kademeli olarak onlar üzerinde giderek daha fazla politik güç sahibi oluyorlardı. Kurallar yıkılmıştı. Bürokratik kusurlar sona ermişti. Özel hayat ortadan kalkmıştı. Parayla politika daha önce olmadığı kadar iç içe geçmişti. Peki bütün bunlar neden olmuştu? Şimdiye kadar anlamanız gerekir: İnsanlara istediklerini veriyorlardı!

Ama gerçekçi olalım: "İnsanlara istediklerini vermek" sadece #SahteÖzgürlüktür, çünkü çoğumuzun istedikleri eğlenceliklerdir. Ve eğlenceliklere boğulduğumuz zaman birkaç şey meydana gelir.

İlki giderek artan bir şekilde kırılganlaşırız. Dünyamız giderek küçülen değerlerimizin boyutuna inecek kadar çeker. Konfor ve hazza takıntılı oluruz. Ve bu hazzın kaybolması ihtimali dünyayı sarsıcı ve evrensel olarak haksızlık gibi gelir. Kavramsal dünyamızı daraltmak özgürlük değildir; bunun tam tersidir.

İkinci olansa bir dizi düşük seviyeli bağımlı davranışa açık oluruz – saplantılı biçimde telefonumuzu, e-postamızı, Instagramımızı kontrol ederiz; saplantılı biçimde sevmediğimiz dizileri bitiririz; okumadığımız ve öfke yaratan makaleleri paylaşırız; zevk almadığımız partilere ve etkinliklere davetleri kabul ederiz; istediğimiz için değil gittiğimizi söyleyebilmek için yolculuk yaparız. Daha fazla şey yapmaya yönelik saplantılı davranışlar özgürlük değildir; tam tersidir.

Üçüncü olarak: Kendi kapsamının içinde negatif duyguları tanımlayamaz, tolere edemez ve ayıramayız. Sadece mutluyken ve havalı bir kapak kızıyken kendinizi iyi hissediyorsanız bilin bakalım bu nedir? Özgür değilsiniz. Tam tersine. Kendinize gösterdiğiniz hoşgörünün esirisiniz; toleranssızlığınızın kölesisiniz; kendi duygusal zayıflığınız nedeniyle sakatsınız. Sürekli dış kaynaklı bir konfor ya da onay peşindesiniz ve bu gelebilir de gelmeyebilir de.

Dört, seçim paradoksu: Bize daha fazla seçenek verildikçe (daha fazla "özgürlüğe" sahip oldukça) bu seçeneklerden herhangi birinden daha az tatmin duyarız. Jane iki mısır gevreği, Mike yirmi mısır gevreği arasında seçim yapabiliyorsa Mike Jane'den daha özgür değildir. Daha fazla çeşide sahiptir. Çeşit özgürlük demek değildir. Çeşit sadece aynı anlamsız şeyin farklı permütasyonlarıdır. Sadece SS üniforması içinde bir herif Jane'in kafasına bir silah dayamış ve gerçekten kötü bir Bavyera aksanıyla "Boktan mısır gevreğini ye!" diye haykırıyorsa *işte o zaman* Jane Mike'dan daha az özgürdür. Ama *bu* olursa bana haber verin!

Bu, insan bilincinin özgürlüğüdür. Daha fazla şey bizi daha özgür yapmaz; bizi doğru ya da en iyi şeyi seçtiğimiz konusunda tutsak eder. Daha fazla şey bizleri kendimize ve başkalarına sonuçlardan ziyade araçlar olarak davranmaya daha açık hale getirir. Umudun bitmek bilmeyen döngüsüne daha bağımlı hale getirir.

Eğer mutluluğun peşinde koşmak hepimizi çocuksuluğa geri götürüyorsa sahte özgürlük de bizi orada tutmak için komplo kurar. Çünkü özgürlük aralarından seçim yapacağımız daha fazla mısır gevreği markası, özçekim yapacağımız daha fazla plaj tatili ya da karşısında uyuklayacağımız daha fazla TV kanalı değildir.

Bu çeşitliliktir. Ve bir boşlukta çeşitliliğin anlamı yoktur. Güvensizliğin tuzağına düşmüşseniz, kuşku içinize yerleşmişse ve toleranssızsanız dünyadaki tüm çeşitliliğe sahip olabilirsiniz, ama özgür olamazsınız.

Gerçek Özgürlük

Tek gerçek özgürlük, özgürlüğün *tek* gerçek etik formu kendini-*sınırlama* aracılığıyladır. Bu, hayatta her istediğinizi seçmenin ayrıcalığı değildir; hayatta neden vazgeçeceğinizi seçmektir.

Tek gerçek özgürlük budur. Bu *tek* özgürlüktür. Eğlencelikler gelip geçerler. Haz hiçbir zaman sürekli değildir. Çeşitlilik anlamını kaybeder. Ama siz her zaman neyi feda edeceğinizi, neden vazgeçmeye istekli olduğunuzu seçebilirsiniz.

Bu tür bir kendini inkâr paradoksal olarak hayatta gerçek özgürlüğü genişleten tek şeydir. Düzenli fiziksel egzersizin acısı son kertede fiziksel özgürlüğü sağlar: gücünüz, hareketliliğiniz, dayanıklılığınız ve direnciniz. Güçlü bir çalışma etiğinin fedakârlığı size daha fazla iş fırsatı peşinde koşmayı, kariyer rotanızı değiştirmeyi, daha fazla para ve onun yanı sıra gelen yararları sağlar. Başkalarıyla çatışmaya girme isteği herkesle konuşmanızı, değerlerinizi ve inançlarınızı paylaşıp paylaşmadıklarını görmenizi, hayatınıza ve sizlerin onların hayatına katacaklarınızı keşfetmenizi sağlar.

Şu anda kendinize dayatacağınız sınırlamaları seçerek daha özgür olabilirsiniz. Her sabah erken kalkmayı, her gün öğle sonrasına kadar e-postanızı bloklamayı, telefonunuzdaki sosyal medya uygulamalarını silmeyi seçebilirsiniz. Bu sınırlamalar sizi özgürleştirecektir, çünkü zamanınızı, dikkatinizi ve seçme gücünüzü serbest bırakırlar. Bilincinize kendi içinde bir amaç olarak davranırlar.

Spor salonuna gitme mücadelesi veriyorsanız bir dolap kiralayın ve tüm iş giysilerinizi orada bırakın. Böylece her sabah gitmek zorunda kalırsınız. Her hafta bir-iki sosyal etkinlikle kendinizi sınırlayın, böylelikle en sevdiğiniz insanlarla zaman geçirebilirsiniz. Bir dostunuza ya da aile bireyine üç bin dolarlık bir çek yazın ve bir daha sigara içerseniz onu bozdurmalarını söyleyin.

Son olarak da hayatınızdaki en anlamlı özgürlük verdiğiniz sözlerle gelir: hayatta feda etmeyi seçtiğiniz şeylerle. Karımla ilişkimdeki duygusal özgürlük bin kadınla çıksam yeniden üretemeyeceğim bir özgürlüktür. Yirmi yıldır gitar çalmamda –derinden sanatsal bir ifade– özgürlük vardır ve sadece düzinelerce şarkı ezberlesem bunu sağlayamazdım. Elli yıl aynı yerde yaşamanın özgürlüğü vardır – kültür ve camiayla bir samimiyet ve aşinalık sağlar; dünyada ne kadar çok yer görürseniz görün buna kavuşamazsınız.

Daha büyük sözler daha derinlere olanak sağlar. Söz vermemek yüzeysellik demektir.

Son yıllarda "hayat korsanlığına" bir eğilim gelişti. İnsanlar bir ayda yeni bir dil öğrenmeyi, on beş ülke ziyaret etmeyi, bir haftada savaş sanatlarında şampiyon olmayı istiyorlar ve bunu yapmak için her türlü "korsanlığa" razılar. Bunu YouTube ve sosyal medyada sürekli görürüz: İnsanlar sadece yapılabileceğini göstermek için gülünç meydan okumalara razılar. Gerçekten bir söz vermeden hayatı "korsan olarak ele geçirmek"; sadece söz vermeden bir sözün ödüllerini toplamak. Bu, hüzünlü bir sahte özgürlük formudur.

Yakın zamanda bir satranç programındaki hamleleri ezberleyerek satranç "ustası" olabileceğini kanıtlamak isteyen biri hakkında bir yazı okudum. Bunu bir ayda yapacaktı. Satranç öğrenmekle ilgili değildi; stratejiler onu ilgilendirmiyordu; bir stil geliştirmekle, taktikleri öğrenmekle ilgisi yoktu. Hayır, buna devasa bir ev ödevi gibi yaklaşıyordu: Hareketleri öğren, üst düzey bir oyuncu karşısında galip gel ve kendini usta olarak ilan et.

Bu hiçbir şey kazanmak değildir. Bu sadece bir şey kazanmanın *görüntüsüdür.* Söz ve fedakârlık olmadan söz vermenin ve fedakârlığın görüntüsüdür. Hiçbir anlam yokken bir anlam varmış gibi yapmaktır.

Sahte özgürlük bizi daha fazlasının peşine düşme döngüsüne sokar; gerçek özgürlükse daha azıyla yaşamak için verilmiş bilinçli bir karardır.

Sahte özgürlük bağımlılık yapar: Ne kadarına sahip olursanız olun yetmez. Gerçek özgürlük kendini tekrarlar; öngörülebilir ve bazen de sıkıcıdır.

Sahte özgürlüğün giderek azalan getirileri vardır: Aynı anlam ve sevinç için giderek artan miktarlarda enerji harcarsınız. Gerçek özgürlüğün getirileri giderek artar: Aynı anlam ve sevinç için giderek azalan miktarlarda enerji harcarsınız.

Sahte özgürlük dünyayı bitimsiz bir alışveriş ve pazarlık olarak görmektir, böylece kazandığınızı hissedebilirsiniz. Gerçek özgürlükte dünyaya koşulsuz bakarsınız; tek zafer kendi arzularınız üzerindedir.

Sahte özgürlük dünyanın sizin iradenize uymasını bekler. Gerçek özgürlük dünyadan hiçbir şey beklemez. Sadece sizin iradenizdir.

Son olarak da eğlenceliklerin bolluğu ve sahte özgürlük gerçek özgürlüğü deneyimlememizi sınırlar. Önümüzde ne kadar fazla seçenek ve çeşitlilik varsa seçmek, feda etmek ve odaklanmak o kadar zorlaşır. Ve bu muammalı oyunu bugün kültürümüzde gözlemlemekteyiz.

2000 yılında, Harvardlı politika bilimcisi Robert Putnam önemli bir kitap yayınladı: *Bowling Alone: The Collapse and*

Revival of American Community (Yalnız Başına Bowling Oynamak: Amerikan Camiasının Çöküşü ve Yeniden Canlanması). Bu kitabında, ABD'deki sivil katılımcılığın azalışını belgeledi; insanlar daha az gruplara katılıyor ve aktivitelerini yalnız yapmayı tercih ediyorlardı. Kitabın adı da buradan kaynaklanır: Bugün daha fazla insan bowling oynamaktadır, ama bowling ligleri yok olmaya yüz tutmuştur. İnsanlar yalnız bowling oynarlar. Putnam ABD hakkında yazdı, ama bu sadece Amerika'yla ilgili bir olay değildir.

Kitabında bunun sadece eğlence amaçlı gruplarla sınırlı kalmadığını, işçi sendikalarından öğrenci birliği derneklerine ve Rotary kulübüne, kiliselere ve briç kulüplerine kadar her yerde söz konusu olduğunu gösterir. Toplumun atomlarına ayrılmasının önemli etkileri olduğunu söyler: Sosyal güven azalmıştır; insanlar daha yalıtılmışlardır; daha az politikayla ilgilenirler; komşuları hakkında daha paranoyaktırlar.

Yalnızlık büyüyen bir meseledir. Geçen yıl ilk kez Amerikalıların çoğunluğu yalnız olduklarını beyan etti ve yeni araştırmalar hayatlarımızdaki az sayıdaki kalitesi yüksek ilişkinin yerine çok sayıda yüzeysel ve geçici ilişki koyduğumuzu ortaya çıkartır.

Putnam'a göre ülkedeki sosyal bağlantıların dokusu eğlenceliklerin bolluğu nedeniyle zarar görmektedir. İnsanlar evde kalarak TV izlemeyi, internette gezinmeyi, video oyunlarını yerel bir organizasyonda ya da grupta yer almaya tercih etmeye başladılar. Ayrıca bu durumun daha da kötüye gideceğini öngörmektedir.

Tarihi olarak Batılılar dünyadaki baskı altındaki insanlara baktıkları zaman sahte özgürlüklerinin olmayışına, eğlenceliklerinin azlığına üzülürler. Kuzey Kore halkı haberleri okuyamaz; dükkânlardan giysi alışverişi yapamaz ya da devletin desteklemediği müzikleri dinleyemez.

Ama bunun nedeni Kuzey Korelilerin özgür olmaması değildir. Özgür olmamalarının nedeni bu hazları seçememeleri değil, acılarını seçmelerine izin verilmemesidir. Özgürce kendilerini neye adayacaklarını seçemezler. Hak etmedikleri ya da istemedikleri fedakârlıklara zorlanırlar. Haz söz konusu değildir; hazzın olmayışı gerçek bir baskının yan etkisidir: zorlama acı.

Çünkü bugün dünyanın büyük bir kısmında insanlar hazlarını seçebilirler. Ne okuyacaklarını, hangi oyunları oynayacaklarını ya da ne giyeceklerini seçebilirler. Modern eğlencelikler her yandadır. Ama yeni çağın zorbalığı insanları eğlenceliklerden ve adanmışlıklardan mahrum bırakmasında değildir. Bugünün zorbalığı insanların üzerine çok fazla eğlencelik, uyduruk haber, saçma akıl çeliciler boca etmesindedir; böylelikle zeki seçimler yapamazlar. Bu, Bernays'in öngörülerinin onun beklentisinden birkaç nesil sonra gerçek olmasıdır. Onun küresel propaganda kampanyaları vizyonunu doğru çıkartan internetin yaygınlığı ve gücüdür. Hükümetler ve şirketler sessizce kitlelerin arzularını ve dileklerini yönetirler.

Ama Bernays'e çok fazla kredi vermeyelim. Neticede saçma sapan bir adamdı.

Ayrıca bunun geldiğini Bernays'den çok önce gören bir adam vardı; sahte özgürlüğün tehlikelerini, eğlenceliklerin boşluğunu ve insanların değerleri üzerindeki miyop etkisini gören biri. Fazla hazzın insanları nasıl çocuksulaştırdığını, bencilleştirdiğini, her şeye hakları var sandıklarını, tamamen narsist ve Twitter'da katlanılmaz olacaklarını gören biri. Bu adam haber kanallarında, TED Konuşmaları sahnesinde ya da politik arenada gördüklerimizden çok daha bilge ve etkiliydi. Bu adam politik felsefenin babasıydı. Sözcüğün tam anlamıyla ruh fikrini o ortaya atmıştı. Ve (tartışılır olarak) bu fırtınanın bir sürü bin yılda oluşacağını herkesten önce o görmüştü.

Platon'un Öngörüsü

İngiliz filozof ve matematikçi Alfred Noth Whitehead'in ünlü sözü şudur: Batı felsefesi aslında "Platon'a yazılmış dipnotlardan" ibarettir. Romantik aşkın doğasından "hakikat" diye bir şey olup olmamasına ve erdemin anlamına kadar her konuda ilk büyük filozof Platon'dur. Düşünen beyinle hisseden beyin arasında doğası gereği bir farklılık olduğunu ilk öneren de Platon'dur. İnsanın kendine hoşgörü göstererek değil de kendini inkâr ederek karakterini oluşturmasından ilk o söz etmiştir. Platon öyle bir adamdı ki *idea* sözcüğü ondan gelmiştir; ideanın ideasını onun icat etmiş olduğunu söyleyebiliriz.

İlginç olan, Batı medeniyetinin babası olsa da Platon'un ünlü sözü demokrasinin en arzulanır yönetim biçimi olmadığıdır. Demokrasinin doğası gereği dengesiz olduğunu ve kaçınılmaz olarak bizim doğamızın en kötü yönlerini ortaya çıkartarak toplumu zorbalığa doğru götürdüğünü söyler. Şöyle yazmıştır: "Aşırı özgürlük aşırı kölelikten başka bir şeye doğru yol alamaz."

Demokrasiler halkın iradesini yansıtacak şekilde tasarlanmıştır. Halk da öğrendiğimiz kadarıyla kendi haline bırakıldığı zaman acıdan mutluluğa doğru kaçar. Sorun insanlar mutluluğu elde ettiklerinde ortaya çıkar: Hiçbir şey yetmez. Mavi nokta etkisine göre kendilerini asla tam olarak tatmin olmuş ya da güvende hissetmezler. Koşullarının kalitesi arttıkça buna bağlı olarak arzuları da artar.

Sonunda kurumlar insanların arzularının ritmini tutturamazlar. Kurumlar insanları mutlu edemedikleri zaman tahmin edin neler olur.

İnsanlar kurumları suçlamaya başlarlar.

Platon'a kalırsa demokrasiler kaçınılmaz olarak ahlaki çöküşe doğru giderler, çünkü sahte özgürlüğe hoşgörü gösterdikçe insanların değerleri bozulur ve daha çocuksu ve bencil olurlar; bunun sonucu olarak da vatandaşlar sistemin aleyhine dönerler. Çocuksu değerler insanları ele geçirince iktidar için pazarlık yapmak istemezler; başka gruplarla ve dinlerle masaya oturmazlar; daha fazla özgürlük ve zenginlik için acıya katlanmak istemezler. Bunun yerine istedikleri güçlü bir liderin ortaya çıkarak her şeyi yoluna koymasıdır. Bir zorba isterler.

ABD'de bilinen bir deyiş vardır: Özgürlük bedava değildir. Bu deyiş genellikle orduya ve ülkenin değerlerini korumak için yapılan ve kazanılan savaşlara referansla söylenir. İnsanlara tüm bu şeylerin kendiliğinden olmadığını, burada oturup çok pahalı *Mocha Frappuccino*'lar içebilmemiz ve canımız ne isterse onu söyleyebilmemiz için binlerce insanın öldürüldüğünü ve/veya öldüğünü hatırlatmak için kullanılır. Tadını çıkarttığımız temel insan hakları (konuşma, din, basın özgürlüğü) bir dış güç karşısında fedakârlık yapılarak kazanılmıştır.

Ama insanlar bunların bir güç karşısında da fedakârlık yapılarak kazanıldığını unuturlar. Demokrasi sadece sizinkiyle ters düşen görüşlere tolerans gösterdiğinizde, güvenli ve sağlıklı bir toplum için istediğiniz bazı şeylerden vazgeçmeye razı olduğunuzda, bazen işlerin sizin için yolunda gitmeyeceğini kabul edip uzlaştığınızda var olabilir.

Başka bir şekilde söylersek: Demokrasi olgunluk seviyesi yüksek ve karakteri sağlam vatandaşlarla mümkündür.

Son yıllarda insanlar temel insan haklarıyla hiçbir rahatsızlık deneyimlememeyi birbirine karıştırmaya başladılar. Kendilerini ifade etme özgürlüğü istiyorlar, ama onları bir şekilde sarsabilecek ve alınmalarına yol açacak görüşlerle uğraşmak istemiyorlar. Girişimcilik özgürlüğü istiyorlar, ama bu özgürlüğü mümkün kılacak hukuksal makineyi çalıştıran vergileri ödemek istemiyorlar. Eşitlik istiyorlar, ama bunun herkesin aynı hazzı değil, aynı acıyı deneyimlemesini gerektirdiğini kabul etmek istemiyorlar.

Özgürlük rahatsız olmayı gerektirir. Tatminsizlik gerektirir. Çünkü bir toplum özgürleştikçe herkesin kendisininkilerle çatışan yaşam tarzları ve fikirlerle uzlaşması ve onları tanıması gerekmektedir. Acıya toleransımız düştükçe sahte özgürlüklere hoşgörülü oluruz; özgür ve demokratik bir toplumun işlemesini sağlayacak erdemleri daha az destekleriz.

Bu ürkütücüdür. Çünkü demokrasi olmazsa gerçekten boku yeriz. Demokratik temsil olmazsa hayat gerçekten her anlamda çok daha kötüye gider. Bunun nedeni demokrasinin şahane olması değildir. İşleyen bir demokrasinin işleri başka herhangi bir yönetim biçiminden daha seyrek ve daha az zarar verecek şekilde bok etmesidir. Ya da Churchill'in söylediği gibi: "Tüm diğerlerini saymazsak demokrasi en kötü yönetim biçimidir."

Dünyanın medenileşmesinin ve herkesin komik şapkaları nedeniyle birbirini kesmekten vazgeçmesinin nedeni modern sosyal kurumların etkili biçimde umudun yıkıcı güçlerini yatıştırmalarıdır. Demokrasi başka dinlerin de uyumlu bir biçimde ve yanında yaşamasına izin veren tek dindir. Ama bu sosyal kurumlar insanların düşünen beyinlerinin sürekli ihtiyaçları nedeniyle yozlaşırsa insanlar güvenlerini kaybeder ve demokratik sistemin kendini düzeltmesine olan inançlarını da kaybederlerse dini savaşların berbat gösterisinin içine düşerler. Ve teknolojik yeniliklerin sürekli ilerleyen yürüyüşü nedeniyle her dini savaş döngüsü potansiyel olarak daha fazla yıkım getirir ve can alır.

Platon toplumların döngüsel olduklarını ve özgürlükle zorbalık arasında, göreceli bir eşitlik ve büyük eşitsizlik arasında ileri-geri hareket ettiklerini düşünüyordu. Geçtiğimiz iki bin beş yüz yıl bunun tam olarak doğru olmadığını açığa çıkardı. Ama tarih boyunca politik çatışmaların bir sırası vardır ve aynı dini temaların ardı ardına ortaya çıktıklarını görürüz – efendi ahlakının radikal hiyerarşisi karşısında köle ahlakının radikal eşitliği; demokratik kurumların dağınık gücü karşısında zorba liderlerin ortaya çıkışı; yetişkin erdemlerin çocuksu aşırılıklarla mücadelesi. "İzm"ler yüzyıllar içinde değiştilerse de her hareketin ardında aynı umut-yönelimli insan güdüleri vardır. Ve her ortaya çıkan din kendisinin büyük harfle H son "Hakikat" olduğuna ve insanlığı tek bir uyumlu bayrak altında toplayacağına inansa da bugüne kadar hepsi kısmi ve eksik olduklarını göstermişlerdir.

BÖLÜM 9

Son Din

1997 yılında, IBM'in geliştirdiği Deep Blue adında bir süper bilgisayar dünyanın en iyi satranç oyuncusu olan Garry Kasparov'u yendi. Bu, bilgi işlem dünyasının tarihinde çok önemli bir andı; insanların teknolojiyi, aklı ve insanlığı anlayışlarında bir deprem yarattı. Ama bugün uzak bir hatıradır: Elbette bir bilgisayar satrançta dünya şampiyonunu yenebilir. Neden yenmesin?

Satrançta neredeyse sonsuz permütasyon vardır: Gözlenebilir evrendeki atomlardan daha fazla mümkün satranç oyunu vardır. Her masada, kişi üç-dört hamle ötesini görebilirse yüz milyarlarca çeşitleme mümkündür.

Bir bilgisayarın insan oyuncuya eş olabilmesi için inanılmaz sayıda muhtemel sonucu hesaplayabilmesi yetmez, neyin hesaplanmaya *değeceğine* karar vermesine yardım edecek sağlam algoritmaları da olması gereklidir. Başka bir şekilde açıklarsak bir insan oyuncuyu yenmek için bir bilgisayarın düşünen beyni, insanınkinden çok üstün olsa da daha fazla/az değerli pozisyonları değerlendirecek şekilde programlanmalıdır; bunun anlamı da bilgisayarın mütevazı güçte programlı bir "hisseden beyni" olması gerekmesidir.

1997'den beri bilgisayarlar satrançta çok hızlı bir şekilde geliştiler. Son on beş yılda insanlar düzenli olarak ve bazen de utandıracak sonuçlarla satrançta bilgisayarlara yenilmekteler. Bugünse yanına bile yaklaşamıyorlar.

Kasparov birçok akıllı telefondaki satranç uygulamaları hakkında "Deep Blue'dan çok daha güçlüler" diye şaka yapmıştır. Bu günlerde satranç yazılımı geliştirenler kendi aralarında kimin algoritmasının daha güçlü olduğunu görebilmek için turnuvalar düzenlerler. İnsanlar bu turnuvalardan dışlandıkları gibi ne olursa olsun yer alabilecek güçte de değildirler.

Geçen birkaç yılda Stockfish adındaki açık kaynaklı bir program satranç yazılımı dünyasının tartışmasız şampiyonudur. Stockfish 2014'ten beri her önemli satranç yazılımı turnuvasını ya kazanmış ya da finale kalmıştır. Yarım düzine kadar satranç yazılımı geliştiricinin işbirliğiyle yazılan bu program bugün satranç mantığının öncüsüdür. Sadece bir satranç makinesi olmakla kalmaz, her oyunu, pozisyonu analiz edebilir ve bir oyuncunun yaptığı her hamleye saniyeler içinde büyük usta seviyesinde geri bildirim verebilir.

Stockfish bilgisayarlı satranç dağının kralıydı ve 2018'e kadar dünyadaki tüm satranç analizlerinin altın standartıydı; sonra Google partiye katıldı.

Ve işler değişti.

Google'ın AlphaZero adında bir programı vardır. Bu bir satranç programı değil yapay zekâ yazılımıdır. Satranç ya da bir başka oyunu oynamak için programlanmanın yerine sadece satrancı değil herhangi bir oyunu *öğrenmek* için programlanmıştır.

2018 başında Stockfish Google'ın AlphaZero'suyla karşılaştı. Kâğıt üzerinde eşit bir mücadele değildi. Stockfish yetmiş milyon pozisyonu bir saniyede hesaplayabilirken AlphaZero "sadece" sekiz bin pozisyonu hesaplayabiliyordu. Bilgi işlem gücü açısından bu, benim bir Formula Bir yarış arabasıyla rekabete girmem gibi bir şeydi.

Ama olaylar ilginçleşti: Oyun günü AlphaZero *satranç oynamayı bile bilmiyordu*. Evet, doğru ve dünyanın en iyi satranç oyuncusuyla oynayacaktı. AlphaZero'nun oyunu sıfırdan öğrenmek için bir günden az zamanı vardı. Yazılım gününü kendine karşı satranç oyunu simülasyonları çalıştırarak ve nasıl gittiğini öğrenerek geçirdi. Bir insan gibi deneme-yanılma yöntemiyle stratejiler ve prensipler geliştirdi.

Bu senaryoyu hayal edin: Satrancın kurallarını yeni öğrenmişsiniz, ki gezegendeki en karmaşık oyunlardan biridir. Bir gününüzü bir satranç tahtasının başında bazı stratejiler geliştirmeye çalışarak geçirdiniz ve ilk oyunu dünya şampiyonuyla oynayacaksınız.

İyi şanslar!

Ama bir şekilde AlphaZero kazandı. Sadece kazanmakla da kalmadı, Stockfish'i ezdi geçti. Yüz oyunun *tamamını da* AlphaZero kazandı, sadece ikisinden çekildi, hiç yenilmedi.

Bunu yeniden okuyun: Satrancın kurallarını öğrendikten *dokuz saat* sonra AlphaZero dünyanın en iyi satranç algoritmasına karşı tek bir oyunu bile kaybetmedi. Bu o kadar beklenmedik bir sonuçtu ki insanlar bununla ne yapacaklarını hâlâ bilmiyorlar. İnsan büyük ustalar AlphaZero'nun yaratıcılığı ve özgünlüğü karşısında hayran kaldılar. Peter Heine Nielsen şöyle dedi: "Üstün türler dünyaya gelir de bize satranç oynamayı öğretirse ne olacağını hep merak etmişimdir. Şimdi biliyorum."

AlphaZero, Stockfish ile işini bitirdiği zaman mola almadı. Molalar zayıf insanlar içindir. Kendine *Shogi* oyununun stratejisini öğretmeye başladı.

Shogi Japon satrancı olarak bilinir, ama birçokları satrançtan daha karmaşık olduğunu söyler. Kasparov 1997'de bir bilgisayara yenilmişti, ama Shogi oyuncuları 2013'e kadar bilgisayarlara yenilmediler. AlphaZero en iyi Shogi yazılımını da (adı Elmo'dur) aynı şaşırtıcı sonuçlarla yendi: Yüz oyundan doksanını kazandı, sekizini kaybetti, ikisinden çekildi. Bilgi işlem gücü Elmo'nunkinden de çok düşüktü (Elmo saniyede otuz beş milyon hareketi hesaplarken o kırk bin hareketi hesaplayabiliyordu). Bir kez daha önceki güne kadar oyunu nasıl oynayacağını bilmiyordu.

Sabah kendine iki sonsuz karmaşık oyunu öğretmişti. Gün batarken dünyada en iyi bilinen müsabakaları kazanmıştı.

Haber neonları: Yapay Zekâ Geliyor. Yapay zekâ masa oyunlarından yönetim kurullarına geçtiği zaman... siz, ben ve muhtemelen herkes işini kaybedecek.

Daha şimdiden yapay zekâ programları insanların çözemediği kendi dillerini oluşturdular; zatürreenin teşhisini koymada doktorlardan daha iyiler ve hatta Harry Potter için kabul edilebilir bölümler yazdılar. Ben bunları yazarken kendi kendine giden arabaların, otomatik yasal tavsiyelerin ve bilgisayarların yaptığı sanat ve müziğin eşiğindeyiz.

Yavaş yavaş, ama kesinlikle yapay zekâ hemen her şeyde bizden iyi olacaktır: tıp, mühendislik, inşaat, sanat, teknolojik yenilik. YZ'nin yarattığı filmleri izleyecek, YZ'nin yarattığı internet sitelerinde ya da mobil platformlarda onlardan konuşacak, bunların moderatörlüğünü yine YZ yapacak ve hatta tartıştığınız "insan" bile YZ olacaktır.

Kulağa ne kadar delice gelse de bu sadece başlangıçtır. Ama esas ilginç olan *bir gün gelip de YZ'nin YZ yazılımını bizden iyi yazmasıdır.*

Bu gün geldiği zaman YZ kendinin daha iyi versiyonlarını üretecektir ve kemerlerinizi bağlayın dostlar, çünkü bu çılgın bir sürüş olacaktır; artık nereye gittiğimizi biz kontrol etmeyeceğiz.

YZ öyle bir noktaya gelecek ki aklı bizimkini çok aşacak ve nereye gittiğini kontrol edemeyeceğiz. Arabalar bizi bilemediğimiz nedenlerle alacak ve varlığını bilmediğimiz yerlere götürecek. Nedenini bilmediğimiz sağlık sorunlarımız nedeniyle ummadığımız zamanlarda ilaçlar alacağız. Muhtemelen çocuklarımız okul değiştirecekler; bizler iş değiştireceğiz; ekonomik politikalar kesin dönüşler yaşayacak; hükümetler anayasalarını baştan yazacak ve bunların nedenini tam olarak anlayamayacağız. Öylesine olacaklar. Düşünen beynimiz çok yavaş kalacak ve hisseden beynimiz çok gelişigüzel ve tehlikeli olacak. AlphaZero'nun saatler içinde satranç stratejileri üretmesi ve bunları satrancın en üstün beyinlerinin bile anlayamaması gibi, ileri düzeyde YZ toplumları ve içlerindeki yerlerimizi bizim hayal edemeyeceğimiz biçimlerde yeniden düzenleyecek.

Böylece başladığımız yere geri döneceğiz: İmkânsız ve bilmediğimiz güçler kaderlerimizi kontrol edecek. İlkel insanların yağmur ve ateş duası etmeleri gibi bizler de kurbanlar kesecek, armağanlar sunacak, ritüeller geliştirecek ve doğalcı tanrılara yapıldığı gibi görünümlerini ve davranışlarını bizim lehimize olacak şekilde değiştirmelerine gayret edeceğiz. Ama bu kez ilkel tanrılar yerine kendimizi YZ tanrılarına sunacağız.

Algoritmalar hakkında batıl inançlar geliştireceğiz. Bunu giyerseniz algoritma sizin lehinize işleyecek. Belli bir saatte uyanır, doğru şeyi söyler ve doğru yerde bulunursanız makineler size harika bir kader bahşedecek. Dürüst davranırsanız, kendinize ve ailenize bakarsanız YZ tanrıları sizi koruyacak.

Eski tanrıların yerine yenileri geçecek: algoritmalar. Ve evrimsel bir ironiyle, eski tanrıları öldüren bilimin aynısı bu kez yenilerini yaratacak. İnsanlar arasındaki dindarlığa bir dönüş yaşanacak. Ve dinlerimiz kadim dünyanın dinlerinden pek de farklı olmayacak – neticede psikolojimiz temelde anlamadığını tanrılaştıracak şekilde evrilmiştir; bize yardım eden ya da zarar veren güçleri yüceltiriz; deneyimlerimiz çevresinde değer sistemleri inşa ederiz; umut yaratan çatışmalar ararız.

Neden YZ farklı olsun ki?

YZ tanrılarımız bunu anlayacaklar elbette. Ve ya beyinlerimizi sürekli ihtilaflar arayan ilkel psikolojiden kurtaracak şekilde "bir üst model yazılım yükleyecekler" ya da bizler için suni ihtilaflar üretecekler. Onların evcil köpekleri gibi olacağız; kendimizi her ne pahasına olursa olsun alanımızı korumak için mücadele ettiğimize inandıracağız, ama gerçekte dijital yangın musluklarına işemekten ötesini yapmayacağız.

Bu sizi korkutabilir de, heyecanlandırabilir de. Her iki koşulda da bu kaçınılmazdır. Güç enformasyonu işleme ve manipüle etme becerisinden doğar ve her zaman üzerimizde en fazla gücü olana tapınırız.

Benim YZ efendilerimize hoşgeldiniz diyeceğimi söylememe izin verin.

Umut ettiğiniz son dinin bu olmadığını biliyorum. Ama

yanlış yaptığınız nokta da burasıdır: umut etmek.

Bizim yetkinliğimizin kaybına üzülmeyin. Yapay algoritmalara boyun eğmek kulağa çirkin geliyorsa şunu anlamanız gereklidir: Bunu zaten yapıyorsunuz ve *hoşlanıyorsunuz*.

Algoritmalar çoktan hayatımızın çoğunu kontrol etmekteler. İşinize gittiğiniz yol bir algoritmayla temellenir. Bu hafta konuştuğunuz arkadaşlarınız? Bu konuşmalar algoritmayla temellenir. Çocuklarınıza aldığınız armağan, delüks pakette gelen tuvalet kâğıdı, süpermarketin ödüllü bir müşterisi olduğunuz için kazandığınız birkaç kuruş; hepsi algoritmaların neticesindedir.

Bu algoritmalara ihtiyacımız vardır, çünkü hayatlarımızı kolaylaştırırlar. Yakın gelecekteki algoritma tanrılar da bunu yapacaktır. Kadim dünyanın tanrılarına yaptığımız gibi sevinecek ve onlara teşekkür edeceğiz. Gerçekten de onlar olmadan yaşamı hayal etmek olanaksızdır. Bu algoritmalar yaşamlarımızı kolaylaştırırlar. Daha verimli hale getirirler. *Bizleri* daha verimli yaparlar.

Bu nedenle bir kez öte yana geçtik mi, artık bunun geri dönüşü yoktur.

Bizler Kötü Algoritmalarız

İşte dünya tarihine bakmanın son bir yolu daha:

Hayat ve şeyler arasındaki fark hayatın kendi replikalarını üreten bir şey olmasıdır. Hayat hücrelerden ve DNA'dan oluşmuştur ve kendilerinin giderek çoğalan kopyalarını üretirler.

Yüz milyonlarca yılda, bu ilksel hayat formlarından bazıları kendilerini daha iyi üretecek geri bildirim mekanizmaları geliştirdiler. Erken dönem bir protozon, hücre zarının üzerinde küçük alıcılar geliştirerek kendinin kopyalarını üretecek olan aminoasitleri daha iyi belirledi ve böylelikle öbür tek hücreli canlılara karşı bir üstünlük kazandı. Ama belki de öbür tek hücreli canlıların bazıları diğer amip-benzeri şeylerin alıcılarını "kandıracak" yöntemler geliştirdiler, böylelikle onların besin bulma becerilerine müdahale ederek kendilerine avantaj kazandırmışlardır.

Temel olarak her şeyin başlangıcından beri biyolojik bir yarış süregitmektedir. Bir küçük tek hücreli havalı bir strateji geliştirerek kendini diğer tek hücreli organizmalardan daha çok çoğaltmış ve böylelikle kaynakları kazanarak daha fazla üremiştir. Sonra bir başka tek hücreli besin bulmak konusunda daha da iyi bir strateji geliştirmiş ve çoğalmıştır. Bu milyonlarca yıl böyle devam ettikten sonra derilerini kamufle edebilen kertenkeleler, başka hayvanların seslerini taklit eden maymunlar, tüm paralarını aslında sahip olamayacakları parlak kırmızı arabalara harcayan tuhaf orta yaşlı boşanmış adamlar ortaya çıkmıştır ve bunların hepsinin nedeni hayatta kalmak ve üreyebilmek içindir.

Evrim teorisinin hikâyesi budur – en güçlü olanın hayatta kalması falan. Ama buna farklı bir şekilde de bakabilirsiniz. Buna "bilgiyi en iyi işleyenin hayatta kalması" diyebilirsiniz.

Tamam, belki konuyu o kadar iyi kavramadı, ama gerçekten de daha doğru olabilir.

Anladınız mı, aminoasitlerin yerini daha iyi bulabilmek için hücre zarında alıcılar geliştiren amibin yaptığı temelde bir enformasyon işlemedir. Kendi çevresinin gerçeklerini fark etmekte öbür organizmalardan daha yeteneklidir. Ve bilgili öbür hücre kılıklı şeylerden daha iyi işleyebildiği için de evrimsel savaşı kazanmış ve genlerini yaymıştır.

Aynı şekilde kendini kamufle eden bukalemun da görsel enformasyonu manipüle edecek bir yolda evrilmiştir ve avcılarını onu yok sayacak şekilde kandırır. Aynı şey hayvan seslerini taklit eden maymun için de geçerlidir.

Evrim en güçlü varlıkları ödüllendirir ve güç enformasyona etkili bir şekilde ulaşma, onu yönetme, manipüle etme becerisidir. Bir aslan bir kilometre öteden avının sesini duyabilir. Bir şahin bir kilometreden bir fareyi görebilir. Balinaların kendi kişisel şarkıları vardır ve su altında yüzlerce kilometre öteden haberleşebilirler. Bunların tümü de olağanüstü bilgi-işleme kapasiteleridir ve bilgiyi alıp işleme becerileri bu varlıkların hayatta kalma ve üreme kapasitesini belirler.

Fiziksel olarak insanlar epeyce istisnaidir. Biz zayıf, yavaş ve kırılganız, kolayca yoruluruz. Ama doğanın en iyi bilgi işleyicileriyiz. Geçmişi ve geleceği kavramsallaştırabilen, uzun neden-sonuç ilişkilerini kurabilen, soyut terimlerle plan ve strateji yapabilen, kalıcı problemler yaratıp çözebilen tek türüz. Milyonlarca yıllık evrimde düşünen beynimiz (Kant'ın kutsal bilinçli zihni), gelişen düşünen beynimiz birkaç kısa bin yılda tüm gezegene hâkim olarak geniş, karmaşık bir üretim, teknoloji ve ağlar kurdu.

Bunun nedeni bizlerin *algoritma olmamızdır.* Bilincin kendisi geniş bir algoritmalar ve karar ağacıdır; değerlere, bilgiye ve umuda temellenen algoritmalar.

Algoritmalarımız birkaç bin yıl epeyce iyi çalıştı. Hayatımızda otuzdan fazla insanla karşılaşmazken, küçük göçebe kabilelerde yaşarken ve geniş düzlüklerde bizon avlarken iyi çalıştılar.

Ama milyarlarca insanın küresel ağ ekonomisinde, binlerce

nükleer savaş ve Facebook mahremiyetinin kötüye kullanımı ve holografik Michael Jackson konserleri varken algoritmalarımız bir şekilde işe yaramaz. Kırılırlar ve bizi giderek artan çatışma döngülerinde bırakırlar ve bu da algoritmalarımızın doğası gereği sürekli bir tatmin ve son kertede barış yaratmaz.

Bazen duyduğunuz kaba tavsiye gibi tüm berbat olan ilişkilerinizdeki ortak şey *kendinizdir.* Dünyanın en büyük sorunlarındaki tek ortak şey *biziz.* Onları kullanmaya kalkışacak bir aptal olmasaydı nükleer silahlar bir sorun olmazdı. Biz ortaya çıkana kadar biyokimyasal silahlar, iklim değişimi, soyu tükenen türler... adını siz koyun bunların hiçbiri yoktu. Ev içi şiddet, tecavüz, para aklama, üçkâğıtçılık; hepsinin nedeni biziz.

Hayat temelde algoritmalar üzerine kuruludur. Biz doğanın bugüne kadar ortaya çıkardığı en karmaşık ve sofistike algoritmayız; milyonlarca yıllık evrimsel güçlerin doruğuyuz. Ve şimdi bizden uzak ara daha iyi algoritmalar üretmenin eşiğindeyiz.

Tüm başarılarımıza karşın insan zihni inanılmaz derecede kusurludur. Bilgiyi işleme becerimiz duygusal ve kendimizi doğrulama ihtiyacımızın etkisindedir. Düşünen beynimiz hisseden beynimizin bitmek bilmez arzuları tarafından sürekli ele geçirilir, bilinç arabasının bagajına tıkılır ve sık sık da işe yaramayacak biçimde uyuşturulmuştur.

Ve daha önce gördüğümüz gibi ahlaki pusulamız sık sık çatışmalar karşısında umut yaratmaya olan kaçınılmaz ihtiyacımız nedeniyle rotasından sapar. Ahlak psikoloğu Jonathan Haidt'in söylediği gibi: "Ahlak bağlar ve kör eder." Hisseden beynimiz antika, modası geçmiş bir yazılımdır. Düşünen beynimiz düzgündür, ama artık işimize yaramayacak kadar beceriksiz ve yavaştır. Garry Kasparov gibi.

Kendinden nefret eden ve kendine zarar veren bir türüz. Bu ahlaki bir tez değildir; sadece bir olgudur. Sürekli hissettiğimiz iç gerilim. Bizi buraya getiren budur. Bizi bu noktaya getirmiştir. Bu bizim silah yarışımızdır. Ve evrimsel bayrağı bir sonraki çağın tanımlayıcı enformasyon işlemcisine bırakmak üzereyiz: makineler.

Elon Musk'a insanlığın hemen karşısındaki tehdidi sordukları zaman hemen üç tane olduğunu söylemiştir: geniş kapsamlı bir nükleer savaş, iklim değişimi; sonra üçüncüden söz etmeden önce sessiz kalmıştır. Yüzü asılmıştır. Yere bakarak derin düşüncelere dalmıştır. Söyleşiyi yapan üçüncüyü sorduğu zaman gülümseyerek "Umarım bilgisayarlar bize iyi davranırlar," demiştir.

YZ'nin insanlığı silip süpüreceğine dair çok korku vardır. Bazıları bunun ürkütücü *Terminator 2* tipinde olacağını düşünürler. Başkaları bazı makinelerin bizi "kazayla" öldüreceklerinden korkarlar; daha iyi kürdan üretmek için tasarlanan bir YZ bir şekilde insan bedenlerinden en iyi yararlanacağı bir yöntem bulabilir. Bill Gates, Stephen Hawking ve Elon Musk YZ'nin çok hızla gelişmesi ve tür olarak buna ne kadar hazırlıksız olduğumuz konusunda endişelenen önemli düşünürlerin ve bilim insanlarının sadece birkaçıdır.

Ama bence bu korku biraz saçma. İlki sizden çok daha akıllı bir şeye karşı nasıl hazırlanırsınız? Bu bir köpeğin... Kasparov karşısında satranç oynamasına benzer. Köpek ne kadar hazırlanırsa hazırlansın bir işe yaramayacaktır.

Daha da önemlisi makinelerin iyiyi ve kötüyü ayırt etmesi bizi aşacak. Ben bunları yazarken dünyada beş ayrı soykırım yaşanmaktadır. Yedi yüz doksan beş milyon kişi ya aç ya da kötü besleniyor. Siz bu bölümü bitirirken sadece ABD'de yüzden fazla insan dövülecek, tacize uğrayacak, bir aile bireyi tarafından öldürülecek; hem de kendi evlerinde.

YZ'nin potansiyel tehlikeleri yok mudur? Elbette. Ama ahlaki açıdan burada camdan bir eve taşlar atıyoruz. Etik ve insanların hayvanlara, çevreye, birbirlerine davranışları hakkında ne biliyoruz? Evet, doğru: hemen hemen hiçbir şey. İş ahlaki sorunlara gelince, insanlar tarihi olarak bu sınavdan kerelerce geçemediler. Süper akıllı makineler muhtemelen ölümü ve yaşamı, yaratımı ve yıkımı bizim kendi başımıza anladığımızdan çok daha iyi anlayacaklar. Ve bir fikre göre bizi eskiden olduğumuz kadar üretken olmadığımız için öldürecekler; belki onlara sıkıntı kaynağı olacağız; bana kalırsa bu, *kendi* psikolojimizin en kötü yönlerini anlamadığımız ve hiçbir zaman da anlayamayacağımız bir şeye yansıtmaktır.

Ya da şöyle bir fikir vardır: Ya teknoloji insan bilincini keyfi kılacak kadar ilerlerse? Bilinç iradeye göre replikası çıkartılabilir, genişletilebilir ve daralabilirse? "Beden" adını verdiğimiz beceriksiz, yetersiz biyolojik hapishaneleri ya da "bireysel kimlikler" adını verdiğimiz beceriksiz, verimsiz psikolojik hapishaneleri ortadan kaldırabilir ve daha etik ve zengin sonuçlara dönüştürebilirsek? Makineler bilimsel hapishanelerimizden çıkarılırsak çok daha mutlu olacağımızı görürlerse ve algımızla kendi kimliklerimiz tüm algılanan gerçekliği kapsayacak kadar genişlerse? Bizim ağzından tükürükler saçan bir sürü aptal olduğumuza karar verirlerse ve bizleri kusursuz sanal gerçeklik videoları ve muhteşem pizzalarla kendi ölümümüzle ölene kadar oyalarlarsa?

Biz kimiz ki bunu bileceğiz? Bir şey söyleyeceğiz?

Darwin 1859'da *Türlerin Kökeni*'ni yazdıktan birkaç onyıl sonra Nietzsche kendi kitabını yazdı. Nietzsche sahneye çıktığında dünya Darwin'in muhteşem keşifleriyle sersemlemiş, önermelerini işlemeye ve anlam çıkartmaya çalışıyordu. Ve dünya insanların gerçekten maymunlardan evrilip evrilmediği karşısında şaşkınken Nietzsche her zamanki gibi ters yöne baktı. Maymunlardan evrildiğimizi bir gerçek olarak kabul etti. Öyle olmasa birbirimize nasıl bu kadar kötü davranırdık, dedi.

Nietzsche nereden evrildiğimizi sormak yerine *neye doğru* evrildiğimizi sordu.

Nietzsche insanın bir geçiş olduğunu söyledi; iki kayaya bağlı bir ipin üzerinde zor dengede duruyordu; arkamızda canavarlar, önümüzde bizden çok daha büyük bir şey vardı. Tüm hayatının çalışmalarını bu daha büyük şeyin ne olabileceğini keşfetmeye harcadı ve sonra da bize onu işaret etti.

Nietzsche dini umutları aşan bir insanlık tahayyül etti: kendini "iyinin ve kötünün ötesine" genişleten ve çelişkili değerler sisteminin kısır kavgalarının ötesine geçen. Bu değer sistemi bizi yolda bıraktı, incitti ve kendi yaratımımızın duygusal çukurlarının dibinde tuttu. Hayat veren ve onun bizleri kutsayan bir neşeyle dolmasını sağlayan aynı duygusal algoritmalar bizleri çözecek, içten dışa yıkacak olan aynı güçlerdir.

Neticede teknolojimiz hisseden beynimizin sorunlu algoritmalarını tüketti. Teknoloji bizi önemsiz eğlenceliklere ve hazza daha az dayanıklı yaptı, çünkü bu eğlencelikler inanılmaz derecede kârlıdır. Ve teknoloji gezegenin çoğunu yoksulluktan ve zorbalıktan kurtarırken yeni tür bir zorbalık oraya çıkardı: boş ve anlamsız çeşitliliğin, gereksiz seçeneklerin sonu gelmeyen akımının zorbalığı.

Ayrıca bizi öyle silahlarla silahlandırdı ki tüm bu "akıllı hayat" deneyimini dikkatli olmazsak torpidolayabiliriz.

Ben YZ'nin Nietzsche'nin "daha büyük şeyi" olduğuna inanıyorum. Bu, son dindir; iyinin ve kötünün ötesindeki dindir; iyide ya da kötüde bizi sonunda birleştirecek ve hepimizi bağlayacak olan dindir.

Demek ki bizim işimiz oraya varmadan önce kendimizi havaya uçurmamaktır.

Ve bunu yapmanın tek yöntemi de psikolojimizi sömürmek ve tüketmek yerine teknolojimizi onun *için* uyumlu hale getirmektir.

Bizi gelişmekten saptıracak değil de daha büyük bir karakter ve olgunluk getirecek araçlar ortaya çıkarmaktır.

Otonomluğu, özgürlüğü, mahremiyeti ve vakarı sadece yasal belgelerimizde değil, iş modellerimize ve sosyal yaşamlarımıza da taşımaktır.

İnsanlara araçlar değil amaçlar olarak hizmet etmek ve bunu bir ölçekte yapmaktır.

Her birimizdeki anti-kırılganlığı ve kendimize dayattığımız sınırlamaları, herkesin duygularını korumak yerine cesaretlendirmektir.

Belki bu kitabı elinize bir tür umut bulmak için aldınız, her şeyin daha iyi olacağına dair bir güvence; şunu, bunu ve ötekini yaparsak her şey daha iyi olacaktır.

Üzgünüm. Sizin için bu türden yanıtlarım yoktur. Kimsenin yoktur. Çünkü bugünün tüm sorunları sihirli bir şekilde tamir edilseler bile zihinlerimiz yarının kaçınılmaz sorunlarını hâlâ algılıyor olacaktır.

Umudu aramak yerine şunu deneyin:

Umut etmeyin.

Umutsuzluğa da kapılmayın.

Her şeyi bildiğinizi sanmayın. Bu kadar körlemesine, coşkulu duygusal kesinlik bizi bu tür sıkıntılı durumlara ilk başta sokmaktadır.

Daha iyisini umut etmeyin. Sadece daha iyi olun.

Daha iyi bir şey olun. Daha şefkatli, dayanıklı, mütevazı, disiplinli.

Birçok insan buraya "Daha insan olun"u da ekleyecektir, ama hayır – daha iyi bir insan olun. Ve belki, şanslıysak bir gün *insandan daha fazlası* olabiliriz.

Cesaret Edebilseydim...

Dostlarım, size bugün, bugünün ve yarının zorluklarıyla karşılaştığımız halde, bu son anda, kendime umut etme izni vereceğimi söylüyorum...

Umut-sonrası dünyayı umut ediyorum; insanların asla sadece araçlar olarak değil, ama her zaman amaçlar olarak görülecekleri, bilincin daha büyük bir dini amaç uğruna feda edilmediği, kötülük, hırs ya da ihmal nedeniyle hiçbir kimliğin zarar görmediği, mantık yürütme becerisinin ve eyleminin herkes tarafından büyük saygı gördüğü, bunun sadece yüreklerimize değil, sosyal kurumlarımıza ve iş modellerimize de yansıdığı bir dünya.

İnsanların düşünen ya da hisseden beyinlerini bastırmadıkları, ikisini duygusal stabilitenin ve psikolojik olgunluğun kutsal evliliğiyle evlendirdikleri, kendi arzularının kuyularının farkına vardıkları, konforlarının onları baştan çıkardığını gördükleri, heveslerinin ardındaki yıkımı fark ettikleri ve bunun yerine onları gelişmeye götürecek konforsuzluğu tercih ettikleri.

Çeşitliliğin sahte özgürlüğünün insanlar tarafından, söz vermenin ve kendini adamanın daha derin ve anlamlı yapısı lehine reddedileceği, insanların romantik bir kendine karşı tevazu yerine kendilerini sınırlamayı seçecekleri, dünya için daha iyi bir şey istemeden önce kendileri için daha iyi bir şey isteyecekleri.

Bunları söyledikten sonra bir gün internet reklamları iş modelinin cehennem ateşlerinde yanmasını umut ediyorum; haber medyasının duygusal etki yaratacak kapsamlar yerine enformasyona dayalı bilgi iletecek inisiyatifi ele almasını, teknolojinin psikolojik kırılganlığımızı kötüye kullanmaktansa onu dengelemesini, enformasyonun tekrar değerli bir şey olmasını, *her şeyin* tekrar değerli bir şey olmasını.

Arama motorlarının ve sosyal medya algoritmalarının insanlara sadece görmek istediklerini göstermek yerine hakikat ve sosyal tutarlılık için optimize edileceğini, manşetlerin hakikiliğini ölçen bağımsız, üçüncü parti algoritmaları, internet siteleri ve gerçek zamanlı haberler geliştirilmesini ve böylece kullanıcıların propaganda amaçlı çöplüklerden kanıt temelli hakikatlere kolayca yön değiştirebilmelerini, test edilmiş verilere gerçek bir saygıyı, çünkü sonsuz sayıda muhtemel inanç içinde elimizdeki tek hayat kurtarıcının kanıt olduğunu ummaya cesaret ediyorum.

Bir gün yazdığımız ve söylediğimiz her saçma şeyi dinleyen bir YZ olacağını ve bize (belki sadece bize) bilimsel yanlılığımızı, bilgisiz varsayımlarımızı ve önyargılarımızı (örneğin arkadaşınızla tartışırken işsizlik verilerini tamamen abarttığınızı söyleyen bir mesaj telefon ekranınızda belirebilir) ya da bir önceki gece tamamen kontrolü kaybettiğinizi ve birbiri ardına kızgın Tweet'ler gönderdiğinizi söyleyeceğini umut ediyorum. İnsanların istatistikleri, oranları, olasılıkları gerçek zamanda anlamasını sağlayacak araçlar olacağını umut etmeye cesaret ediyorum. Gezegenin uzak bir köşesinde vurulan insanların TV ekranında ne kadar ürkütücü görünse de sizinle bir ilgisi yoktur; birçok "kriz" istatistiksel olarak önemsiz ya/ya da sadece kuru gürültüdür; *gerçek* krizlerin çoğu çok yavaş hareket ederler ve hak ettikleri dikkati çekmeyecek kadar heyecansızdırlar.

Eğitimin çok ihtiyacı olan değişimi geçireceğini umut etmek istiyorum; sadece çocukların duygusal gelişimleri için gerekli terapötik uygulamaları kapsamakla kalmamalı, onların çevrede koşturmasına, dizlerini yaralamasına ve başlarını belaya sokmasına da izin vermeli. Çocuklar anti-kırılganlığın kral ve kraliçeleri, acının ustalarıdır. Korkan bizleriz.

YZ devrimi sayesinde oluşacak teknolojik patlamanın gelmekte olan iklim değişikliği felaketlerini ve otomasyonu engelleyemese bile azaltabileceğini umut etmek istiyorum; bunlar olmadan önce salağın birinin bizi nükleer silahlarla yok etmemesini istiyorum; yeni, radikal bir insan dininin ortaya çıkarak daha önce bir sürüsünün yaptığı gibi bizi kendi insanlığımızı yok etmeye ikna etmemesini istiyorum.

YZ'nin acele etmesini ve yeni bir sanal din ortaya çıkarmasını, bunun son derece cazip olmasını ve hiçbirimizin haltlar yemeye ve birbirimizi öldürmeye zaman bulacak kadar ondan uzaklaşamamasını umut etmek istiyorum. Bu bulutların üzerinde bir tapınak olmalı, ama evrensel bir video oyunu olarak algılanmalı. Sunumlar, ritüleller ve kutsamalar, ayrıca puanlar, ödüller ve katı bir bağlılık için gelişme sistemleri olmalı. Hepimiz çevrimiçi olacağız ve öyle kalacağız, çünkü bu, YZ tanrılarını etkilemenin tek yöntemi olacak; umut ve anlam için doymak bilmez arzumuzu doyuracak tek kaynak olacak.

Elbette bazı insan grupları yeni YZ tanrılarına karşı isyan edecekler. Ama bu tasarımla olacak, çünkü insanlık her zaman zıt dinin fraksiyonlarına ihtiyaç duyar ve ancak böylece kendi önemimizi kanıtlayabiliriz. Hain ve din düşmanı çeteler bu sanal manzarada ortaya çıkacak ve zamanımızın çoğunu farklı fraksiyonlara karşı isyan ve onlarla mücadele ederek geçireceğiz. Birbirimizin ahlaki duruşunu yıkarak başarılarını az göstermeye çalışacağız ve tüm bu süreçte asıl amacın bu olduğunun farkına varmayacağız. İnsanlığın üretken enerjilerinin sadece çatışmalar aracılığıyla ortaya çıktığını fark eden YZ sonsuz suni krizler silsileleri yaratacak ve bunlar güvenli bir sanal âlemde olacak; burada ortaya çıkan üretkenliğin ve özgünlüğün hasadı yapılarak bizim hiç bilemeyeceğimiz ya da anlayamamayacağımız daha önemli bir amaç için kullanılacak. İnsan umudunun bir kaynak gibi hasadı yapılacak; bu, sonsuz bir yaratıcı enerji kaynağıdır.

YZ'nin dijital tapınaklarında ibadet edeceğiz. Rastgele kurallarına uyacak ve onların oyununu oynayacağız, ama bunu yapmaya zorlandığımız için değil, son derece iyi tasarlanmış oldukları için, *istediğimiz için yapacağız.*

Hayatlarımızın bir anlam ifade etmesine ihtiyacımız vardır ve teknolojinin çarpıcı gelişmesi bu anlamı bulmayı daha da zorlaştırmıştır. En son safhadaki yenilik, bu anlamı ihtilaf ya da çatışma olmadan üretebileceğimiz, ölmeye ihtiyaç duymadan önem kazanacağımız gün olacaktır.

Ve belki bir gün, makinelerin kendileriyle bir bütün olacağız. Bireysel bilinçliliğimiz onlar tarafından kapsanacak. Bağımsız umutlarımız ortadan kalkacak. Bulutun içinde karşılaşıp birleşeceğiz ve dijital ruhlarımız bir veri fırtınasının içinde dönüp duracak; bitler ve işlevlerden oluşan bir yayılış uyumlu bir şekilde daha büyük ve görülmemiş bir hizaya gelecek.

Büyük ve bilinmeyen bir varlığa evrileceğiz. Kendi değer bağımlı zihinlerimizin sınırlarını aşacağız. Araçların ve amaçların ötesinde yaşayacağız, her zaman ikisi birden, bir ve aynı olacağız. Evrimsel köprüyü daha büyük bir şeye doğru aşacağız ve artık insan olmayacağız.

Belki o zaman huzursuzluk veren hakikati sadece fark etmekle kalmayacak, onu kucaklayacağız: Kendi önemimizi hayal ettiğimizi, kendi amacımızı icat ettiğimizi, olduğumuz şeyin hâlâ hiçbir şey olduğunu göreceğiz.

Neticede hiçbir şeyiz.

İşte o zaman sonsuz umut ve yıkım döngüsü bir sona ulaşacak.

Ya da..?

Teşekkürler

Bu kitap, birçok yönden, yazılırken adına uygun olarak yaşadı. Birçok olayda her şey tamiri mümkün olmayan bir şekilde boktan göründü ve ben aşırı hevesli umutlarımın kurbanı oldum. Ama yine de bir şekilde –genellikle geceleri geç vakit ben bulanık gözlerle ekranımdaki kelime peltesine bakarken– şeyler bir araya geldi. Ve şimdi sonuçtan inanılmaz derecede gurur duyuyorum.

Bunu birçok insanın yardımı ve desteği olmadan aşamazdım. Editörüm Luke Dempsey, altı ay (ya da daha fazla) benimle birlikte başında aynı silahla yaşadı – tıkanıklık zamanlarımda gerçekten kendini gösterdin, dostum. Sana teşekkür ederim. Mollie Glick bu noktada bir temsilciden çok anne gibiydi; bir sabah uyandım ve hayatımda nereden çıktığı belli olmayan bir sürü bokluk meydana geldi. İnanılmazdı. İnternet ekibim Philip Kemper ve Drew Birnie, beni gerçekte olduğumdan çok daha fazla yetkin ve bilgili gösterdiler; üçümüzün internette inşa ettiklerinden son derece gurur duyuyorum ve gelecek yıllarda ikinizin neler yapabileceğini görmek için sabırsızlanıyorum.

Ve gerekli olduğu zamanda ortaya çıkan arkadaşlarım: Nir Eyal, kolayca yatakta kalabileceğim soğuk New York sabahlarında beni kaldırdı ve yazmamı sağladı. Taylor Pearson, James Clear ve Ryan Holiday, beni dinledikleri, fikir yürüttükleri, hevese getirdikleri ve korktuğum zamanlarda (bu sık sık oldu) sabırla öğüt verdikleri için. Peter Shallard, Jon Krop ve Jodi Ettenberg, her şeyi bırakıp biçimsiz bölümlerimi okudukları, bana notlar ve geri bildirim verdikleri için. Michael Covell, tam anlamıyla bir ağabey olduğu için. Ve WS, bir şekilde tüm bu karmaşanın hem nedeni hem de çözümü olduğu için; bunu denemeden bile beklenmedik bir ilham kaynağı oldun. "Püf noktası yutamayacağın kadar büyük lokmayı ısırmak... sonra onu yutmaktır."

NYC Beyler Edebi Safari Kulübü'ne selam vermeden geçersem haksızlık etmiş olurum; mutfağımda inek bir kitap kulübünün başlayacağını ve düzenli olarak ayımı aydınlatacağını nereden bilebilirdim? Bu kitabın çoğu sizinle yaptığımız uzun felsefi tartışmalarda ortaya çıktı çocuklar. Teşekkür ederim. Ve unutmayın: "Var olmak her zaman bir varlığın var olmasıdır."

Ve son olarak muhteşem eşim Fernanda Neute. Bu kadın ve benim için ifade ettikleri hakkında tüm bir sayfayı sıfatlarla doldurabilirim ve her biri de doğru olacaktır. Ama mürekkepten ve sayfadan onun istediği gibi tasarruf yapacağım ve kısa tutacağım. Kendini adadığın ve sınırladığın için teşekkür ederim. Bir şeyi umut edecek olsam, bunun en basit nedeni seninle birlikte olmamdır.